AF286804

neukirchener
theologie

Kleine Biblische Bibliothek

Jürgen Ebach

Streiten mit Gott

Hiob

Teil 1
Hiob 1–20

5. Auflage 2014

Neukirchener Theologie

Dieses Buch wurde auf FSC-zertifiziertem Papier gedruckt.
FSC (Forest Stewardship Council) ist eine nichtstaatliche,
gemeinnützige Organisation, die sich für eine ökologische und
sozialverantwortliche Nutzung der Wälder unserer Erde einsetzt.

Bibliografische Information der Deutschen Nationalbibliothek

Die Deutsche Nationalbibliothek verzeichnet diese Publikation in
der Deutschen Nationalbibliografie; detaillierte bibliografische
Daten sind im Internet über http://dnb.d-nb.de abrufbar.

© 1996 – 5. Auflage 2014
Neukirchener Verlagsgesellschaft mbH, Neukirchen-Vluyn
Alle Rechte vorbehalten
Umschlaggestaltung: Andreas Sonnhüter
Umschlagabbildung: Emil Wachter, Karlsruhe
© 1994, VG Bild-Kunst, Bonn
Gesamtherstellung: CPI Buchbücher.de, Birkach
Printed in Germany
ISBN 978–3–7887–1485–7
www.neukirchener-verlage.de

Zur Hälfte straft mich Gott, zur Hälfte bin ich Lehre.
Albert Paris Gütersloh
(aus: »Spruch des Hiob«, in: Musik zu einem Lebenslauf. Gedichte,
hg. v. R. Feldmayer, o.J., 78)

Aber warum muß der Gerechte soviel leiden auf Erden? Warum muß
Talent und Ehrlichkeit zugrunde gehen, während der schwadronieren-
de Hanswurst . . . sich räkelt auf den Pfühlen des Glücks und fast stinkt
vor Wohlbehagen? Das Buch Hiob löst nicht diese böse Frage. Im Gegenteil, dieses Buch ist das Hohelied der Skepsis, und es zischen und
pfeifen darin die entsetzlichen Schlangen ihr ewiges: Warum? Wie
kommt es, daß bei der Rückkehr aus Babylon die fromme Tempelar-
chivkommission, deren Präsident Esra war, jenes Buch in den Kanon
der heiligen Schriften aufgenommen? Ich habe mir oft diese Frage gestellt. Nach meinem Vermuten taten solches jene gotterleuchteten
Männer nicht aus Unverstand, sondern weil sie in ihrer Weisheit wohl
wußten, daß der Zweifel in der menschlichen Natur tief begründet und
berechtigt ist und daß man ihn also nicht täppisch ganz unterdrücken,
sondern nur heilen muß. Sie verfuhren bei dieser Kur ganz homöopathisch, durch das Gleiche auf das Gleiche wirkend, aber sie gaben keine
homöopathisch kleine Dosis, sie steigerten vielmehr dieselbe aufs un-
geheuerste, und eine solche überstarke Dosis von Zweifel ist das Buch
Hiob; dieses Gift durfte nicht fehlen in der Bibel, in der großen Haus-
apotheke der Menschheit. Ja, wie der Mensch, wenn er leidet, sich aus-
weinen muß, so muß er sich auch auszweifeln, wenn er sich grausam
gekränkt fühlt in seinen Ansprüchen auf Lebensglück; und wie durch
das heftigste Weinen, so entsteht auch durch den höchsten Grad des
Zweifels, den die Deutschen so richtig die Verzweiflung nennen, die
Krisis der moralischen Heilung. – Aber wohl demjenigen, der gesund
ist und keiner Medizin bedarf!
Heinrich Heine
(»Spätere Note«, 1854, zu: Ludwig Marcus, Denkworte, 1844, in:
Sämtl. Werke. hg. v. H. Kaufmann, 1964, Bd. XIV, 57f.)

Inhalt

Vorwort

»Einen Mann gab es im Lande Uz, Hiob war sein Name. Dieser Mann war untadelig und aufrecht, gottesfürchtig und dem Bösen abhold.« Mit diesem Vers beginnt das Hiobbuch (Hi 1,1). »Und Hiob starb alt und lebenssatt.« Mit diesem Vers (42,17) endet es. Das Hiobbuch erzählt die Geschichte dieses Mannes. Ein großer Erzählbogen umspannt die 42 Kapitel des Buches vom geradezu (oder nahezu) perfekten Beginn – einem guten Mann ergeht es gut, so gut, wie es seinem Tun entspricht – über eine Kette schrecklicher Schläge, von denen Hiob getroffen wird, bis zu seiner endlichen Wiederherstellung am Ende des Buches. Vom »Fall Hiob« also ist in diesem biblischen Buch die Rede, von der unverwechselbaren Geschichte dieses *einen* Mannes.

Hat sich diese Geschichte *wirklich* ereignet? Die Frage macht die Rückfrage erforderlich: Von *welcher* Wirklichkeit ist die Rede? Elie Wiesel »antwortet« im Hiobkapitel seines Buches »Adam oder das Geheimnis des Anfangs« ([2]1982, 211) so: »Die einen sagen, Hiob hat sehr wohl gelebt, nur sein Leiden ist eine rein literarische Erfindung. Dem halten andere entgegen: Hiob hat niemals gelebt, aber er hat sehr wohl gelitten.«

In der Diskussion der Rabbinen über die Entstehung des Hiobbuches, die im Traktat *Baba batra* des Babylonischen Talmud (15aff.) überliefert ist, nennt ein Gelehrtenschüler das Hiobbuch einen *māšāl*, d.h. etwa: ein Gleichnis, eine Erzählung, Dichtung. Er vergleicht den Realitätsgehalt der Geschichte mit dem der Erzählung des Propheten Natan von dem Armen, der nur ein Lamm besaß und dem der Reiche, der so viele besaß, auch dieses eine noch nahm (2Sam 12,1-4). Sowenig es den Armen und sein Schaf in der Realität gegeben habe, sowenig habe Hiob real existiert. Diese Auffassung ist in der Diskussion des Talmuds nur eine der vertretenen. Andere Gelehrte halten Hiob für eine historische Gestalt, über deren Lebenszeit es wiederum sehr unterschiedliche Auffassungen gibt. Aber gerade die Meinung, die den Wirklichkeitsgrad der Hiobgestalt mit dem des Armen und seines Lammes der Natanerzählung vergleicht, verdient eine genauere Betrachtung.

Auf den ersten Blick überwiegt die Negation. Hiob, so sagt der Gelehrtenschüler, hat nie existiert, ihn gab es ebensowenig »wirklich« wie die Figuren der Geschichte, die Natan dem David erzählt. Auf den zweiten Blick aber wird hinter der Negation eine positive, geradezu emphatische Wirklichkeitsbestimmung Hiobs und seines Buches erkennbar, und zwar gerade durch den Vergleich mit dem *māšāl,* dem Gleichnis des Natan. Denn die Pointe der Erzählung des Propheten liegt ja darin, daß der König David, der wegen des Einbruchs in die Ehe des Uria mit Batscheba und der faktischen Ermordung des Uria anzuklagen war, aber als König zugleich Richter in eigener Sache hätte sein müssen, nur mit Hilfe dieses Gleichnisses zum klaren Urteil über sich selbst kommen konnte und kam. Der *māšāl* war hier also die *einzige* Weise, in der die *Wirklichkeit* zutage kommen konnte.

Wenn die Geschichte Hiobs mit dieser Analogie als »Gleichnis« bezeichnet wird, so geht es um den Realitätsgehalt fiktionaler Literatur, der sich nicht daran mißt, ob die geschilderten Personen tatsächlich gelebt und die erzählten Geschehnisse tatsächlich passiert sind, sondern daran, ob und inwieweit so – und womöglich so allein – Wirklichkeit zu erfassen, zu beschreiben, zu deuten ist.

Die in diesem Sinne *wirkliche* Geschichte Hiobs ist zugleich eine sehr alte Geschichte. Eine alte Geschichte ist sie bereits in der Zeit der Entstehung des Hiobbuches etwa im vierten vorchristlichen Jahrhundert selbst. Die Hiobdichtung faßt, was sie zu verhandeln hat, in die Gestalt einer alten Geschichte, deren Helden bzw. Antihelden Hiob wir uns als arabischen Scheich und Stadtaristokraten der Zeit der Erzväter Israels vorzustellen haben. Folgt man der biblischen Chronologie, so trennen viele hundert Jahre die erzählte Zeit (die Zeit Hiobs) und die Erzählzeit (die Zeit der Abfassung des Hiobbuches). Es dürfte Vorstufen und ältere Fassungen der Erzählung gegeben haben, bevor sie in die jetzt im Hiobbuch vorliegende Form gebracht wurde.

Der Name Hiob begegnet BibelleserInnen bereits im 14. Kapitel des Buches Ezechiel (Hesekiel), gemeinsam mit Noah und Daniel, zwei anderen Gestalten, die aus früher Überlieferung stammen und mit denen sich große biblische Geschichten verbunden haben.

Wie die Hiob*figur* hat auch das *Thema* des leidenden Gerechten seine Vorgeschichte und Vorgeschichten sowohl in der Hebräischen Bibel selbst (in Psalmen, im Jeremiabuch, in den Klageliedern und an anderen Stellen) als auch in den Religionen und Literaturen des Alten Orients. Das biblische Hiobbuch erinnert daran in der Weise, daß Hiob ausdrücklich als Nichtisraelit gekennzeichnet ist. Seine Heimat Uz und damit er selbst gehört in die Genealogie (Familiengeschichte) der Abrahamsippe. Uz ist (Gen 22,20f.) der älteste Sohn des Abrahambruders Nahor, mithin Vetter Isaaks und Onkel Jakobs, der den Namen Israel bekam. Die Kinder des Landes Uz und die Kinder Israels sind danach Verwandte. Es sind dies Zusammenhänge, auf die moderne BibelleserInnen in aller Regel nur durch Informationen aufmerksam werden, die aber für die ersten AdressatInnen der biblischen Geschichten, so auch der Hiobgeschichte, einen selbstverständlichen Verstehens- und Beziehungsrahmen bildeten.

An Hiob, dem entfernten und zugleich nahen Verwandten, an diesem uralten Vetter der eigenen Vätergestalten zeigt die israelitische Hiobdichtung ein Problem der eigenen »Theologie« *als* Menschheitsproblem. Denn das Hiobbuch ist nicht allein *Erzählung,* sondern auch und, was den Umfang betrifft, mehr noch *Diskurs.* Der erzählende Rahmen – die beiden ersten Kapitel und der Schluß des Buches von Kap. 42,7 an – umfaßt eine lange Folge von Reden (Hi 3,1-42,6), in denen Hiobs Ergehen zum immer wieder verhandelten, variierten, wiederholten, wieder aufgenommenen, hin- und hergewendeten Thema wird.

Wie gehören im Hiobbuch die Erzählung und die Reden zusammen? Die Frage hat eine äußere Seite als Frage nach der literarischen Entstehung und der Zusammenfügung beider Teile und eine innere Seite als Frage nach dem Zusammenhang zwischen der erzählten Geschichte und dem diskutierten Problem. Diese letztgenannte Frage nimmt in der hier vorgelegten Kommentierung des Buches einen großen Raum ein. Es ist die Frage nach dem Zusammenhang zwischen dem existentiellen »Fall Hiob«, der Geschichte dieses einen Hiob, seinem Leiden und dem Ende seines Leidens, auf der einen Seite und dem »Hiobproblem«, der kognitiv-lehrhaften Ebene des Hiobbuches, auf der anderen Seite. Es ist über Hiob und seine Geschichte hinaus die Frage nach dem Zusammenhang von *Leben und Lehre,* von *Erfahrung und Theologie* und – anders akzentuiert – die Frage nach dem Verhältnis des *Einzelnen* zum *Allgemeinen.*

Der »Fall Hiob« ist mit der erzählten Geschichte an ein Ende gebracht. Hiob wurde wiederhergestellt, er starb »alt und lebenssatt«. Das »Hiobproblem« aber als Frage, wie es mit dem Glauben an Gott vereinbar sei, daß vor und mit und nach Hiob Menschen leiden wie Hiob, daß es das Leiden Unschuldiger gibt, muß offenbleiben, solange Menschen leiden wie Hiob. Wie verhält sich die zu Ende erzählte Geschichte zu dem offenbleibenden Problem?

In zahlreichen Auslegungen des Hiobbuches werden – je mit Anhalt an den Texten selbst – bestimmte Aspekte des Buches nebst den ihnen zugehörenden biblischen Traditionen und Sprachformen stark gemacht und andere schwächer betont. Die jeweiligen Akzentsetzungen bestimmen dann sowohl die Auslegungen im einzelnen als auch die Gesamtsicht auf Hiob und sein Buch. Wer das Hiobbuch vor allem als Dokument der Weisheitsliteratur sieht, betont den Lehrcharakter und sieht in ihm vor allem eine Auseinandersetzung um Geltung und Krise des Tun-Ergehen-Zusammenhangs. Die Lehre, geradezu Doktrin, daß gutes Tun eines Menschen gutes Ergehen zur Folge habe und daß der Übeltäter sich sein böses Geschick selbst bereite, werde im Hiobbuch kritisiert und destruiert, zumindest erheblich relativiert. Diese Sicht auf die Texte des Buches treffen ebenso Richtiges und Wichtiges wie die, die mit dem Hinweis auf psalmistische Traditionen und Sprachformen (vor allem die Gebetsformen der Klage) die existentielle Seite des »Falles Hiob« stark macht. In dieser Sicht gibt das Hiobbuch weniger die Antwort auf ein Denkproblem; es ist vielmehr Ausdruck von Beziehungen und ihren tiefen Krisen, vor allem der Beziehung zu Gott selbst in seinen erfahrbaren und seinen dunklen Seiten. Und schließlich ist auch eine Sicht auf das Hiobbuch, die den in ihm verhandelten Rechtsfall betont, nicht ohne Anhalt am Text. Das Wort »Klage« bekommt unter diesem Aspekt einen juridischen Sinn. Hiob klagt *vor* Gott, ja er klagt Gott *an*. Die Tatsache, daß Gott dabei in zweifacher »Instanz« erscheint, nämlich als Adressat der Klage und als deren Grund, verschärft das Problem dramatisch. Denn wie kann Hiob Rettung vom Gewalttäter erwarten und Hilfe von dem Gott, der ihm als Feind begegnet? Wie kann Gott zugleich Richter und »Angeklagter« sein? Hier liegt übrigens eine gewisse Parallele zum Fall »David« vor, den Natan mit seinem *māšāl*, seinem Gleichnis, zur Wahrheit bringt.

So wichtig es in der Bibelauslegung ist, verschiedene Traditionen und Sprachformen zu analysieren und zu *unter*scheiden, so problematisch ist es, sie zu *scheiden*. Auf das Hiobbuch bezogen bedeutet das, nach dem zu fragen, was diese verschiedenen Linien und Akzente des Buches zusammenhält. (Aus den in den Literaturhinweisen genannten Büchern von H.P. Müller und O. Keel habe ich gerade in dieser Hinsicht viel gelernt.)

Im Dialogteil des Hiobbuches (Hi 3,1-42,6) wechseln sich Reden Hiobs mit denen von zunächst drei Freunden ab. Am Anfang und am Ende steht eine Hiobrede; die Freunde ergreifen (mit einer Ausnahme) je dreimal das Wort, so daß jeweils im Wechsel (insgesamt acht) Freundesreden und (insgesamt neun) Hiobreden aufeinander folgen. Danach kommt ein vierter Freund hinzu, dessen Reden in Kap. 32-37 ohne eine Antwort Hiobs bleiben. Endlich (38,1ff.) erscheint Gott selbst und ergreift das Wort. Auf zwei Gottesreden folgen zwei kurze Antworten Hiobs.

In diesem langen Redeteil des Hiobbuches gibt es fast quälend lange Passagen und viele Wiederholungen, dazu – in den Reden der drei Freunde und den korrespondierenden Hiobreden – Abschnitte, die im Munde des jeweils Sprechenden überraschen und besser zu einem anderen Redner zu passen scheinen. Die Dialogpartner scheinen sich also nicht nur zu wiederholen, sondern nicht selten auch selbst zu widersprechen. Dabei kommt es nur selten zu einem wirklichen Dialog, dafür um so öfter zu einem Aneinander-vorbei-Reden oder gar zu Gesprächen mit dem »Ziel« der jeweils größten Mißverständnisse. An etlichen Stellen macht der Dialog einen geradezu gestörten Eindruck. In der Auslegung des Hiobbuches fehlt es nicht an Versuchen, hier ein wenig mehr Ordnung zu schaffen, insbesondere in Kap. 22-31 durch Umstellungen und andere Zuweisungen von Redeteilen an die Redenden einen vollständigen dritten Redegang zwischen Hiob und den drei Freunden zu rekonstruieren.

Gegenüber solchen Verfahren geht der hier vorgelegte Kommentar konsequent von der überlieferten Endgestalt der Texte aus. Ich halte es sehr wohl für möglich, daß Teile der Reden in einer Vorstufe der Texte einmal einen anderen Ort und einen anderen Sprecher hatten, halte aber die jetzt vorliegende »Unordnung« nicht für das Resultat von Pannen des Überlieferungsvorgangs des Textes, sondern möchte sie als Zeugnis des vom Autor dargestellten *Scheiterns* der Dialoge interpretieren. Gerade in ihrer Redundanz, ihrer Widersprüchlichkeit, ja ihren am Ende kaum noch eindeutig unterscheidbaren Positionsbestimmungen sind diese Reden im oben beschriebenen Sinne *wirkliche* Reden. Der merkwürdige Befund, daß diese Dialoge zu Ende gehen, ohne zu einem Ende zu kommen, ist zu interpretieren, nicht durch Texteingriffe zu beseitigen.

Damit rückt ein Moment des Hiobbuches ins Blickfeld, das für den Versuch der Kommentierung Folgen hat. Insofern es ebenso um das »Was« wie um das »Wie« der Reden bzw. des Redens im Hiobbuch geht, bekommen *die* Aspekte der Worte Bedeutung, die über den reinen Inhalt der formulierten Position hinausgehen bzw. ihnen vorausgehen. Es kommt nämlich nicht nur darauf an, *was* gesagt wird, sondern auch, *wer* etwas sagt, *in welcher Lage* er es sagt, zu *wem in welcher Lage* er es sagt und *wann* er es sagt. Wenn Hiob und die Freunde das gleiche sagen, muß es nicht das gleiche bedeuten, und wenn die Freunde *Richtiges* sagen und vorhersagen, muß es für den Leidenden in seiner Lage nicht *wahr* sein.

Die Reden des Hiobbuches haben *auch* den Charakter von therapeutischen Gesprächen. Wiederholungen, Retardierungen, argumentative und emotive »Rückfälle« haben hier ihren Ort und sind zu beachten. Deshalb kommt es auch in der Kommentierung zu Wiederholungen, Retardierungen, argumentativen und emotiven »Rückfällen«. Auf diese Weise soll ausgedrückt werden, daß das Hiobbuch in seinen 42 Kapiteln und der Geschichte, die es erzählt und selbst kommentiert, Zeit hat und Zeit braucht. Der Kommentar versucht in dieser Hinsicht, dem Text selbst und seiner Zeit zu folgen.

Das gilt nicht nur für die Reden des Buches. Wenn es z.B. in Hi 2,13 heißt, die Freunde Hiobs hätten mit dem Kranken sieben Tage und sieben Nächte geschwiegen, so bedarf diese Zeitangabe aller Aufmerksamkeit. Im Kommentar ist an entsprechender Stelle ein Satz dreimal wiederholt. Es handelt sich dabei nicht um ein Versehen, sondern um den – zugegebenermaßen unbeholfenen – Versuch, diese Zeit, wenn schon nicht nachvollziehbar machen zu können, so doch anzudeuten. Mit der Zeiterstreckung des Hiobbuches selbst hängt es zusammen, daß in diesem Vorwort sein »Ergebnis«, sein »theologischer Ertrag«, seine »Quintessenz« nicht formuliert werden kann. Was das Hiobbuch zu sagen hat, kann es nur im Durchgang durch alle seine Worte sagen. Wenn der Kommentar etwas zu sagen hat, so allenfalls im Versuch, den Worten des Hiobbuches nachzugehen, nicht *über* es zu reden, sondern – mit einigen Erläuterungen – *mit* ihm. Das Ziel des Kommentars ist deshalb rasch zu beschreiben: Er soll die LeserInnen – auch und gerade die, die keine »gelernten« TheologInnen sind – ein wenig besser in den Stand setzen, mit den Worten des Hiobbuches selbst in Kommunikation zu treten, soll Lesehilfe *für* das Hiobbuch sein und keine Instruktion *über* das Hiobbuch.

Zum Hiobbuch gehört seine lange und vielschichtige Lesegeschichte. Jüdische und christliche TheologInnen, wissenschaftliche ExegetInnen, SchriftstellerInnen und KünstlerInnen haben das Buch gelesen, gedeutet, nacherzählt, gestaltet, verfremdet. Nicht selten sind die nichttheologischen Auslegungen schärfer und konsequenter als die theologischen. An einigen Stellen des Kommentars gibt es kurze, an wenigen auch längere Hinweise auf diese Lesegeschichte, so z.B. im Zusammenhang der Schlußsätze der »Hiobsboten«, deren Satz »Ich allein bin entronnen, es dir zu melden« bei SchriftstellerInnen eine sehr viel größere Aufmerksamkeit gefunden hat als bei den wissenschaftlichen Auslegern. Gemessen an der überaus reichen Rezeptionsgeschichte des Hiobbuches kann es sich nur um einige Schlaglichter handeln – im Literaturverzeichnis finden die LeserInnen Hinweise auf einige Arbeiten zur Rezeptionsgeschichte, die als Einladung zum Weiterlesen und zu eigenen Entdeckungen dienen mögen.

Die Kommentarbände der *Kleinen Biblischen Bibliothek* tragen neben dem Namen des jeweiligen Buches der Bibel einen Titel, der ein Hauptthema oder ein kennzeichnendes Stichwort des biblischen Buches hervorhebt. Der Titel des Hiobkommentars, *Streiten mit Gott*, ist doppeldeutig. Das »mit« kann wie ein *gegen* gelesen werden, aber auch wie ein *mit Hilfe von*. Beide Verstehensmöglichkeiten haben Anhalt im Hiobbuch selbst. Sie stehen nebeneinander und kommen am Ende zusammen, ohne daß das Spannungsverhältnis aufgelöst würde. Welcher Lesart des *mit* je das größere Gewicht zukommt und *wie* beide Verstehensweisen zusammengebracht und zusammen gedacht werden können, kann wiederum nur die Lektüre des ganzen Hiobbuches eröffnen.

Wie in allen Bänden der *Kleinen Biblischen Bibliothek* ist auch in den beiden Bänden dieses Hiobkommentars eine eigene Übersetzung Teil der Kommentierung. Gerade die Übersetzung von Hiobtexten ist in vielen Fällen außerordentlich schwierig und entsprechend umstritten, nicht zuletzt, weil die Textgestalt selbst oft viele Fragen aufwirft. Für die hier vorgelegte Übersetzung, deren provisorischer Charakter mir deutlich bewußt ist, waren zwei Leitlinien maßgeblich. Einmal sollte auch hier gelten, daß, wenn irgend möglich, der vorliegende Text übersetzt werden sollte, auch in den Fällen, in denen man meist zu einer Textänderung bzw. -glättung greift, weil der überlieferte Text sperrig bis unverständlich erscheint. Das zweite Kriterium war, daß die Übersetzung lesbar, aber nicht gefällig sein sollte. Nähe und Ferne des Bibeltextes sollen in gleicher Gewichtung erkennbar werden und bleiben.

Hebräische Worte im Kommentar sind in einer etwas vereinfachten Umschrift wiedergegeben, die es den des Hebräischen Kundigen ermöglicht, die Worte zu verifizieren, und den dieser Sprache Unkundigen erlaubt, die Worte innerhalb des Kommentars wiederzuerkennen und so Beziehungen zwischen verschiedenen Stellen mit denselben Worten bzw. Wortfeldern in Beziehung setzen zu können.

Entsprechend dem Umfang und der Anlage der Kommentarreihe können explizite Auseinandersetzungen mit der wissenschaftlichen Sekundärliteratur nur in wenigen Fällen geführt werden. Daß in solchen Fällen eher der Widerspruch zu Ergebnissen anderer Ausleger zur Sprache kommt als die Zustimmung, soll nicht verdecken, wieviel ich von den zahlreichen alten, älteren und neueren Kommentaren und weiteren exegetischen Arbeiten gelernt habe. Im Blick auf den großen Hiobkommentar von Georg Fohrer (KAT, 1963) sei das besonders hervorgehoben, damit nicht die mir gelegentlich erforderlich scheinenden Auseinandersetzungen mit diesem Werk das Bild verzerren. Die Literaturhinweise können den unterbliebenen Dank an all den Stellen, wo ich von den Ergebnissen anderer »lebe«, nicht ersetzen, aber wenigstens teilweise andeuten.

Kürzlich erschien im Neukirchener Verlag ein Sammelband mit Aufsätzen des Autors, in dem Arbeiten zum Hiobbuch einen großen Raum einnehmen (HIOBS POST, Neukirchen-Vluyn 1995). Im Blick auf einige Stellen und Aspekte des Hiobbuches gebe ich dort ausführlicher, als es in der fortlaufenden Kommentierung des ganzen Buches möglich ist, Auskunft über den Weg, auf dem ich zu bestimmten Auffassungen komme.

Last but not least möchte ich mich bedanken. Bei Anne Titze, die das Manuskript geschrieben und die immer wieder erforderlichen Ergänzungen, Streichungen und Änderungen mit Geduld auf sich genommen hat; bei Gundula van den Berg für das unermüdliche Lesen und Korrigieren der Texte, aber mehr noch für viele Gespräche, Kritik, Hinweise; bei Ulrike Sals für die Genauigkeit der Lektüre und das kritische Aufdecken von Inkonsequenzen bis zur Ablieferung des Manuskripts und beim Leiter und den Mitarbeiterinnen und Mitarbeitern des Verlags, die durch je ihre Arbeit das Erscheinen der beiden Bände ermöglichten.

Jürgen Ebach

**Hinweise auf grundlegende und weiterführende Literatur zum Hiob-
buch**

Lexikonartikel:
Neues Bibellexikon, Bd. II, 214-219 (B. Lang)
Theologische Realenzyklopädie, Bd. XV, 360-380 (J. Ebach)
Reallexikon für Antike und Christentum, Bd. XV, 366-442 (E. Dass-
mann)
M. Bocian, Lexikon der biblischen Personen, 1989, 159-169

**Überblicksbeiträge in Gesamtdarstellungen zur alttestamentlichen
Exegese, Religionsgeschichte und Theologie:**
R. Albertz, Religionsgeschichte Israels in alttestamentlicher Zeit,
GAT 8/2, 1992, 561-569
O. Kaiser, Der Gott des Alten Testaments. Theologie des Alten Testa-
ments 1: Grundlegung, 1993, 277-282
H.D. Preuß, Einführung in die alttestamentliche Weisheitsliteratur,
1987, 69-113
G. von Rad, Weisheit in Israel, 1970, 267-292
R. Rendtorff, Das Alte Testament. Eine Einführung, 1983, 263-267

Kommentare und kommentarähnliche Werke zum Hiobbuch:
D. Clines, WBC (Kap. 1-20), 1989
E. Dhorme, 1926
G. Fohrer, KAT, 1963 ([2]1989 mit Literaturerweiterungen)
R. Gordis, Moreshet Series, 1978
H. Groß, NEB, 1986
N. Habel, OTL, 1985
J. Hartley, NICOT, 1988
F. Hesse, ZBK, 1978
F. Horst, BK (Kap. 1-19), 1968
G. Hölscher, HAT, [2]1952
J. Lévêque, Job et son dieu, 2 Bde., 1970
M. Pope, Anc Bible, [3]1973
G. Ravasi, Commenti biblici, [2]1984
H.N. Tur-Sinai (Torczyner), 1941 und 1957
A. Weiser, ATD, [7]1980
A. de Wilde, 1981 (OTS 22)

**Monographien und Aufsätze zur Exegese und Theologie des Hiob-
buches:**
R. Albertz, Der sozialgeschichtliche Hintergrund des Hiobbuches und

der »Babylonischen Theodizee«, in: Die Botschaft und die Boten, FS. H.W. Wolff, 1981, 349-372

F. Crüsemann, Hiob und Kohelet, in: Werden und Wirken des Alten Testaments, FS C. Westermann, 1980, 373-393

K. Dell, The Book of Job as Sceptical Literature, 1991

J. Ebach, Hiobs Post, 1995

G. Fuchs, Mythos und Hiobdichtung. Aufnahme und Umdeutung altorientalischer Vorstellungen, 1993

G. Gutiérrez, Von Gott sprechen in Unrecht und Leid, 1988

O. Kaiser, Ideologie und Glaube, 1984

O. Keel, Jahwes Entgegnung an Ijob, 1978

R. Kessler, »Ich weiß, daß mein Erlöser lebet«, ZThK 89 (1992) 139-158

V. Maag, Ijob, 1982

T. Mende, Durch Leiden zur Vollendung, 1990

H.-P. Müller, Hiob und seine Freunde, 1970

H.-P. Müller, Das Hiobproblem. Seine Stellung und Entstehung im Alten Orient und Alten Testament, 1978

J. van Oorschot, Gott als Grenze. Eine literar- und redaktionsgeschichtliche Studie zu den Gottesreden des Hiobbuches, 1987

L. Schmidt, De Deo, 1976

H. Wahl, Der gerechte Schöpfer. Eine redaktions- und traditionsgeschichtliche Studie zu den Elihureden Hiob 32-37, 1993

C. Westermann, Der Aufbau des Buches Hiob, ³1978

Zeugnisse der und Arbeiten zur Lektüregeschichte des Hiobbuches:

E. Bloch, Atheismus im Christentum, Gesamtausgabe, Bd. 14, 1968

J. Ebach, Leviathan und Behemoth, 1984

R. Girard, Hiob – Ein Weg aus der Gewalt, 1990

G. Langenhorst, Hiob unser Zeitgenosse. Die literarische Hiob-Rezeption im 20. Jahrhundert als theologische Herausforderung, 1994

J. Mertin, Hiob – religionsphilosophisch gelesen, Diss. masch. Paderborn 1990

H. Pyper, The Reader in Pain: Job as Text and Pretext, Journal of Literature and Theology 7 (1993) 111-129

U. Schrader, Die Gestalt Hiobs in der deutschen Literatur seit der frühen Aufklärung, 1992

S. Schreiner, Der gottesfürchtige Rebell oder Wie die Rabbinen die Frömmigkeit Ijobs deuteten, ZThK 89 (1992) 159-171

R.A. Schröder, Marginalien zum Buch Hiob, 1948

B. Steinwendtner, Hiobs Klage heute. Die biblische Gestalt in der Literatur des 20. Jahrhunderts. 1990

G. Theobald, Hiobs Botschaft. Die Ablösung der metaphysischen durch die poetische Theodizee, 1993

I. Wiernikowski, Das Buch Hiob nach der Auffassung des Talmud und Midrasch, 1902

E. Wiesel, Adam oder das Geheimnis des Anfangs, [2]1982

D. Wolfers, The Speech-Cycles in the Book of Job, VT 43 (1993) 385-402

F. Zorn. Mars. 1977

Hiob 1,1-5   Der Beginn der Geschichte Hiobs
»Dieser Mann war untadelig und aufrecht, gottes-
fürchtig und dem Bösen abhold«

1

1   Einen Mann gab es im Lande Uz, Hiob war sein Name. Dieser
     Mann war untadelig und aufrecht, gottesfürchtig und dem Bö-
     sen abhold.
2   So wurden ihm sieben Söhne und drei Töchter geboren.
3   Und sein Herdenbesitz belief sich auf 7000 Stück Kleinvieh,
     3000 Dromedare, 500 Gespanne Rinder und 500 Eselinnen –
     und an Gesinde sehr viel: Und so wurde dieser Mann groß ge-
     genüber allen Söhnen des Ostens.
4   Von Zeit zu Zeit veranstalteten seine Söhne ein Trinkgelage,
     jeweils im Hause dessen, der an diesem Tag an der Reihe war;
     dazu schickten sie nach ihren drei Schwestern und riefen sie,
     mit ihnen zu essen und zu trinken.
5   Wenn dann die Tage des Trinkgelages herum waren, schickte
     Hiob nach ihnen und heiligte sie: Er stand frühmorgens auf
     und ließ Brandopfer aufsteigen, für jeden eines. Denn Hiob
     sagte (sich):
     »Vielleicht haben meine Söhne gesündigt und Gott in ihrem
     Herzen ›gesegnet‹.«
     In dieser Weise verhielt sich Hiob an all den Tagen.

Das Hiobbuch beginnt mit einem erzählenden Prosateil (1,1-2,13), der
nach den den Hauptteil des Buches umfassenden Reden in poetischem
Sprachstil (3,1-42,6) erst wieder am Ende des Hiobbuches aufgenommen und zu Ende geführt wird (42,7-17). Es könnte sein, daß diese erzählenden Abschnitte einmal als selbständige Geschichte vom frommen Dulder Hiob im Umlauf waren und erst später mit den Redeteilen
verbunden wurden.
   Gleich zu Beginn der Auslegung empfiehlt sich im Zusammenhang
dieser These eine grundsätzliche Überlegung zu Methode und Ziel der
Auslegung. Das Hiobbuch auszulegen bedeutet, es in der Verbindung
des erzählenden Rahmens mit den Dialogen im Kern des Buches zu verstehen, d.h. den frommen Dulder Hiob der Erzählung und den harnäk-
kig nach dem Grund seines Leidens fragenden, ja gegen die von den
Freunden angebotenen Deutungen wie gegen Gott selbst widerständi-
gen, rebellischen Hiob der Dialoge als *eine* Gestalt zu begreifen.

Die in der Forschung viel verhandelte Frage nach der Vorgeschichte
einzelner Stoffe und einzelner literarischer Stücke des Hiobbuches hat
nützliche (wenngleich nicht sichere) Ergebnisse zur Entstehungsgeschichte des Buches und seiner Vorlagen erbracht. Die Kenntnis der
*Ent*stehung eines biblischen Buches mit seinem *Ver*stehen zu verwechseln hieße jedoch, die Rekonstruktion der Vorgeschichte eines Textes
als dessen Auslegung auszugeben. Gar eine voneinander getrennte
Auslegung der verschiedenen literarischen Stränge, Schichten und
Vorlagen, die in das jetzt vorliegende Hiobbuch eingearbeitet sein mögen, als Forderung einer wissenschaftlichen Exegese des Hiobbuches
zu propagieren, gliche der Meinung, Goethes »Faust« sei dann erklärt,
wenn man seine literarischen Vorlagen, Zitate und Motive möglichst
isoliert voneinander interpretierte, z.b. als (fast) erstes solcher Stücke
die Himmelsszene in »Faust I« nach Hiob 1f. rekonstruierte, und als sei
am Ende *die* Aufführung des »Faust« die »sachgemäße«, die all die
herauspräparierten Einzelstücke auch einzeln auf die Bühne brächte.

Wie man beim »Faust« auf den Hiobstoff in der Himmelsszene verwiesen wird, weil man Goethes Text nicht voll verstehen kann, ohne zu
wissen, was er verwendet, verändert, verfremdet hat, so wird man umgekehrt Goethes Text noch nicht verstanden haben, wenn man die ver-
arbeiteten Materialien kennt. Für die Auslegung des Hiobbuches (und
anderer biblischer Bücher) heißt das, daß man über die Vorgeschichte
dieses Buches möglichst viel erforschen und wissen sollte, ohne dieses
Wissen mit der Auslegung des biblischen Buches zu verwechseln.

Was bedeuten diese Grundüberlegungen für die Auslegung des ersten kleinen Abschnitts des Hiobbuches?

Hiob 1,1-5 könnte einmal die Einleitung einer Erzählung gewesen
sein, die bis zum Ende von Kap. 2 reicht und in 42,7 weitergeht. Dafür
spricht, daß es zwischen diesen erzählenden Abschnitten und den Reden des Hiobbuches sprachliche und sachliche Differenzen gibt, die es
kaum wahrscheinlich machen, daß beide Teile von einem Verfasser
gleichzeitig formuliert wurden.

So ist z.B. die Hiobfigur in den Prosaabschnitten in einer anderen
sozialen Umgebung charakterisiert als in den Dialogteilen, so unterscheiden sich, um ein weiteres Beispiel zu nennen, in beiden Teilen die
Gottesbezeichnungen.

Im jetzt vorliegenden Hiobbuch leitet jedoch der Abschnitt 1,2-5
nicht eine isolierte Hioberzählung (1f; 42,7ff.) ein, sondern das ganze
Hiobbuch. Der erste Abschnitt muß also im Kontext des biblischen
Buches Hiob als Abschnitt gelesen werden, der das Problempotential
des ganzen Buches eröffnet. Hier wird nicht nur der »fromme Dulder«
Hiob eingeführt, sondern auch der, der sich zum Rebellen gegen jede
von der Lehre verordnete Stimmigkeit der Lebenswelt und ihrer Deu-

tung verändern wird. Es ist, wie zu zeigen ist, die ungeheure Distanz
zwischen dem Hiob jenes ersten kleinen Abschnitts und dem Hiob der
Reden an und gegen Gott, der dieser Einleitung ihr Gewicht gibt.

Die erste Szene von Erzählung und Buch stellt den »Helden« vor.
Daß es um ihn geht, um die Geschichte eines Menschen und nicht allein um ein Problem der theologischen Lehre, betont der Text, indem
er (im hebräischen Erzählstil zwar nicht einmalig, aber ungewöhnlich)
mit einem Nomen beginnt. »Ein Mann« – das ist das erste Wort. Von
diesem Mann und seinem Leben wird fortan die Rede sein. Gewichtet
der Text an dieser Stelle eindeutig, so bleibt anderes eigentümlich in
der Schwebe. Die Angaben über die Zeit und den Ort Hiobs lassen keine eindeutigen historischen und geographischen Identifikationen zu.
Und doch ergeben diese Angaben ein gefülltes Bild, indem sie Querverbindungen zu anderen biblischen Texten aufleuchten lassen. So bekommen Hiob und seine Geschichte durch den Kontext der Hebräischen Bibel Zeit, Ort und Leben. Einige dieser Querverbindungen und
Anspielungen auf andere biblische Texte sollen im folgenden verdeut-
licht werden.

Einen Mann namens Hiob kennen BibelleserInnen aus Ez 14. Dort
wird Hiob zusammen mit Noah und Daniel als Gerechter der Urzeit
genannt. Das Hiobbuch wählt diese in der Tradition lebendige (wenngleich kaum je »historische«) Gestalt der Urzeit zu seinem »Helden«
und begibt sich damit aus seiner eigenen Zeit um viele Jahrhunderte
zurück in eine nomadische Frühzeit, eine Zeit lange vor der Existenz
eines Volkes, erst recht eines Staatengebildes Israel. Im Gewand einer
alten Geschichte thematisiert das Hiobbuch jedoch – ähnlich wie z.B.
auch das Daniel- und das Jonabuch – Probleme *seiner* Zeit, im Falle
des Hiobbuches der nachexilischen Zeit, in der Israel eine Provinz des
persischen Reichs geworden war. Für die Entstehung des Hiobbuches
wird man eine Zeit zwischen dem 5. und 4. (vielleicht noch dem 3., bereits »hellenistisch« geprägten) vorchristlichen Jahrhundert annehmen
men können.

Den Hiob der Erzählung, der in 1,1-5 eingeführt wird, soll man sich
als einen wohlhabenden Herdenbesitzer und Bauern vorstellen. Dabei
überwiegt ein nomadisches Kolorit. Hiob wird nach dem Vorbild der
Patriarchen Israels gezeichnet. So erinnert die Schilderung des Reichtums an den in Gen 26,13f. genannten Herdenbesitz Isaaks, die in 1,3
erwähnten »Söhne des Ostens« lassen das »Ostland« anklingen, in das
Jakob nach Gen 29,1 zu Laban zog (wobei das Wort für Osten auch
den »Ursprung«, die »Urzeit« bezeichnen kann), und Hiobs Opfer
(1,5) lassen ihn wiederum nach dem Vorbild der Väter Israels als Fami-
lienoberhaupt und Familienpriester erscheinen.

Hiob aber ist Nichtisraelit. Auch wenn man sein Heimatland Uz nicht eindeutig lokalisieren kann, verweist dessen Name auf den Bereich Arabiens. Wie sich oft in der Hebräischen Bibel, besonders in den Genealogien (Abstammungsgeschichten, Familienstammbäumen) der Genesis, Orts- und Ländernamen mit einem Ahnherrn des Ortes oder Landes verbinden, erscheint auch »Uz« in Genealogien als Person, nämlich als Erstgeborener des Abrahambruders Nahor (Gen 22,20f.), als Sohn Arams (Gen 10,23), als Enkel Seirs (Edoms) in Gen 36,28. Hiob aus dem Lande Uz wird also durch die so angedeuteten Bezüge und Querverbindungen zu anderen biblischen Überlieferungen eingeführt als »arabischer«, sei es aramäischer, sei es edomitischer jüngerer »Verwandter« Abrahams, als Weiser der Urzeit, als reicher Herdenbesitzer. Es sind diese Verbindungen zu anderen biblischen Texten, die Hiob Ort und Zeit und – jenseits der historischen Verifikation – Leben geben.

Konkrete Angaben und ein märchenhafter Ton kommen zusammen in den Angaben über Hiobs Reichtum. Sein Wohlstand erweist sich an seiner Kinderzahl – besonders an der Zahl der Söhne, wie es der patriarchalischen Gesellschaftsstruktur entspricht –, an den großen Herden, an der Größe des Landes für diese Herden und des zu den Tieren gehörenden Gesindes. Das ist für orientalische Leser in dieser Verbindung und Gewichtung wirklicher Reichtum. Doch verweisen die Zahlenangaben darüber hinaus auf eine andere, nahezu märchenhafte Ebene. Denn die Zahl der sieben Söhne ist wie die der drei Töchter geprägt, ja symbolisch, und die zehn als ihre Summe ist es auch. Da ist jeweils Vollständigkeit, Abgeschlossenheit, Ganzheit bezeichnet. Diese Zahlen wiederholen sich bei den siebentausend Stück Kleinvieh und den dreitausend Dromedaren. Die Zahl der fünfhundert Rindergespanne (tausend Rinder) gehört ebenso in diesen Bereich, wie sie andererseits wieder konkret die Größe des Landes anzeigt, das man mit diesen Gespannen und den dazugehörigen Knechten und Mägden bestellen kann. Hiob – das erfährt man hier – ist rundum von Glück gesegnet.

Mehrere Gedankenverbindungen läßt auch der Name des »Helden« zu. Der Name Hiob (hebr. *'ijjōb*, in der Septuaginta, der griechischen Übersetzung der hebräischen Bibel, Ἰωβ, lat. Iob, von daher in den meisten neueren europäischen Übersetzungen Job, in der deutschen Tradition nach Luthers Übersetzung Hiob) dürfte nach dem Muster akkadischer Parallelen (*'aja-abu*) etwa »Wo ist mein Vater?« bedeuten. Die altorientalischen Belege für diesen Namen sind so zahlreich, daß man wohl keine auf das Hiobbuch und seine Fragen bezogene Bedeutung in diesem Namen erkennen muß, zumal dann, wenn die Figur Hiobs und sein Name aus Ez 14 entlehnt sind.

Gewiß kann und darf man in gegenwärtiger Hioblektüre diese Bedeutung des Namens Hiob mithören und ihr Gewicht geben (unabhängig davon, ob diese Lektüre vom Hiobdichter intendiert ist). Der Name Hiobs kann dann zum Schrei werden, zur Klage und Anklage angesichts bzw. *nicht* angesichts des abwesenden, verborgenen, sich entziehenden Vater(gotte)s. Für eine solche Lektüre steht die Aufnahme und Weiterführung einer dramatische Passage in Friedrich von Spees »Cautio criminalis« bei P. Eicher, der Spees in den und gegen die Erfahrung der Hexenverfolgungen herausgeschriebenen Satz »Gott sieht es wohl nicht und achtet nicht des Stöhnens der Unschuldigen« als (der Sache nach) »Hiobzitat« versteht (vgl. Hi 24,12) und mit dem wörtlich gelesenen Namen Hiobs verbindet (P. Eicher, Wie kannst du noch katholisch sein, 1993, 323ff., vgl. ders., »Es ist das Amt der Geistlichen, mit ihrem Bellen selbst Könige zu erschrecken«, in: D. Brockmann / P. Eicher [Hg], Die politische Theologie Friedrich von Spees, 1991, 49-86, bes. 49f).

Bereits bei der Frage nach dem Namen Hiobs, seiner Herkunft und seiner Bedeutung kommen also mehrere Ebenen zusammen. Die Etymologie des Namens, seine Bedeutung in Ez 14 bzw. hinter Ez 14 stehenden Traditionen, die Bedeutung in der Erzählung von Hiob, die Frage, ob und inwieweit dieser Name im Hiobbuch zu einer Art programmatischem Namen *wird*, schließlich die Frage, was je die LeserInnen des Hiobbuches in diesem Namen hören können – das alles sind Ebenen, die in der Lektüre und Auslegung *unter*schieden, aber nicht geschieden werden sollten.

Ob man in Israel im Namen *'ijjōb* die *Etymologie* und damit die Frage nach dem Vater noch hörte, muß offenbleiben. Daß aber der *Klang* des Namens im Hiobbuch eine Bedeutung bekommt, zeigt in Hi 13,24 ein Sprachspiel, in dem das Problem des unschuldig leidenden Hiob dadurch angezeigt wird, daß der Name *'ijjōb* mit dem hebr. Wort für »Feind« (*'ōjeb*) in Verbindung gebracht wird (im einzelnen s.u. zu 13,24). Der hebräische Hörer und Leser wird im Namen *'ijjōb* das Verb *'ājab* – etwa: anfeinden, anfechten – mithören und den Namen als »der Angefochtene/Angefeindete« verstehen können.

Hiob, der Mann aus dem Lande Uz, wird zum Träger eines Problems, das als Grundfrage des Menschseins wie die Frage nach Schuld und Gerechtigkeit oder die nach dem Zusammenhang von Taten und Tatfolgen ein »Urproblem« ist. Wie die biblische Urgeschichte (Gen 1-11) spielt deshalb auch das Hiobbuch nicht im engeren Raum Israels, sondern im »Osten«, beim »Ursprung«.

Hiobs Geschichte beginnt harmonisch, fast idyllisch. Hier ist, so scheint es, einmal erfüllt, was in Israel seit alters gehofft wird. Hiob ist ein gut handelnder Mensch, ohne Fehl und Tadel (wie Noah in Gen 6,9), aufrecht, d.h. gerade und gerecht handelnd, gottesfürchtig; er hält sich (wie das Ideal des Weisen) vom Bösen fern.

Und diesem Mann ergeht es gut – so gut, wie es seinen guten Taten entspricht. Tun und Ergehen, Lebenspraxis und Lebensgeschick sind bei diesem Hiob zur Deckung gebracht.

Die Gewißheit des Zusammenhangs zwischen dem Tun eines Menschen und seinem Ergehen ist eine Grundkategorie israelitischer Ethik. Es ist die Auffassung, daß der Mensch mit seinem Tun sein (und seiner Nachfahren) Geschick selbst bestimme, daß der, der Gutes tut, die Folgen seiner guten Taten genießen könne und daß der Übeltäter von den Folgen seiner bösen Taten eingeholt werde. Der Zusammenhang von Tat und Tatfolge ist in der Sprache der Hebräischen Bibel so eng gedacht, daß beides (»Schuld« und »Strafe«) mit denselben Worten bezeichnet werden kann.

Die Auffassung vom Tun-Ergehen-Zusammenhang basiert in Israel zunächst auf Erfahrung. Tatsächlich wird in vielen Fällen ein gerechtes, gemeinschaftsgemäßes, solidarisches Verhalten eines Menschen Früchte tragen, und auch ein in der Erfahrung vieler Völker ruhender Satz wie »Unrecht Gut gedeiht nicht« hat in der Empirie seinen Anhalt. Ebenso erfahrungsgemäß gilt dieser Zusammenhang aber nicht immer. Daß jeder, der einem andern eine Grube gräbt, selbst in diese Grube fällt (wie es in Spr 26,27 und ähnlich in 28,10 steht), ist eine Mahnung, die sich nicht im garantierten Ergebnis ausweisen läßt. Deshalb sollte man sich verdeutlichen, daß die Auffassung vom Tun-Ergehen-Zusammenhang in Israel von vornherein ein Element der Hoffnung enthält: Es möge so sein, daß der Guttäter die Früchte seines Tuns genieße, es möge so sein, »daß der Mörder nicht über das unschuldige Opfer triumphieren möge«. (Die zitierte Formulierung stammt von Max Horkheimer, der diese Hoffnung, diese »Sehnsucht« für das hält, das »urchristlich und urjüdisch« Theologie ausdrückt; vgl. ders., Die Sehnsucht nach dem ganz Anderen, 1970, 62.)

Die Hoffnung darauf, daß das Tun eines Menschen sich tatsächlich in seinem Ergehen auswirken möge, richtet sich in Israel auf Gott. Er möge den Zusammenhang von Tat und Tatfolge *vollständig machen* (das ist die Bedeutung des in diesem Zusammenhang häufig gebrauchten hebr. Wortes *šillem*, das oft mißverständlich als »vergelten« wiedergegeben wurde und wird). So bleibt der Mensch für sein Geschick verantwortlich, weil und insofern Gott das den menschlichen Taten innewohnende Ergehen realisiert. Zugleich aber richtet sich auf Gott die Hoffnung, daß er den Kreislauf von Tat und Tatfolge rettend und bewahrend unterbrechen werde, wo das den Taten entsprechende Ergehen den Untergang bedeutete.

Die Geltung des Tun-Ergehen-Zusammenhangs steht im Hiobbuch zur Debatte. Das Buch, das mit einer geradezu idealtypischen Schilderung einer realisierten Entsprechung von Lebenspraxis und Geschick einsetzt, wird am Zerbrechen dieser Relation auf radikale Weise die Geltung der Gerechtigkeit und der auf ihr beruhenden Weltordnung in Frage stellen und destruieren.

Im Zusammenhang des ganzen Hiobbuches enthält die Anfangsszene in ihrer idyllischen Stimmigkeit deshalb bereits eine bedrohliche Seite. Der Erzähler läßt sie aufscheinen, indem er die Schilderung der Stimmigkeit von Tun und Ergehen in V. 4 fortsetzt und zugleich ein erstes Mal befragt. Denn bereits mit der nach der allgemeinen Konstatierung der Harmonie zwischen Tun und Ergehen (1,1-3) folgenden Konkretisierung in V. 4f. scheint in erster Andeutung die Brüchigkeit des Stimmigen auf. Hiob ist hier sowohl der, der seine Rechtschaffenheit und Frömmigkeit *erweist*, als auch der, der den Zusammenhang zwischen dem gottesfürchtigen Handeln und dem Wohlergehen *sichern* will. In rührender Fürsorge entsühnt er die Söhne mit einem Brandopfer von tatsächlich oder möglicherweise verübten Verschuldungen.

Die Formulierung, die Söhne könnten Gott »gesegnet« haben, meint euphemistisch einen Fluch *gegen* Gott oder *mit* dem Gottesnamen (vgl. Ex 22,27, aber auch 1Kön 21,10.13 – auch dort steht im hebräischen Text »segnen«; gemeint ist die Anklage, Nabot habe Gott und König geflucht, wie auch die meisten Übersetzungen nur sinngemäß richtig verdeutschen). Über die Art des Opfers sagt Hi 1 lediglich, es habe sich um Brandopfer gehandelt (die griechische Übersetzung benutzt den spezifischen Terminus eines Entsühnungsopfers).

Auf den ersten Blick belegt die kleine Konkretisierung der Praxis Hiobs nur dessen Frömmigkeit. Und doch klingt bereits an dieser Stelle die Frage an, die zum Ausgangspunkt der Leidensgeschichte Hiobs und ihrer Deutungsversuche werden wird, nämlich der Zweifel, ob Hiobs Praxis nicht lediglich die Balance eines Tauschgeschäfts sichere. Nach grundlegenden religionssoziologischen und ethnologischen Untersuchungen (vor allem M. Mauss, Die Gabe, ²1984; vgl. auch E. Leach, Die Logik des Opfers, in: ders., Kultur und Kommunikation, 1978, 101ff.) ist das Opfer als Fortsetzung des Warentauschs in den Bereich des Göttlichen zu verstehen, wobei das Opfertier in Rauch verwandelt, »konvertiert« wird. Der Grundgedanke des Opfers ist gleichwohl nicht das vielzitierte »do ut des« (ich gebe, damit du gibst), sondern wäre eher ein in der Schnittmenge von Kommunikation und Tausch angesiedeltes »do et das« (ich gebe, und auch du gibst).

Hiob erscheint in V. 4f. wie einer, der die Stimmigkeit von Tun und Ergehen vorsorglich sichern will (anders gesagt: der sich und die Seinen gegen drohendes Unheil versichern will), indem er noch vermeintliche (»vielleicht«, V. 5) Verschuldung kompensieren will. Wir werden sehen, daß es diese »Tausch-« bzw. »Versicherungsethik« ist, die in der

Fortsetzung von Kap. 1 zur Debatte stehen wird. Bevor wir auf diese
Fortsetzung schauen, muß aber gerade deshalb der Blick noch einmal
auf den Anfang von V. 2 zurückgehen. Das »so«, mit dem der Vers beginnt (im hebräischen Text markiert der Satzanfang eine Überleitung
vom konstatierenden V. 1 zum narrativen V. 2f.), bezeichnet bereits
die Frage, bei der die auf 1,1-5 folgenden Szenen ansetzen. Wie sind
die Aussagen von V. 1 und V. 2f. verbunden? Wie sind Hiobs Aufrich-
tigkeit und Frömmigkeit mit seinem Wohlstand und Glück logisch und
theologisch verknüpft?

- Geht es Hiob gut, *weil* er fromm und gottesfürchtig ist?
- Oder ist Hiob fromm und gottesfürchtig, *weil* es ihm gut ergeht?
  Das ist in der sogleich folgenden Szene die Frage des Satans, die
  Frage, die für Hiob zum Beginn der Leidensgeschichte wird.
- Oder gibt es für Hiob und für jede sich dem Hiobbuch stellende
  theologische Lehre keinen Zusammenhang zwischen Hiobs Tun
  und seinem Ergehen?

Wie aber steht es dann mit der Gerechtigkeit der Welt und ihres
Herrn – wenn er denn der Herr der Welt ist? Das ist die Frage, die in
den Reden des Hiobbuches zwischen Hiob und seinen um Trost und
Deutung bemühten Freunden, schließlich nur noch zwischen Hiob und
Gott zur Debatte stehen wird.

Hiob 1,6-12   Die erste Himmelsszene
»Ist Hiob denn umsonst gottesfürchtig?«

6   Eines Tages geschah es, daß die Götterwesen kamen, vor Jhwh
     zu treten; da kam auch der Satan in ihre Mitte.
7   Da sprach Jhwh zum Satan: »Woher kommst du?« Der Satan
     antwortete Jhwh und sprach: »Vom Herumschweifen auf der
     Erde und vom Hin-und-her-Wandern auf ihr.«
8   Da sprach Jhwh zum Satan: »Hast du acht gehabt auf meinen
     Knecht Hiob? Ja, so wie er ist keiner auf der Erde – ein Mann,
     so untadelig und aufrecht, so gottesfürchtig und dem Bösen
     abhold!«
9   Da antwortete der Satan und sprach: »Ist Hiob denn umsonst
     gottesfürchtig?
10   Bist du es nicht, der ihn umschirmt und sein Haus und alles
     rings um ihn? Das Tun seiner Hände hast du gesegnet, und sein
     Herdenbesitz hat sich auf dem Land ausgebreitet.
11   Aber recke doch einmal deine Hand aus und rühre all das an,

was er hat – ob er dir dann nicht ins Angesicht ›segnen‹ wird?‹
12 Da sprach Jhwh zum Satan: »Da! Alles, was er hat, ist in deiner
Hand. Nur nach seiner Person recke deine Hand nicht aus!‹
Da ging der Satan weg vom Angesicht Jhwhs.

Stellte die erste Szene (1,1-5) Hiob und seine Lebenswelt vor und die
Stimmigkeit zwischen seinem Tun und seinem Ergehen dar, so befinden wir uns in der zweiten Szene an einem anderen Ort. Der Erzähler
versetzt sich und seine LeserInnen in den Bereich Jhwhs und seines
himmlischen Hofstaats.

In den erzählenden Teilen des Hiobbuches wird der Gott Israels mit
seinem Eigennamen genannt, den die Hebräische Bibel mit den vier
Konsonanten J-h-w-h wiedergibt (man spricht deshalb vom Tetragramm). Die Aussprache des Gottesnamens könnte etwa »Jahwä« ge-
lautet haben. Von der nachexilischen Zeit an bis zum heutigen Judentum sprach und spricht man den Gottesnamen nicht aus. Wo er im biblischen Text steht, setzt man beim Lesen eine umschreibende Bezeichnung ein und liest z.B. *haššem* bzw. aramäisch *š^emā* (»der Name«). Eine übliche Wiedergabe ist 'adonaj (gesprochen etwa: Adonei,
Betonung auf der letzten Silbe). 'adonaj ist eine ausschließlich Gott
vorbehaltene Anrede, die mit einem Wort für »Herr« ('adon) zusam-
menhängt. Daher kommt es, daß in den meisten deutschsprachigen Bi-
beln der Eigenname Gottes als »Herr« (in älteren Luther-Bibeln auch
»HErr«) wiedergegeben ist. Diese Wiedergabe enthält Richtiges, ist
aber aus mehreren Gründen problematisch. Sie läßt (1.) nicht erkennen, daß es sich beim Tetragramm (Jhwh) um einen *Eigennamen* handelt. Sie ersetzt den Namen (2.) durch eine Herrschaftsbezeichnung
und verabsolutiert damit *eine* Bedeutung Gottes. Sie schreibt (3.) die
Männlichkeit Gottes eindeutiger und einliniger fest, als es die Bibel
selbst tut, und sie läßt (4.) nicht erkennen, daß es sich bei dem Wort
'adonaj um eine exklusiv für Gott gebrauchte Bezeichnung handelt,
während im Deutschen jedem Mann (nicht aber einer Frau) die höfli-
che Anrede Herr zukommt. Wie sollte man das Tetragramm (Jhwh) in
der Verdeutschung eines Bibeltextes wiedergeben? Es scheint sich na-
hezulegen, den Namen Gottes durch »Gott« wiederzugeben. Dabei
würde allerdings nicht erkennbar, daß die biblischen Texte selbst mit
oft gewichtigen Gründen zwischen dem Eigennamen Gottes und (unterschiedlichen) Worten, die »Gott« bedeuten (El, Elohim u.a.) unterscheiden. In der hier vorgelegten Übersetzung des Hiobbuches wurde deshalb das Tetragramm lediglich mit seinen (lateinischen) Buch-
staben Jhwh wiedergegeben. Für das (leise und besonders das laute)
Lesen sei die Lesart 'adonaj nahegelegt. Sie verzichtet im Respekt gegenüber der jüdischen Tradition darauf, den Eigennamen Gottes aus-

zusprechen, läßt aber, gesprochen in einem deutschen Text, etwas von dem Eigennamencharakter erkennbar werden.

Obwohl Hiob als Nichtisraelit eingeführt wird, ist der Gott, mit dem er es zu tun hat, in den erzählenden Abschnitten des Buches als Gott Israels mit seinem Eigennamen genannt. Anders als in manchen frühen Überlieferungen der Hebräischen Bibel, die Jhwhs »Zuständigkeit« an den Grenzen Israels enden lassen, ist der Gott des Hiobbuches zum Gott der ganzen Welt, der ganzen Schöpfung geworden. Die Tatsache, daß Hiob kein Israelit ist, deklariert das mit seinem Leben und Leiden verbundene Problem als ein Menschheitsproblem. Daß sein Gott der Gott Israels ist, zeigt an, daß dieses Menschheitsproblem als Frage an die Theologie Israels verstanden und verhandelt wird. In den Dialogteilen des Buches (den Reden Hiobs mit seinen – wie er nichtisraelitischen – Freunden und den Reden gegen und zugleich an Gott) werden andere Gottesbezeichnungen genannt (El bzw. Eloah, »Gott[heit]«, und Schaddaj – ursprünglich wohl der Name eines Berggottes, im Hebräischen als »Allmächtiger«, aber auch als »Verheerer« verstanden).

Die Vorstellung einer himmlischen Ratsversammlung, von der in V. 6 wie von einer bekannten »Institution« die Rede ist, stammt aus den polytheistischen Religionen der Umwelt Israels. Dort kennt man Ratsversammlungen, bei denen die zahlreichen Gottheiten auf einem Berg oder in einer himmlischen Wohnstatt gemeinsam beraten und entscheiden. In der monotheistischen Religion Israels – genauer: in dem Maße, in dem Israel allein Jhwh als Gott (an)erkannte – ist für solche Götterversammlungen kein Ort. So hat die Bibel das Bild der himmlischen Ratsversammlung aufgenommen, aber so verändert, daß man nicht mehr an eine Vielzahl gleichberechtigter Gottheiten dachte, sondern an den einen Jhwh mit seinem himmlischen Hofstaat. (Hier liegt ein Ursprung des Engelglaubens.)

Neben Hi 1f. kennen auch andere alttestamentliche Texte eine solche himmlische Versammlung (z.B. Ps 82; 1Kön 22; man denke aber auch an Jes 6 und an das angedeutete Gespräch – »Laßt *uns* Menschen machen!« – in Gen 1,26). Die Mitglieder des himmlischen Hofstaats nennt Hi 1,6 »göttliche Wesen«/»Götterwesen« (wörtlich: Göttersöhne).

Als eine Figur dieser Versammlung göttlicher Wesen erscheint in V. 6 auch der Satan. Seine Funktion, die nach V. 7f. in der »Inspektion« der Erde und ihrer Bewohner besteht, läßt sich mit der zeitgenössischen Funktion eines königlichen Inspektors oder Kontrolleurs im persischen Reich vergleichen. Wie der Herrscher des Achämenidenreichs aus der Sicht der fernen Provinzen (zu denen zur Zeit der vermutlichen Abfassung des Hiobbuches auch Israel gehörte) in weiter Ferne residiert und seiner Inspektoren bedarf, um Informationen über seine Untertanen zu erhalten, rückt auch Gott von der unmittelbaren Lebenswelt der Menschen weg in den Himmel, während er in frühen Texten der Bibel Menschen unmittelbar begegnet. So ist der Satan wie auch andere Engelwesen eine Art Zwischeninstanz. Das ist aber nur die eine, die räumliche Seite seiner Funktion. Eine andere, wichtigere kommt hinzu.

Der Satan wird in 1,6 als eine Figur in die Erzählung eingeführt, die dem Leser bekannt ist und deshalb nicht vorgestellt werden muß. Das ist deshalb überraschend, weil diese Gestalt in der Hebräischen Bibel nur sehr selten erwähnt wird. Die wenigen Belege stammen durchweg aus nachexilischer Zeit, setzen aber alle die Gestalt bereits als bekannt voraus. Außer Hi 1 nennt ihn Sach 3,1f. (als eine als bekannt vorausgesetzte Figur des himmlischen Hofstaates, die als Ankläger fungiert) und 1 Chr 21,1. An letztgenannter Stelle ist Satan (nur hier ohne Artikel wie ein Eigenname gebraucht) der, der David zu der Gott mißfälligen, die eigene militärische Stärke ausforschenden Volkszählung reizt.

Wie ist es zu erklären, daß in nachexilischer Zeit offenbar sehr rasch die Figur (des) Satans in der Nähe Gottes gedacht werden kann oder muß? Die Wortbedeutung des Namens oder Titels zeigt die Richtung an, in der man eine Antwort suchen sollte. »Der Satan« (*haśśāṭān*) bedeutet etwa: »der Hinderer«/»der Anfeinder«/»der Quertreiber«. War es nicht die Erfahrung des einzelnen, daß auf gutes Tun nicht immer ein entsprechendes gutes Ergehen folgt, umgekehrt: daß oft gerade die Übeltäter, Kollaborateure und Konjunkturritter Erfolg haben? War es nicht die Erfahrung Israels, daß der als Gott der Welt erkannte Gott Israels gleichwohl andere Völker über Israel herrschen läßt? Diese Erfahrung, die Beobachtung, daß nicht ist, was sein sollte, läßt den Gedanken buchstäblich Gestalt gewinnen, es müsse eine Instanz geben, die sich hindernd, quertreibend zwischen Gott und die Erfüllung seines Willens geschoben hat. Als diese Gestalt »entsteht« der Satan, später im griechischen Sprachraum der »*diabolos*« (von diesem Wort das deutsche »Teufel«), der »Entzweier«. In der apokalyptischen Literatur, deutlich auch im Neuen Testament, ist der Satan ein selbständig handelnder Gegenspieler Gottes (so in der Versuchungsgeschichte Mk 1,12 und ihren Parallelen; er ist es, der Judas nach Lk 22,3f., vgl Joh 13,26f., zum Verrat bewegt).

Der Satan des Hiobbuches ist aber (noch) nicht der Rivale Gottes, sondern eine Gestalt seines Hofstaates, die lediglich im Auftrag Gottes in begrenzter Selbständigkeit agieren darf.

Was bewegt dazu, aus der Einheit des Urteils und Handelns Gottes die Figur des Satans herauszulösen? Aufschluß gibt der bereits genannte Text aus der Chronik im Vergleich zu dem älteren, dieselben Ereignisse darstellenden Bericht in 2Sam 24. Nach 2Sam 24,1 war es

Jhwh selbst, dessen »unberechnete Emotion« (H. Haag, Vor dem Bösen ratlos?, 1978, 74; zur Satanfigur in der Bibel ebd., 73ff.) David
zum bösen Tun reizte. Diese Überlieferung führt wie andere frühe alttestamentliche Texte auch das Zerstörende, das Bedrohliche, das Wid-
rige, ja Tödliche auf Jhwh selbst zurück, man denke nur an Jhwhs Attacke auf Mose (Ex 4,24ff.) oder auf Jakob (Gen 32,10ff.). Der die
Überlieferung von 2Sam 24 aufnehmende Text in 1Chr 21 will jedoch
Gott von dieser widrigen und widersprüchlichen Seite freihalten. Da
Gott Davids Volkszählung mißbilligt und unerbittlich ahndet, kann
(so wird man die zugrundeliegende Entscheidung des Chronisten begründet sehen) nicht derselbe Gott der Anstifter gewesen sein. Deshalb ersetzt 1Chr 21,1 Jhwh durch den Satan, um Gott zu entlasten.

Diese Entlastung Gottes hat jedoch ihren Preis. Je mehr man nämlich allein das Gute auf Gott zurückführen will, desto mehr bedarf es
der Ausbildung anderer Instanzen, auf deren Wirken man all das zurückführen muß, was sich nicht mit der Vorstellung vom »lieben Gott«
vereinbaren läßt. Die vermeintliche Ehrenrettung Gottes gerät dann
folgerichtig zu seiner Minderung: Der »liebe Gott« thront über der
(optimistisch geschätzt) halben Wirklichkeit, während die andere
Hälfte dem Teufel zufällt. Wird dann (im »aufgeklärten« Bürgertum)
der Teufel »entmythologisiert« (d.h. zum Verschwinden gebracht),
bleibt neben dem minimierten Bereich Gottes ein immer größerer
Raum ohne Gott, in dem das »wirkliche Leben« stattfindet. (Vgl. zu
diesem Thema, das hier lediglich angedeutet werden kann, das oben
genannte Buch von H. Haag; ferner J. Ebach, Leviathan und Behemoth, 1984; ders., *Theo*dizee: Fragen gegen die Antworten, in: Philosophische Orientierung. FS W. Oelmüller, 1995, 215-239).

Der Satan in Hi 1 steht am Beginn seiner »Karriere«. Noch ist er
Jhwhs Untergebener, schon darf er begrenzt selbständig agieren. Insofern nimmt das Hiobbuch den Gedanken einer neben Gott stehenden
widrigen, quertreibenden Kraft auf, gibt ihr jedoch nur ein Stück weit
einen eigenen Bereich. Denn die Frage, die der Satan stellt, und das
Problem, das er damit aufdeckt, wird, aufs Ganze des Hiobbuches gesehen, nicht zwischen Gott und dem *Satan* entschieden, sondern zwischen Gott und *Hiob*. Es geht um die Frage, wie es um Hiobs Frömmigkeit und um Gottes Gerechtigkeit steht, nicht um die Frage, ob
Gott oder der Satan sich durchsetzen wird. Das ist der Grund dafür,
daß die Himmelsszenen (1,6-12; 2,1-7) mit ihren unmittelbaren Folgen für Hiob zwar zur Exposition des Hiobproblems erforderlich sind,
an keiner Stelle des Buches jedoch als »Lösung« dieses Problems aufgeboten werden.

Der Satan hat also im Hiobbuch die Funktion, eine Frage zu stellen
und diese Frage geradezu an einem Modellfall »experimentell« zu

überprüfen. Die Antwort auf diese Frage wird zwischen Gott und Hiob entschieden. Insofern taucht der Satan in Kap. 1f. auf, als ob er einen eigenständigen Wirkungsbereich hätte, damit dann umso deutlicher die Frage nach der einen (wenngleich nicht eindeutigen) Wirklichkeit als Frage nach dem einen (wenngleich nicht eindeutigen) Gott erscheinen kann.

Die Frage, die der Satan in der ersten Himmelsszene stellt, ist in V. 9 scharf formuliert: »Ist Hiob denn umsonst gottesfürchtig?«

»Umsonst« (hebr. *hinnām*) ist das Schlüsselwort für die Szene und ihre Funktion im ganzen Hiobbuch. Das hebräische Wort ist wie das deutsche mehrdeutig. Es hängt mit dem Wort *hen*, etwa: Anmut, Gunst, Gnade, zusammen und bedeutet zunächst (ähnlich dem lat. »gratis«, wörtlich: »aus Gunst«) »unentgeltlich«, »ohne Bezahlung«. So soll Jakob in Gen 29,15 (zur Querverbindung zwischen dem Beginn von Gen 29 und dem Hiobanfang s.o. S. 4) bei Laban nicht *hinnām*, nicht umsonst, nicht ohne Bezahlung arbeiten, sondern seinen Lohn bekommen. Der hebräische Sklave (»Knecht«, hebr. *ʿäbäd*) soll nach Ex 21,2.11 nicht »umsonst« dienen – wieder eine Querverbindung zu Hi 1: Soll der »Knecht«, hebr. *ʿäbäd*, Gottes, als der Hiob in 1,8 ausdrücklich bezeichnet wird, »umsonst« (*hinnām*) Gott dienen? Das »umsonst« verbindet die »satanische Frage« mit allen weiteren Belegen dieses »umsonst« in der Hebräischen Bibel (dazu ausführlich J. Ebach, »Ist es ›umsonst‹, daß Hiob gottesfürchtig ist?«, in: ders., Hiobs Post, 15–31).

Wenige dieser Verbindungslinien seien hier genannt. So wird das »umsonst« in Ez 6,10; 14,23 in einer anderen Akzentuierung gebraucht: Jerusalem wird erkennen, daß Jhwh nicht »umsonst« (d.h. hier: ohne Sinn) an ihm Unheil vollzogen hat. So wird Gott selbst in 2,3 sein Experiment an Hiob als *hinnām*, umsonst, grundlos, bezeichnen (s.u. zu 2,3 und zu 22,6). Diese Bedeutung nähert sich einer dritten Nuance des Wortes *hinnām*, die sich in der Bibel finden und einer weiteren Dimension des Hiobbuches zuordnen läßt. Spr 24,28 warnt vor einem Zeugen, der »*hinnām*«, d.h. hier ohne Grund, ohne Anhalt seinen Nächsten denunziert. Handelt Gott so an Hiob? Über 2,3 hinaus verweist diese Bedeutung von »umsonst« auf 9,17 und auf die Klagen und Anklagen gegen und vor Gott, in denen Hiob Gott gegen Gott als »Zeugen im Himmel« (16,19) anruft. Wird dieser Zeuge »umsonst« auftreten?

In der Rede des Satans in 1,9ff. scheint der erstgenannte Sinn des Wortes »umsonst« zu überwiegen. Aber wie oft im Hiobbuch zeigt sich, daß die Worte mehrere Dimensionen zum Klingen bringen. Der Satan fragt, ob Hiob »umsonst« gottesfürchtig sei, d.h. ohne Lohn. Der Hiobleser aber weiß, daß in dem Moment, in dem es sich erweisen

wird, daß Hiob durch sein Verhalten diese Frage mit einem klaren
»Nein« beantworten wird, indem er ohne *Lohn* an Gott festhalten
wird, die andere, gewichtigere Frage auftaucht, nämlich die, ob Hiobs
Frömmigkeit gerade deshalb »umsonst« sein wird, d.h. ohne *Sinn.*
Der Satan stellt die These auf, daß Hiobs Frömmigkeit den Regeln
des Tauschgeschäfts entspringe und entspreche. Mehr noch: Er hält
Gott vor, daß er sich nicht auf Hiobs Frömmigkeit berufen könne, habe
doch er mit seinem Segen über Hiob das Seine zu dem Tauschgeschäft
geleistet. Das Gespräch zwischen Gott und dem Satan nimmt in mehrfacher Hinsicht die erste Szene des Buches (1,1-5) wieder auf. So läßt
der Erzähler seine Charakterisierung Hiobs in 1,1 in der Rede Gottes
(1,8) wörtlich bestätigt sein. Diese Wiederholung ist aber Bekräftigung
der Aussage und Steigerung des Zweifels an ihr zugleich. Denn wenn
sich Hiobs Verhalten als die eine Seite eines Geschäftsvertrags erweisen sollte, so erwiese Gottes Wort über Hiob in 1,8, daß Gott selbst einer Täuschung erlegen wäre. So steht mit der Frage des Satans nach
dem Grund von Hiobs Frömmigkeit zugleich das Urteil Gottes in Frage.
    Jhwh diskutiert nicht mit dem Satan. Er nimmt die Herausforde-
rung an und läßt zu, daß der Verdacht des Satans überprüft wird. In
Auslegungen des Hiobbuches hat man, nicht zuletzt unter dem Eindruck der Hi 1 nachgebildeten Szene »Prolog im Himmel« in Goethes
Faust (I, 243-353; vgl. dazu H.R. Jauß, Hiobs Fragen und ihre ferne
Antwort [Goethe, Nietzsche, Heidegger], in: ders., Ästhetische Erfahrung und literarische Hermeneutik, ²1984, 450-466; zuerst in: Poe-
tica 13 [1981] 1ff.), auch für Hi 1 von einer »Wette« gesprochen. Goethe stellt tatsächlich eine Wette zwischen Gott und Mephistopheles
dar, eine Wette, deren Einsatz Fausts Seele ist. Dabei hat Goethe in seinem »Prolog im Himmel«, den er dem »Faust« nachträglich hinzufüg-
te, Elemente des Hiobbuches aufgenommen. So zeichnet er (Hi 1 entsprechend) seinen Mephistopheles zugleich als selbständig handelnde
Kraft wie als »Teil von jener Kraft / Die stets das Böse will und stets das
Gute schafft« (Faust I, 1335f.). So ist Mephisto (wie der Satan des
Hiobbuches) zugleich eine eigenmächtig agierende Figur wie eine Figur im Spiel und Dienst einer höheren Macht. Auch die Frage nach den
Grenzen der Vernunft (eine Hauptfrage des »Faust«) nimmt eine Dimension des Hiobbuches auf. Ist aber »Faust«, der im »Bildungsgut«
zum Prototyp des über alle Grenzen hinausdrängenden Tatmenschen
geworden ist, bei Goethe der Einsatz einer Wette, so ist Hiob, der
ebenso verkürzt und deshalb fälschlich im »religiösen Bildungsgut«
zum Inbegriff des Ohnmächtigen, bloß passiven »frommen Dulders«
geworden ist, in der Bibel der, an dessen Verhalten sich die Frage nach
der Gerechtigkeit Gottes entscheiden wird. So bleibt der titanische

Faust zuletzt »Objekt«, der leidende Hiob der Bibel wird »Subjekt«.
Die Lektüregeschichte beider Literaturwerke hat z.T. - beide verfälschend - diese Bewegungen auf den Kopf gestellt.

Das im Himmel beschlossene Experiment von Hi 1 überprüft die Relation zwischen Hiobs Ergehen und seinem Tun. Was Hiob sichern will, wird Gott seinerseits aufkündigen. Wird Hiob dann Gott »segnen« (d.h. fluchen, s.o. S. 7), wird er das tun, wovon er bei seinen Söhnen befürchtet, sie könnten es vielleicht getan haben?

Jhwh überläßt dem Satan die Versuchsanordnung. Die Einschränkung (»nur nach seiner Person recke deine Hand nicht aus«) verweist im Zusammenhang des ganzen Buches bereits auf die folgende Szene und zeigt sich als ein »noch nicht«. Diese Prüfung Hiobs wird nicht die letzte sein.

Hiob 1,13-19 Die Hiobsbotschaften
»Und ich allein bin entronnen, um es dir zu melden«

13 Eines Tages geschah es, daß seine Söhne und Töchter im Hause ihres ältesten Bruders aßen und Wein tranken.

14 Da war ein Bote zu Hiob gekommen und sprach: »Die Rinder waren beim Pflügen und die Eselinnen beim Weiden neben ihnen.

15 Da fielen die von Saba ein und nahmen sie weg, und sie erschlugen die Burschen mit der Schwertschneide.
Und ich allein bin entronnen, um es dir zu melden.«

16 Noch redete der, war schon der nächste gekommen und sprach:
»Ein Gottesfeuer ist vom Himmel gefallen und hat die Schafe und die Burschen verbrannt und sie verzehrt.
Und ich allein bin entronnen, um es dir zu melden.«

17 Noch redete der, war schon der nächste gekommen und sprach:
»Chaldäer haben drei Abteilungen aufgestellt, und sie überfielen die Dromedare und nahmen sie weg; und die Burschen erschlugen sie mit der Schwertschneide.
Und ich allein bin entronnen, um es dir zu melden.«

18 Noch redete der, war schon der nächste gekommen und sprach:
»Deine Söhne und Töchter waren gerade dabei, zu essen und

Wein zu trinken im Hause ihres ältesten Bruders,
19   da! – ein großer Sturm ist gekommen, drüben von der Wüste
her, der packte die vier Ecken des Hauses, und es fiel über den
jungen Leuten zusammen und tötete sie.
Und ich allein bin entronnen, um es dir zu melden.«

Über Hiob bricht geballtes Unheil herein. Was einem nicht betroffenen
Beobachter wie eine tragische Verkettung verschiedener Unglücksfälle erschiene, ist für den Betroffenen *eine* Katastrophe. Werden die an-
einandergereihten Unglücksfälle im Erleben Hiobs zu *einem* Unheil,
so wissen die LeserInnen des Buches, die anders als Hiob das Gespräch
im Himmel kennen, um die *eine* Ursache. Für die LeserInnen gehören
die von dieser Szene her sprichwörtlich gewordenen »Hiobsbotschaften« zu der zwischen Gott und dem Satan verabredeten »Versuchsanordnung«. Für Hiob und die Menschen um ihn bricht das schreckliche
Geschehen unmittelbar hinein in die 1,1-5, besonders in V. 4f., ge-
zeichnete ruhige Sicherheit.
     Diese doppelte Wahrnehmungsebene stellt der Erzähler mit Hilfe
einer dramaturgischen »Überblendungstechnik« dar. V. 13 schließt
sachlich und grammatisch an V. 4f. an (das »seine« in V. 13 bezieht sich
wie selbstverständlich auf Hiob, obwohl sich die hebräischen Suffixe,
die die Funktion von Possessivpronomina haben, nach den strengen
Regeln der Grammatik auf den unmittelbar zuvor in V. 12 genannten
Satan beziehen müßten). Die Erwähnung der Feste, die die Söhne und
Töchter Hiobs zu feiern pflegten, scheint nun überzugehen in die Schilderung eines dieser Feste. Läse man V. 13 ohne die eingeblendete
Himmelsszene als direkte Fortsetzung von V. 4f., so schiene die Idylle
auch jetzt noch ungetrübt. Die LeserInnen aber wissen, was sich (weniger im zeitlichen als im räumlichen Sinne dazwischen) auf einer anderen »Bühne« abgespielt hat – und halten den Atem an. Man weiß: Nun
wird der Schlag kommen. Der Schlag kommt, jedoch (noch) nicht an
dem Ort, an den uns der Erzähler in V. 13 geführt hat, sondern von
ganz anderen Seiten, bis die letzte der Hiobsbotschaften die Szene von
V. 4f. und V. 13 wieder erreicht hat, so daß der Kreis sich schließt und
die Unglückskette als eine einzige Katastrophe dasteht.
     Die »Überblendungstechnik« des Erzählers zeigt sich auch darin,
daß die Himmelsszene wie die folgende Fortsetzung der Geschichte
auf der Erde mit denselben Worten beginnt: »Eines Tages geschah es
. . .« (In 2,1 wird diese Einleitung abermals eine Umblendung markie-
ren.) Der erste Satz der Szene schließt an Ort und Thema von V. 4f. an.
An dem Beispiel, an dem in V. 4f. die sichere und sichernde Frömmigkeit Hiobs dargestellt wird, setzt die Schilderung des schrecklichen
Umschlags in Hiobs Leben ein. Doch der Erzähler verläßt sogleich die-

sen Ort und blendet abermals um. Der hebräische Satzanfang von
V. 14 bezeichnet einen erneuten Aspektwechsel: Ein Bote ist gekom-
men, steht plötzlich da vor Hiob. Die LeserInnen sehen ihn in einern
neuen Bild vor Hiob stehen und hören ihn, wie er ein wiederum neues
Bild schildert. Die Erzähltechnik erinnert geradezu an »Filmschnitte<:
Immer neue Bilder überlagern einander und lösen einander ab. Denn
auch innerhalb der Meldungen der Boten schlägt das Bild jeweils urn.
Beim ersten und vierten Boten wird sachlich und sprachlich (durch den
Wechsel von einer statischen Partizipialstruktur zu verbalen Aktions-
formen) ausgeführt, wie in eine ruhige Szene jäh die vernichtende Aktion hineinschlägt. Bei der zweiten und dritten Hiobsbotschaft wird
dieser Umschlag zumindest angedeutet. Mit dieser Erzählweise gelingt
es, die statische Ausgangssituation von 1,1-5 durch eine Reihe von größeren und kleineren Um- und Überblendungen in eine Abfolge rasen-
der Bilder zu verwandeln. Alles gerät ins Rutschen, nichts bleibt sicher
und gesichert.

Zeigt der Erzähler in dieser Weise, daß sich die Unglückskette zu *einer* Katastrophe zusammenballt, so drückt sich der biblischen und altorientalischen Zahlensymbolik entsprechend in der Vierzahl der
Hiobsbotschaften die Vollständigkeit der Katastrophe aus. Die Zahl
»vier« steht für ein Ganzes. Man kann an die altorientalische Herr-
scherterminologie denken, nach der der König »Herrscher der vier
Weltgegenden«, d.h. der ganzen Welt zu sein beansprucht, aber auch
an die Vierzahl der Vernichtungen (Hunger, Raubtiere, Schwert, Pest)
in Ez 14,12ff. – in dem Abschnitt der Hebräischen Bibel also, von dessen Verbindung zur Hioberzählung bereits mehrfach die Rede war, s.o.
S. X u. S. 3. Man kann auch an die vier Ströme aus dem Garten in
Eden (Gen 2,10ff.) erinnern (zur Zahlensymbolik in der Hioberzählung vgl. auch Maag, Hiob, 42).

Das Unheil, das Hiob trifft, ist vollständig und eine einzige Katastrophe. Hiob hat keine Zeit, auch nur die erste der Schreckensmeldungen
zu Ende zu hören, da steht schon der nächste Bote da und fällt dem ersten ins Wort – und so weiter bis zum vierten, dessen »Hiobspost« sich
auf das Gastmahl der Kinder Hiobs und seinen tödlichen Ausgang bezieht. Erst damit ist das Ende der Schreckensmeldungen erreicht. Was
sich so als eine einzige Katastrophe darstellt, ist für einen unbeteiligten
Beobachter eine Kette von Unglücksfällen ohne inneren Zusammenhang. Jedes der Unglücke hat eine »natürliche« Ursache, keines wäre
für sich genommen ohne Parallelen in Hiobs Lebenswelt.

Da ist zunächst der Raubzug einer nomadischen Gruppe. Die Sabäer (der hebräische Text nennt sie nur mit dem Ortsnamen Saba) rauben
die Rinder und die Eselinnen und erschlagen die Hirten. So etwas kam
in der vom Erzähler ausgemalten Lebenswelt Hiobs nicht alle Tage,

aber doch wohl zuweilen vor. Allerdings wird Saba in der Bibel nicht
als Ort räuberischer Nomaden genannt, sondern als Heimat eines süd-
arabischen Handelsvolks (so auch Hi 6,19) und als Herkunftsland einer reichen und klugen Königin (1Kön 10). Vielleicht soll die Erwähnung räuberischer Sabäer zusammen mit anderen archaischen Zügen
der Hioberzählung die ferne Vergangenheit bezeichnen, in die Hiobs
Geschichte verlegt ist; vielleicht (so interpretierten es spätere jüdische
Ausleger) soll die Erwähnung des sprichwörtlich fernen Saba (so in Jer
6,20; Joel 4,8) zeigen, wie sich der Satan die Instrumente seines Versuchs von weit herholte, von den südlichen (»Saba«) und nordwestli-
chen (»Chaldäer«, s.u.) Rändern der arabischen Welt Hiobs. Man
kann aber auch erwägen, ob die Nennung Sabas (hebr. *šᵉbāʾ*) durch die
klangliche Nähe zu dem Verb *šbh* (aramäisch *šbʾ*), mit der Bedeutung
»wegführen« begründet ist. Die erste Hiobsbotschaft erinnerte dann
noch stärker, als es durch die Nennung der gleichen Tiere ohnehin geschieht, an 1Chr 5,21, wo von einer gewaltsamen Aktion die Rede ist,
in der aus dem Herdenbesitz (dasselbe Wort wie in Hi 1,3) eine jeweils
große Zahl von Dromedaren, Schafen, Eseln und Menschen »wegge-
führt« (das Verb *šbh*) werden.

Der zweite Bote meldet ein (scheinbar) ganz anders gelagertes Unglück. Die Schafe Hiobs und ihre Hirten sind einem gewaltigen Blitz-
schlag und einer vom Blitz verursachten Feuersbrunst zum Opfer gefallen. Die Formulierung »Gottesfeuer« verweist auf die himmlische
Herkunft des Blitzes. Auch in Num 11,1; 16,35 ist der Blitz eine Waffe
Gottes; er gehört als machtvolle Begleiterscheinung zur Theophanie,
zur Erscheinung Jhwhs (Ex 19,16 u.ö.). So steht dieses Unglück (wenn
man diese dem antiken Denken nicht wirklich angemessene Unterscheidung treffen will) zwischen einem »natürlichen« und einem
»göttlichen« Bereich. Die LeserInnen werden hier von der »Himmelsszene« her einen göttlichen Urheber erkennen (auch der Satan ist nach
1,6 eines der »Götterwesen«) – für sich genommen wäre der Blitz-
schlag mit seinen tödlichen Folgen aber wiederum als schlimmes, jedoch nicht »übernatürliches« oder gänzlich unbegreifliches Ereignis
zu verstehen. Auch so etwas geschieht von Zeit zu Zeit in der Welt, in
der Hiob lebt.

Die Meldung des dritten Boten, der wie der zweite und vierte seinem Vorredner ins Wort fällt, bezieht sich wiederum auf eine räuberi-
sche Aktion. Gegenüber dem Sabäereinfall ist der Raubzug der Chaldäer als Steigerung, nämlich als geradezu militärische Aktion dargestellt. Wie die Sabäer in V. 14 sind auch die Chaldäer hier anders gezeichnet, als es in der Bibel meistens geschieht. In der Geschichte Israels sind die Chaldäer in erster Linie die Repräsentanten des neubabylonischen Reichs, deren Eroberungsfeldzüge unter ihrem erfolgreich-

sten Herrscher Nebukadnezar das Ende des Staates Juda und den Beginn des »Babylonischen Exils« bedeuten. Später, vor allem in der griechisch-römischen Antike, aber auch im Danielbuch, wird »Chaldäer« wegen der astronomisch-astrologischen und magischen Kenntnisse der babylonischen Priesterschaft zum Begriff für Magier und Sterndeuter.

Wenn in Hi 1 die Chaldäer als räuberisch-militante Beduinen (sie rauben die Dromedare) erscheinen, so sind sie als Vorfahren der späteren babylonischen Eroberer gezeichnet, die aus der nordwestarabischen Wüste kamen. (Diese Gegend dürfte auch in der in der Forschung umstrittenen Herkunftsbezeichnung Abrahams aus »Ur in Chaldäa« [Gen 11] gemeint sein.) Immerhin erwähnt auch 2Kön 24,2 kriegerische chaldäische Streifscharen, und dem König Zedekia sagt Jeremia dreimal (32,4; 34,3; 38,18) an, daß er den Chaldäern nicht entrinnen werde (mit demselben Verb *mālaṭ* [entrinnen], das jeder der Hiobsboten am Ende seiner Meldung gebraucht). So kann man in den Chaldäern, die Hiobs Dromedare rauben und deren Hirten töten, die in die Vergangenheit zurückverlegten Eroberer sehen, die Jerusalem und den Tempel zerstörten. Man kann aber auch und daneben in den Chaldäern die in Ergänzung der Sabäer von den Enden Arabiens herbeigeholten Instrumente des satanischen Versuchs erkennen.

Der letzte Bote tritt auf und fällt dem noch sprechenden dritten ins Wort. Seine Botschaft läßt die in V. 13 geschilderte Szene der im Hause des ältesten Sohnes feiernden Kinder Hiobs buchstäblich zusammenbrechen. Zusammengebrochen ist damit alles, was nach 1,1-5 das Glück Hiobs ausmachte. Der Kreis hat sich zum Verhängnis geschlossen.

Doch auch das Unglück, das Hiobs Kinder traf, kann für sich genommen als »natürliches« Geschehen verstanden werden. Der von der Wüste her mit großer Wucht anstürmende Ostwind, der das Haus packte und zusammenstürzen ließ, wird auch sonst in der Bibel als gefährlicher Sturm erwähnt (so kann er nach Ez 27,26; Ps 48,8 Schiffe auf dem Mittelmeer zum Kentern bringen). Mit diesem gefährlichen Sturm kann aber auch Gottes Vernichtungshandeln verglichen werden (Jer 4,11; 18,17; Jes 27,8), so daß auch dieses Unheil nicht ausschließlich und einlinig *einer* Wirkebene zugeordnet werden kann. Sofern es sich um ein Naturereignis handelt, steht Jhwh hinter dem Satan. Wenn Hiob in der folgenden Szene das Unheil, das ihn trifft, wie selbstverständlich auf Gott zurückführt, so ist er damit (in Unkenntnis der »Himmelsszene«) der Wahrheit näher als ein Leser, der (in Kenntnis der »Himmelsszene«) die satanische Anordnung für die Lösung des Problems des Leidens Unschuldiger hielte. Und gewiß sieht Hiob mehr als ein Registrator von Unglücksfällen, der sich mit der Antwort be-

gnügte, es handele sich eben um eine tragische Verkettung von Unfäl-
len.

Vor einem genaueren Blick auf die Reaktion Hiobs in der folgenden
Szene soll sich das Augenmerk auf den Satz richten, mit dem die vier
Boten in stereotyper Formulierung ihre Meldungen abschließen:
»Und ich allein bin entronnen, um es dir zu melden.« In der Abfolge
der Schreckensmeldungen steigert die vierfache Wiederholung dieses
Satzes die Größe des je einzelnen Unglücks wie die Gewalt der gesamten Katastrophe. So groß ist jedes Unglück, daß jeweils nur einer ent-
kam. Zugleich kann der Erzähler durch die stereotypen Ein- und Aus-
leitungssätze der Boten die Unheilsmeldungen Schlag auf Schlag und
in der Wirkung wie eine einzige Katastrophe auf Hiob treffen lassen.
Die neueren Kommentare verweisen mit Recht auf die Erzähltechnik
(so Fohrer, KAT, 90: »ein rein erzählerischer Zug, da sonst ja niemand
vorhanden wäre, der die Nachricht überbringen könnte«). Und doch
erfaßt der allein auf die Erzähltechnik bezogene Blick nur die Oberfläche. Andere Interpreten übergehen diese Sätze »kommentarlos«.
Aber auch die von Weiser, ATD (und nach ihm von Hesse, ZBK) gegebene Deutung, es läge eine grausame Ironie darin, daß die Boten einzig
zu dem Zweck entronnen seien, um ihre Botschaft vor Hiob zu bringen, bleibt vordergründig. Denn der Satz der Hiobsbotschaften »Ich
allein bin entronnen, um es dir zu melden« bezeichnet über die erzähl-
technische Funktion hinaus und fern jeder Ironie die Erfahrung, der
biblisches – und bis heute jüdisches – Erzählen entspringt. Auf eine
kleine, aber wichtig werdende Besonderheit des hebräischen Wortlauts im Satz der Hiobsboten verweist R. Gordis, NEB, 16, der in der
kohortativen Endung der Versform $wā'immāl^etā$ (man könnte verdeutschen: »ich wollte entronnen sein, um . . .«) die Intention der Boten erkennt, mit ihrer Meldung ihr Entrinnen gutzumachen (ausführlicher dazu und zum ganzen Satz der Boten und ihrer literarischen Auslegungsgeschichte J. Ebach, Hiobs Post, 1-14).

Es ist kaum ein Zufall, daß Schriftsteller die Bedeutung der Schlußsätze der Überbringer der Hiobsbotschaften deutlicher erkannten als
Exegeten. Autoren verschiedener Zeiten und verschiedener Herkunft
erkannten in dem »Ich allein bin entronnen, um es dir zu melden« den
Grund des eigenen Schreibens wieder. Auf einige dieser direkten oder
indirekten Bezüge sei hier hingewiesen:

In der mythischen Dichtung »Sfaira der Alte« (2 Teile, 1936/42)
des von den Nationalsozialisten verfolgten jüdischen Schriftstellers
Alfred Mombert steht die Zeile: »Hiob-Dichter ich: namenlos entrann
ich« (in der ersten deutschen Gesamtausgabe der Dichtung, 1958,
234). Mußte dieser Autor das so bezeichnete Schicksal seines mythischen Helden nacherleben, so läßt ein anderer Autor seinen »Helden«

in der angedeuteten Identifizierung mit den Hiobsboten entrinnen und
aus dem Entrinnen erzählen: Der Epilog von Herman Melvilles »Mo-
by Dick« (1851) ist mit dem Satz der Boten überschrieben: »And I on-
ly am escaped alone to tell thee.« Wie sehr Melville in diesem Satz des
Hiobbuches einen Ausdruck des Zusammenhangs von Entrinnen und
Erzählen erkannte, geht daraus hervor, daß er sich in einem seiner früheren Romane (Redburn, 1849, Kap. 59) bereits in ähnlichem Zusammenhang findet. Von Überlebenden einer Katastrophe heißt es dort,
sie seien wie die Hiobsboten entronnen, einzig um davon zu berichten.

Nicht unmittelbar auf die Sätze der Boten aus Hi 1, wohl aber auf
Hiobs eigene Aussage, er sei »entronnen mit der Haut meiner Zähne«
(19,20), bezieht sich der Titel von Thornton Wilders Stück »The Skin
of Our Teeth« (1942), dessen deutscher Titel »Wir sind noch einmal
davongekommen« diese Worte Hiobs mit dem Satz der Boten aus dem
ersten Kapitel zusammenschließt.

Wiederum ein jüdischer Autor, Manès Sperber, ist es, der in einem
Gespräch sein Schreiben explizit mit dem Satz der Boten aus Hi 1 verbindet. Sein Entrinnen erlebte er zum ersten Mal, als sein Heimatort
bombardiert wurde und die Toten aus den Gräbern gerissen wurden.
»Ich glaube, damit begann meine Schriftstellerei. Ich versuchte das,
was ich erlebte, in Worte zu fassen, mir zu erzählen, und zwar als sollte
ich es viel später einem anderen erzählen . . . Ich bin also der Bote, der
kommt und dem Hiob sagt: Da kam ein Wind von Norden und riß alle
Bäume aus, tötete. Ich allein bin entkommen, um es dir zu melden! In
diesem Erleben liegt der Grund dafür, daß das Hiobselement in allem,
was ich geschrieben habe, sehr stark ist.« (in: Siegfried Lenz, Gespräche mit Manès Sperber und Leszek Kolakowski, 1982, 33f.; zu weiteren literarischen Spuren des Satzes der Hiobsboten bei Sperber s
Ebach, Hiobs Post, 5). Das Erzählen des Entronnenen, das Erzählen
aus dem Entrinnen, wurde für die jüdische Theologie nach der »Scho-
ah«, nach der Vernichtung der europäischen Judenheit durch die Nationalsozialisten zur einzigen Möglichkeit, nach dieser Katastrophe
noch zu reden. Sind es bei den genannten Autoren einzelne, wenngleich zentrale Verweise auf das Reden der Überbringer der Hiobsbotschaften, so lebt bei dem heute in den USA lehrenden, aus Rumänien
stammenden Elie Wiesel das gesamte Werk aus der Haltung des Zeugen, der als Entronnener seine Botschaft überbringt. (Vgl. R. McAfee
Brown, Elie Wiesel. Messenger to All Humanity, 1983; einen Eindruck der Zeugenschaft Wiesels gibt sein 1986 in Deutschland gehalte-
ner Vortrag »Lebensstationen«, in: KuI 2 [1987] 56-68.) Wie die
Hiobsboten erzählt er nicht, *daß* er entronnen ist, er kann und muß erzählen, *weil* er entronnen ist; genauer aber – mit dem Wortlaut der Boten aus Hi 1 – ist er entronnen, um zu erzählen. So ist der jüdische Er-

zähler der Entronnene; seine Botschaft lautet (bei Sperber wie auf andere Weise bei Wiesel): Vergiß nicht! Vergeßt nie!

Keine größere Differenz kann man sich denken als die zwischen diesen Berichten vom Unheil und der Weise, von Unglücken anderer zu berichten, die unsere Nachrichtensendungen kennzeichnet, geschweige denn der, die Unglücksmeldungen zum beliebtesten Sujet der Unterhaltungspresse macht. Das Vorbild solchen »Erzählens« ist die Rede, die im »Faust« ein, wie es bei Goethe heißt, »anderer Bürger« führt: »Nichts Bessers weiß ich mir an Sonn- und Feiertagen / Als ein Gespräch von Krieg und Kriegsgeschrei, / Wenn hinten, weit, in der Türkei, / Die Völker aufeinander schlagen. / Man steht am Fenster, trinkt sein Gläschen aus / Und sieht den Fluß hinab die bunten Schiffe gleiten; / Dann kehrt man abends froh nach Haus, / Und segnet Fried' und Friedenszeiten.« (Faust I, 860-867). Diesem Bürger geht es darum, sich immer wieder freudig zu versichern, daß nicht er es ist, den das Unheil trifft; ihm bereitet die ferne Unglücksmeldung das Vergnügen, zu den Nichtbetroffenen zu gehören. Das ist die aus Neugier, Erleichterung und Mitleid (nicht aber aus Mitleiden) gemischte Haltung, die nach einem spektakulären Autounfall auf der Autobahn den bekannten »Stau auf der Gegenfahrbahn« verursacht. Eine alte Metapher für diesen Blick stammt vom römischen Autor Lukrez, der den »Schiffbruch mit Zuschauer« beschreibt (De rerum natura, Vorrede zum 2. Buch; dazu und zur Nachgeschichte dieses Bildes J. Ebach, Kassandra und Jona, 1987, 67ff.). Die Differenz zwischen diesem »Schiffbruch mit Zuschauer« und dem Erzählen des Entronnenen hat ihre Parallele in der Differenz zwischen Richtigkeit und Wahrheit. Mit diesen Stichworten ist bereits angedeutet, daß es sich um eine Unterscheidung handelt, die gerade im Hiobbuch in vielfacher Gestalt wiederkehrt.

So sind es Erzähler, die die Exegeten belehren können, daß der Satz der Hiobsboten mehr enthält als einen erzähltechnischen Zug, und es sind die aus dem Entrinnen Erzählenden, die diese Zeugenschaft nicht als Ironie, sondern als Trauerarbeit verstehen. Die in der Aufnahme durch solche Schriftsteller deutlich werdende Bedeutung der Sätze der Boten läßt den Blick auf weitere Stellen in der Bibel fallen, an denen ein Entronnener seine Botschaft meldet: In Gen 14 setzt die Meldung eines Entronnenen Abrahams Rettungsaktion für Lot in Gang, eben den Lot, dessen Frau zur Salzsäule erstarrte, als sie beim Untergang von Sodom und Gomorrha nicht nur entrinnen, sondern auch Zuschauerin sein wollte (dazu J. Ebach, Ursprung und Ziel, 1986, 147ff.). In Ri 3 bringt die Meldung des entronnenen Tyrannenmörders Ehud Israels Heerbann in Bewegung; in 1Sam 22 ist es Abjatar, der als einzig Entronnener zum Boten für David wird. Die Meldung eines Entronnenen aus der gefallenen Stadt Jerusalem markiert im Ezechielbuch der Umschwung von den Unheilsankündigungen zu den Heilsbotschaften. Die Worte des Entronnenen (Ez 24,26; 33,21f.) sind es, die den Propheten selbst aus Bewegungsunfähigkeit und Sprachlähmung lösen.

Noch deutlicher wird der Zusammenhang zwischen dem Entrinnen und dem Erzählen, wenn man in den Sätzen der Hiobsboten die beiden Verben genauer betrachtet. Entrinnen (hebr. *mālaṭ* bzw. in sprachlicher Variante *pālaṭ*) bedeutet zunächst »durchschlüpfen«. So kann auch das Geboren-Werden als ein Hindurchschlüpfen, ein Entrinnen bezeichnet werden, womit mehr gemeint sein dürfte als der physische Vorgang. Der eigentümliche Charakter des Verbs »entrinnen« zeigt sich bei der Schwierigkeit, es eindeutig einer aktivischen oder einer passivischen Aktionsart zuzuordnen. Formal ist es ein aktives Tun. So können die Boten sagen: Ich bin entronnen, ich entrann. Tatsächlich haftet dem Entrinnen jedoch stets etwas nicht selbst Bewerkstelligtes, etwas von einem »Ich weiß nicht wie« an. Entrinnen ist Handeln und Widerfahrnis zugleich. Entrinnen entzieht sich der Unterscheidung zwischen »sich retten« und »gerettet werden«, ist damit zugleich aktiv und passiv. Der Zeuge, der als Entronnener redet, ist deshalb niemals nur Subjekt und niemals nur Objekt; der Erzähler, der als Entronnener spricht und schreibt, wird niemals »seinen Stoff beherrschen«. Das Zeugnis des Entronnenen kann in keiner Sinnkonstruktion aufgehen; er redet (wie wiederum das gesamte Werk Elie Wiesels zeigt) von dem, wovon man nicht reden kann und doch reden muß. Auf Th.W. Adornos Urteil, nach Auschwitz könne man kein Gedicht mehr schreiben, antwortete Rose Ausländer, Dichterin aus dem Entrinnen: »Noch ist Raum für ein Gedicht«. Und nach dem Schlußsatz in L. Wittgensteins »Tractatus logico-philosophicus« (1921): »Wovon man nicht sprechen kann, darüber muß man schweigen« ist noch Raum für den ergänzenden Gegen-Satz: Wovon man nicht sprechen kann, darüber muß man erzählen.

Eine solche Erzählung ist das Hiobbuch als Ganzes. Jenseits der Konstruktion von Sinn und Zweck wird vom Ende des Leidens, eines Leidens, erzählt. So klingt in den Sätzen der Boten etwas vom Thema des ganzen Buches an und von der Weise, in der es erzählt.

».. . um es dir zu melden.« Auch das hebräische Verb, das man an dieser Stelle annähernd mit »melden« verdeutschen kann, hat für das hebräische Erzähler eine Bedeutung, die über diese Stelle hinausweist. Denn von dem Verb *higgīd* (melden, künden, erzählen) ist »Haggada«, aramäisch »Aggada«, abgeleitet, die Bezeichnung für die erzählenden Teile des Talmud, die mit der »Halacha«, der Wegweisung, zusammen den ganzen Talmud bilden. Wie sich Halacha und Haggada, Wegweisung und Erzählung, zueinander verhalten, einander ergänzen und ohne einander unvollständig bleiben müssen, das ist eine Frage, die in ähnlicher Weise für das Hiobbuch gilt. Denn im Hiobbuch geht es um ein Problem der theologischen Lehre ebenso wie um die unverwechselbare Geschichte eines Mannes. Wie verhalten sich das »Hiobproblem« und der »Fall Hiob« zueinander? Das alles weist an dieser Stelle des Kommentars weit voraus bis ans Ende des Hiobbuches. Vieles von dem, was dabei zur Debatte steht, klingt jedoch bereits an in den Sätzen der Überbringer der Hiobsbotschaften und der Art, wie ihr Erzählen, ihr Zeuge-Sein, dem Entrinnen entspringt und damit alles andere ist als teilnahmslose Nachricht.

Am Ende dieses Abschnitts über die Hiobsboten soll ein weiteres Zeugnis der Rezeptionsgeschichte die Bedeutung gerade dieser (in der theologischen Auslegung wenig beachteten) Verse des Hiobbuches für die Literatur haben. Die Worte, die den Auftritt der Boten einleiten, variiert Friederike Mayröcker zu einem Text, der auf seine Weise die Unglücksserie als *ein* Unheil darstellt und (im »post scriptum«) mehr als *ein* Hiobbild mit dem einen Hiob verbindet (das Gedicht wurde in dies., Arie auf tönernen Füßen, 1972 zuerst veröffentlicht, vgl. auch G. Lindemann, Hg.in, Ein Lesebuch, 1975, 65).

HIOBS-POST oder die 19 auftritte

als dieser noch redete kam ein anderer und sprach
als dieser sprach kam ein anderer und verkündete
noch redete dieser als ein anderer eintrat und sprach
während dieser noch sprach trat ein anderer ein und verkündete
als dieser redete kam ein anderer und sprach
als dieser noch sprach trat ein anderer ein und verkündete
als dieser noch redete kam ein anderer und sprach
während dieser noch sprach kam ein anderer und verkündete
noch redete dieser als ein anderer kam und sprach
als dieser noch sprach kam ein anderer und verkündete
als dieser noch redete kam ein anderer und sprach
während dieser noch sprach kam ein anderer und verkündete
noch sprach dieser als ein anderer eintrat und sprach
noch redete dieser als ein anderer kam und verkündete
noch sprach dieser als ein anderer kam und verkündete
noch redete dieser als ein anderer eintrat und sprach
während dieser noch redete trat ein anderer ein und sprach
als dieser noch redete kam ein anderer und verkündete
als dieser noch sprach kam ein anderer und sprach

post scriptum:

. . war er früher Wasserpfeife und
Krokodil schön sanft und fröhlich
Herde gegängelter Wind und
Spätregen April:
so ist er jetzt Span im Fleisch der Welt
ein
schreckliches Schaugebilde von Würmern
zernagt in seinen Gedanken verwirrt
und bereit zum Tode . . .«

Hiob 1,20-22   Hiobs Reaktion auf die Unheilsmeldungen
»Jhwh hat es gegeben . . .«

20   Da stand Hiob auf und zerriß sein Obergewand und schor sein
     Haupt und fiel zur Erde und legte sich flach auf den Boden,
21   und er sprach:»Nackt bin ich aus dem Schoß meiner Mutter
     gekommen, und nackt kehre ich wieder dorthin. Jhwh hat es
     gegeben, Jhwh hat es genommen, gesegnet sei der Name
     Jhwhs!«
22   Bei alledem versündigte sich Hiob nicht und gab nichts Unflä-
     tiges gegenüber Gott von sich.

Hiob hat alles verloren. Wie wird er reagieren auf das geballte Unheil,
das ihn als eine einzige Katastrophe getroffen hat? »Dann wird er dir
ins Angesicht ›segnen‹«, d.h. fluchen – so (1,11) die Voraussage des
Satans. Hiob tut das Gegenteil. Er segnet den Namen Jhwhs (V. 21),
und zwar in der wirklichen, der nicht euphemistischen Bedeutung des
Wortes. Doch bevor er spricht, vollzieht er die auch in Israel üblichen
Trauerriten. Noch läßt ihn das Unheil, das ihn traf, nicht das in der Gesellschaft gebräuchliche Verhalten überschreiten. Hiob reagiert als ein
Glied einer Gemeinschaft, in der es für bestimmte Lagen bestimmte
Verhaltensformen gibt. Weder bringt ihn das unvergleichliche Unheil
dazu, von Gott abzufallen, noch dazu, von dem abzuweichen, was es in
einer solchen Lage an Riten und Formen der ersten Trauer gibt. Er erhebt sich von seinem Sitz, zerreißt sein Obergewand und schert sich das
Haar oder rauft es aus. Für diese Trauerformen gibt es in der Bibel etliche Parallelen; es handelt sich (auch wenn der Ursprung und der genaue Sinn der einzelnen Handlungen nicht immer erkennbar ist) um

Riten der Selbstminderung. Der Trauernde erscheint nicht nur im
übertragenen Sinne, sondern auch in seiner Kleidung buchstäblich zer-
rissen, begibt sich seiner Haarpracht, wirft sich in den Staub. Diese Riten sind zugleich der Ausdruck der Trennung, des Zerreißens von Bin-
dungen, der gewaltsamen Abtrennung des Angewachsenen, Einge-
wurzelten (Haare), des Verlassens des angestammten Platzes. Die letzte der in V. 20 genannten Handlungen Hiobs aber geht über die Trau-
erbräuche hinaus und bildet bereits den Übergang zu seinen Worten.
Der Gestus der Proskynese, des Sich-flach-auf-den-Boden-Werfens,
ist nämlich der Ausdruck der Huldigung, der Verehrung und Unter-
werfung. Wer sich so auf die Erde legt, zeigt, daß er auf seinen eigenen
Willen verzichtet.

Diese Haltung Hiobs, die in seinen folgenden Worten ihren Ausdruck findet, scheint kaum zu passen zu den bohrenden, rebellischen
Klagen und Anklagen, die Hiob in seinen von Kap. 3 an folgenden Reden vor und gegen Gott erhebt. Es ist daher verständlich, daß die Ausleger in der Hioberzählung (Kap. 1f.; 42,7ff.) einen ganz anderen Hiob
gezeichnet sehen als in der Hiobdichtung (3,1-42,6). Erscheint der
Hiob der im jetzt vorliegenden Hiobbuch zum Rahmen gewordenen
Erzählung als der fromme Dulder, so zeigen die Reden den Rebellen
Hiob.

Es gibt Argumente dafür, daß einmal eine selbständige Prosaerzäh-
lung vom frommen Dulder Hiob existierte, die z.T. im jetzt vorliegenden erzählenden Rahmen des Hiobbuches erhalten ist. Sollte V. 21 zu
jener Erzählung gehört haben, so bezeichnete er in deren Kontext
Hiobs Ergebung. Der berühmteste aller Hiobsätze – meist zitiert in der
Fassung »Der Herr hat's gegeben, der Herr hat's genommen, gelobt sei
der Name des Herrn« – könnte in jener ursprünglichen Hioberzählung
einmal eine Art resümierendes Fazit gewesen sein, ein Ausdruck der
vorbildlichen Haltung des Leidenden, der den Sinn und Zweck seines
Leidens zwar nicht begreift, aber dem Ratschluß Gottes vertraut. Die
Kommentierung der Sätze Hiobs in V. 21 wird zeigen, daß sich Hiob
bzw. der Erzähler hier geprägter Wendungen bedient. Wie Hiob in seinen Trauerriten auf Überliefertes zurückgreift, so läßt ihn der Erzähler
auch seine Worte nicht individuell finden. Dieser Hinweis zeigt noch
einmal das methodische Problem der Auslegung eines biblischen Buches, das nicht in einem Zug aufgeschrieben wurde, sondern mehrere
Stufen seiner literarischen Entstehung aufweist. Fragte man konsequent nach der ursprünglichen Bedeutung der einzelnen Verse und
Sätze, so verwiesen die Worte Hiobs in V. 21 weit hinter die ältesten
Fassungen einer Hioberzählung zurück auf den ursprünglichen Sitz im
Leben der einzelnen Sätze, auf altorientalische Weisheitssentenzen,
auf gottesdienstliche hymnische Sprache Israels.

Es bleibt wichtig, sich zu verdeutlichen, daß Hiobs Worte je ihre Vorgeschichte haben, daß sie geprägte Wendungen aufnehmen. Aber es wird einleuchten, daß die Worte Hiobs mit dem Verweis auf die je älteste Bedeutung der einzelnen geprägten Wendungen noch nicht ausgelegt, noch nicht verstanden sind. Denn man muß über die geprägte Wendung hinaus zu verstehen versuchen, was diese Worte an dieser Stelle des Textes im Munde Hiobs bedeuten.

Diese methodische Grundüberlegung sollte aber nun auch den nächsten Schritt einschließen: Man wird sich nicht damit begnügen können herauszufinden, was Hiobs Worte im Kontext einer womöglich einmal selbständig überlieferten Hioberzählung bedeuteten, sondern wird fragen müssen, was sie im Zusammenhang des Hiob*buches* bedeuten. Es macht einen Unterschied, ob ein Satz wie der Hiobs: »Jhwh hat es gegeben, Jhwh hat es genommen, gesegnet sei der Name Jhwhs!« als Quintessenz einer Geschichte ausgesprochen wird (so wäre es in einer selbständigen Hioberzählung) oder ob derselbe Satz nicht mehr die abschließende Haltung des Helden formuliert, sondern im ersten Teil eines Rahmens steht. Denn nun ist der Satz Hiobs in 1,21 kein abschließendes Urteil, sondern (mit dem entsprechenden in 2,10 zusammen) der Auftakt zu den Klagen und Anklagen, die Hiob von Kap. 3 an vor Gott bringen wird. Hiobs Satz in 1,21 zu interpretieren heißt also zu verstehen versuchen, was dieser Satz im Zusammenhang des Hiobbuches bedeutet.

Hiobs Trauerriten leiten über zum Gestus der Anbetung und Huldigung Jhwhs. Geprägt sind die Gesten, geprägt sind auch die Worte Hiobs. Keines der Worte hat der Erzähler eigens für seinen Hiob erfunden, die einzelnen Wendungen sind auch sonst überliefert. Doch in der Zusammenstellung und der Abfolge der Worte drückt sich Unverwechselbares aus. Hiobs erster Satz (der erste Satz, den er im ganzen Buch spricht – in 1,5 liegt eine Art innerer Monolog vor) ist der Ausdruck von Weisheit und Resignation zugleich. In Koh 5,14 steht ein ganz ähnlicher Satz. »Wie er aus dem Mutterschoß kam, nackt geht er wieder dahin, wie er kam . . .«, heißt es dort in einer Reflexion über die Vergänglichkeit des Reichtums. Das ist die kürzest mögliche Form eines Lebenslaufs. Was bleibt, wenn man das Leben auf das reduziert, was gewiß ist? Was bleibt von dem, was ein Mensch in seinem Leben erworben hat? Man wird nackt geboren, und man kehrt nackt zurück in den Schoß der Erde.

Religionsgeschichtlich bemerkenswert ist die in Hi 1,21; Koh 5,14 angedeutete Identifikation von Mutterleib und Erde, wobei man an Bestattungsformen denken kann, bei denen Tote, in manchen Kulturen eingenäht in eine Tierhaut, eine Quasi-Embryonalhaltung bekommen. Möglich ist aber auch, an die in vielen Kulturen erkennbare Relation von Mutter und Erde bis zur »Mutter Erde« zu denken (dazu die klassische Untersuchung von A. Dieterich, Mutter Erde, [1905] ³1925), wie sie auch in Gen 1 – die Erde bringt auf Gottes Anweisung Pflanzen hervor – oder in Ps 90,2 noch durchscheint.

Die Vorstellung von der Relation zwischen Mutterleib und Erde steht im Hintergrund der Worte Hiobs, bildet aber nicht ihren Hauptinhalt. Hiobs Aussage in diesem ersten Teil seiner Worte ist die Einsicht in die Vergänglichkeit. Für sich genommen wäre dieser Satz als Ausdruck resignativer Gelassenheit zu hören. Am Ende des Lebens steht man da wie am Beginn, nackt, ohne alle Habe. Hiob redet wie einer, der selbst am Ende des Lebens steht. Er hat mit seinem Leben abgeschlossen; er weiß, daß nun nichts mehr zu sichern ist. »Das letzte Hemd hat keine Taschen« – lautet unverblümt ökonomisch die entsprechende Sentenz heute. So bleibt auch Hiobs Reaktion ambivalent: Auf der einen Seite hält er an Gott fest und straft die Voraussage des Satans Lügen, er werde Gott fluchen. Auf der anderen Seite bleibt der erste Satz Hiobs aber auch den buchhalterischen Kategorien von Soll und Haben verhaftet. Denn die Sentenz »Nackt bin ich aus dem Schoß meiner Mutter gekommen, und nackt kehre ich wieder zurück dorthin« ist ja auch als weisheitliche Sprachform einer ökonomischen Rechnung verstehbar: Am Ende sind die Konten ausgeglichen; ich gehe, wie ich gekommen bin. Freilich zeigt sich diese Bedeutungsebene nur im Hintergrund. Im Vordergrund steht in 1,21 Hiobs demütige Hinnahme des über ihn Verhängten, das, stünde der erste Satz allein, wie ein blindes Geschick wirkte. Der zweite Satz aber verwandelt die Kategorie des Schicksals in die des von Gott Geschickten: »Jhwh hat es gegeben, Jhwh hat es genommen, gesegnet sei der Name Jhwhs!« Hier nennt Hiob das Subjekt, den Urheber dessen, was ihn traf. Er ist nicht einem blinden Geschick ausgeliefert, vielmehr gibt es einen Herrn allen und damit auch dieses Geschehens. Alles hängt aber davon ab, wo in diesem Satz Hiobs die Betonung liegt. Berühmt wurde er in der Betonung, die auf das »gegeben« und »genommen« das Gewicht legt. So gelesen würde dieser Satz Hiobs den Charakter der stummen Ergebung ins Verhängte noch steigern.

Als Ausdruck der Ergebung unter den Willen Gottes, den der Fromme klaglos und fraglos hinzunehmen habe, wird der Satz Hiobs oft zitiert. So gelesen hat er aber auch immer wieder Protest hervorgerufen. Vollends da, wo mit den Worten Hiobs nicht der Leidende selbst seine Einwilligung in Gottes Willen formuliert, sondern andere einem Leidenden diesen Satz vorsetzen, ruft er den Protest derer hervor, für die Frömmigkeit nicht das Ende der Fragen und Glaube nicht das Ende der Klage vor Gott bedeutet. »Der Herr hat's gegeben, der Herr hat's genommen, gelobt sei der Name des Herrn!« Mit diesen Worten

Hiobs hat seither mancher versucht, sein Leid zu bewältigen, aber öfter noch das Leid anderer. Dann aber wird dieser Satz Hiobs zum vorfabrizierten Trost. Kierkegaard richtet die Frage, ob es da nicht mehr zu sagen gebe, an Hiob selbst: ».. . Hiob! Hast du wirklich nichts anderes gesagt als jene schönen Worte . . . Weißt du nicht mehr zu sagen, wagst du nicht mehr zu sagen als was die beamteten Tröster wortkarg dem Einzelnen zumessen, was die beamteten Tröster, steifen Zeremonienmeistern gleich, dem Einzelnen vorschreiben, daß es nämlich in Stunden der Not ziemlich sei zu sprechen: Der Herr hat's gegeben, der Herr hat's genommen, der Name des Herrn sei gelobet, nicht mehr und nicht weniger, ebenso wie man Prosit sagt zu dem Niesenden!« (In: Die Wiederholung [1843], Ges. Werke, Abt. 5/6, 68)

Kierkegaard richtet diese Frage nicht an Hiob selbst, denn er weiß wohl, daß Hiob in den weiteren Kapiteln des Buches mehr und anderes gesagt hat, wie die Fortsetzung bei Kierkegaard zeigt. Seine Kritik richtet sich gegen die Lektüre- und Zitierweise, die Hiobs Reaktion auf diesen Satz reduziert und damit das Hiobbuch um seine fragenden, klagenden und anklagenden Dimensionen bringt. Damit nämlich erfolgt eine doppelte Verfälschung: Es ist ein gewaltiger Unterschied, ob ein Leidender wie Hiob selbst mit diesen Worten in seinem Leiden einen höheren Ratschluß Gottes erkennen kann und will oder ob man einem Leidenden, einem Trauernden, diesen Satz als Tröster, gar als »beamteter Tröster« zumißt. Und es ist ein gewaltiger Unterschied, ob dieser Satz als letztes und letztgültiges Wort über das Leiden des Unschuldigen gesprochen wird oder ob er – wie im Hiobbuch – ein erstes Wort ist, eines, dem noch viele fragende und klagende Worte folgen und folgen dürfen. Vollends da, wo dieses Hiobzitat die Fragen an Gott ersetzen, gar zudecken oder verhindern soll, kann man sich nicht auf den Hiob des biblischen Buches berufen. Gegen eine solche Verwendung von Hi 1,21 kann man *mit* dem biblischen Hiobbuch protestieren. Eine noch so sarkastische Attacke gegen dieses Zitat im Munde beamteter Tröster, wie sie sich in Arno Schmidts Erzählung »Leviathan« findet (in der Ausgabe Hamburg 1949, 58f; die Passage, in der ein Pfarrer eine Frau die in den letzten Tagen des 2. Weltkrieges ihr von dem Bomben zerrissenes Kind in den Armen hält, mit dem Zitat aus Hi 1,21 tröstet, endet mit der Frage: »Haben diese Leute denn nie daran gedacht, daß Gott der Schuldige sein könnte?«), ist dem Hiobbuch näher als das scheinbar bibeltreue Zitieren von 1,21, als wäre es die theologische Summe des Hiobbuches.

Aber wie ist es zusammenzubringen, daß im Hiobbuch jene beiden Verhaltensweisen Hiobs neben- und gegeneinanderstehen? Diese Frage kann, wenn überhaupt, erst nach dem Durchgang durch das ganze Buch beantwortet werden. Es gehört zur Geschichte Hiobs, daß es

bei der Frage des Leidens eines Unschuldigen nicht allein um ein
Denkproblem, sondern auch um eine Lebensgeschichte geht, daß eine
Antwort sich durch lange Zeit und durch viele scheinbar vergebliche
Gespräche hindurcharbeiten muß. Die Antwort, die Hiob am Ende
des Buches zuteil wird und die er am Ende annehmen kann, kann nicht
am Anfang stehen und verstanden werden, so wie man einem Leidenden und Trauernden nicht mit dem (empirisch noch so richtigen, aber
eben nicht wahren) Hinweis darauf helfen und trösten kann, er selbst
werde später einmal anders darüber denken. So bleibt die Differenz
zwischen dem Hiob, der in 1,21 jene Worte spricht, und dem, der von
Kap. 3 an ganz anders seine Stimme erhebt. Die Differenz erweist sich
aber im Kontext des gesamten Hiobbuches nicht als unversöhnlicher
Gegensatz. Denn wenn man Hiobs Worte in 1,21 nicht im isolierten
Kontext einer einst womöglich selbständigen Erzählung liest, sondern
schon im Blick auf das Folgende, dann klingt der Satz »Jhwh hat es gegeben, Jhwh hat es genommen, gesegnet sei der Name Jhwhs!« nicht
allein nach demütiger Ergebung, sondern ist schon Auftakt zu den folgenden Reden an, mit und gegen den Gott, den Hiob als Subjekt allen
Geschehens bekennt. Während die weisheitliche Sentenz im ersten
Teil von V. 21 keinen Adressaten hat, benennt Hiob in der Fortsetzung
den Adressaten seiner folgenden Klagen und Anklagen. »*Jhwh* hat es
gegeben, *Jhwh* hat es genommen, gesegnet sei der Name *Jhwhs!*« – *so*
wäre dieser Satz im Zusammenhang des ganzen Buches zu betonen.

Für eine weitere Dimension des ganzen Hiobbuches bilden Hiobs
Worte in 1,21 einen für die Auslegung wichtigen Auftakt. In den neueren Auslegungen des Hiobbuches werden in kontroverser Schwer-
punktsetzung drei Horizonte des Verstehens herausgearbeitet. H.-P.
Müller spricht in seiner Darstellung der Forschungsgeschichte (Das
Hiobproblem, 1978) von weisheitlichen, psalmistischen und juridischen Interpretationen (zur Darstellung im einzelnen und zu den jeweiligen Repräsentanten der verschiedenen, in der Regel alternativ
vorgetragenen Verstehensmodelle und zu Müllers eigenen Synthese-
versuchen vgl. dort bes. 73ff.191ff.). Diese Interpretationsmodelle beziehen sich vor allem auf die Redeteile des Hiobbuches, in denen man
mit je verschiedenem Schwerpunkt das weisheitliche Problem des
Tun-Ergehen-Zusammenhangs (s.o. S. XIf.), die Sprach- und Denk-
welt der Psalmen (vor allem des Hymnus und des Klagelieds) oder die
Fragen des Rechts herausgearbeitet hat. Für die Frage nach dem Verhältnis dieser drei Dimensionen in den Reden des Hiobbuches ist bemerkenswert, daß bereits im erzählenden Rahmen im ersten Satz
Hiobs (1,21) alle drei Ebenen zusammenkommen.

Von der weisheitlichen Sprache des ersten Satzes war bereits die Rede; die enge Parallele zu Koh 5,14 zeigt die Nähe zur skeptischen späte-

ren Weisheit in Israel. Mit dem ersten Halbsatz des zweiten Teils von V. 21 begegnet uns eine juridische Sprache. »Geben« und »Nehmen« sind Kategorien der Ökonomie und des Rechts. Wer das Recht hat zu geben, hat auch das Recht zu nehmen. In einem diesem Satz nahen Zitat aus der neubabylonischen Literatur (angeführt bei Maag, Hiob, 27) wird das deutlich: »Der König hat gegeben, der König hat genommen, Herr ist mein König.« Mit der Nennung Jhwhs, der gegeben hat und deshalb auch nehmen kann, ist aber Hiobs Satz nicht zu Ende. Der letzte Teil seiner Rede führt in die hymnische Sprache der Psalmen: »Gesegnet sei der Name Jhwhs!« (Zu dieser hymnisch-liturgischen Formel vgl. Ps 72,17ff.; 113,2, dazu in aramäischer Sprache Dan 2,20, daneben etliche Parallelen der Psalmensprache in grammatisch leicht veränderter Form.) Im Anschluß an die Voraussage des Satans liegt das Gewicht darauf, daß Hiob Gott bzw. seinen Namen wirklich segnet. Darüber hinaus aber drückt der Segen des Gottesnamens aus, daß Hiob bereits an dieser Stelle nicht als willenloses Objekt spricht, sondern als ein Mensch, der weiß, daß seine Worte Gewicht haben, daß sie etwas bewirken können.

Für die Frage nach dem Verhältnis der weisheitlichen, der juridischen und der psalmistischen Dimension im ganzen Hiobbuch wird man im Nach- und Miteinander dieser drei Ebenen im ersten Satz Hiobs einen Hinweis darauf erkennen können, daß es sich nicht um einander ausschließende, sondern um einander ergänzende und einander durchdringende Verstehenslinien handeln dürfte. So zeigt 1,21 noch einmal eine Bedeutung für das ganze Hiobbuch, die bei einem isolierten Zitieren allein dieses Satzes verfehlt werden muß.

Mit alldem, so lautet die abschließende Beurteilung des Erzählers, hat Hiob sich nicht versündigt. Er hat nichts Ungebührliches gegenüber Gott gesagt, er hat – so kann man auch übersetzen – Gott keinen Vorwurf gemacht. Damit ist ein Abschluß der Szene erreicht, aber längst noch kein Abschluß der Geschichte Hiobs. Die LeserInnen des Buches wissen, daß sich der Satan noch nicht geschlagen geben wird, sie wissen aber auch, daß diese Worte Hiobs nicht die letzten sind. In der Geschichte Hiobs ist noch nicht der Punkt erreicht, vielmehr ist ein Doppelpunkt gesetzt.

Hiob 2,1-10   **Die zweite Himmelsszene**
                     »Haut für Haut«

2

1   Eines Tages geschah es, daß die Götterwesen kamen, vor Jhwh
       zu treten; da kam auch der Satan in ihre Mitte, vor Jhwh zu tre-
       ten.

2   Da sprach Jhwh zum Satan: »Wo kommst du her?« Der Satan
       antwortete Jhwh und sprach: »Vom Rumschweifen auf der Er-
       de und vom Herumziehen auf ihr.«

3   Da sprach Jhwh zum Satan: »Hast du achtgehabt auf meinen
       Knecht Hiob? Ja, so wie er ist keiner auf der Erde – ein Mann,
       so untadelig und aufrecht, so gottesfürchtig und dem Bösen
       abhold. Und auch jetzt noch hält er fest an seiner Frömmigkeit,
       und du hast mich gegen ihn gereizt, ihn umsonst zu verder-
       ben.«

4   Da antwortete der Satan Jhwh und sprach: »Haut für Haut!
       Alles, was ein Mann hat, gibt er für sein Leben.

5   Recke doch einmal deine Hand aus und rühre sein Gebein an
       und sein Fleisch, ob er dir dann nicht ins Angesicht ›segnen‹
       wird?«

6   Da sprach Jhwh zum Satan: »Da! Er ist in deiner Hand, nur
       sein Leben bewahre!«

7   Da ging der Satan weg vom Angesicht Jhwhs und schlug Hiob
       mit bösem Geschwür von seiner Fußsohle bis zu seinem Schei-
       tel.

8   Der nahm sich eine Tonscherbe, um sich damit zu kratzen, und
       er saß mitten im Schutthaufen.

9   Da sprach zu ihm seine Frau: »Auch jetzt noch hältst du fest an
       deiner Frömmigkeit. ›Segne‹ Gott und stirb!«

10   Da sprach er zu ihr: »Wie eine von den Törinnen redet, redest
       auch du.
       Das Gute nehmen wir ja auch an von Gott, und das Böse soll-
       ten wir nicht annehmen?«
       Mit all dem versündigte sich Hiob nicht mit seinen Lippen.

Hiobs Leiden ist noch nicht zu Ende; ein zweites Experiment prüft
unter verschärften Bedingungen die Ausgangsfrage, ob Hiob »umsonst« fromm und gottesfürchtig sei. Nachdem Hiob die erste Prüfung
erfolgreich bestanden hat, blendet der Erzähler wiederum auf die

himmlische »Bühne« um. Wieder versammeln sich die göttlichen Wesen um Jhwh, wieder ist der Satan in ihrer Mitte. Diese zweite Himmelsszene ist zugleich eine Wiederholung und eine Zuspitzung der ersten. Das bringt der Erzähler sprachlich dadurch zum Ausdruck, daß er in 2,1ff. im wesentlichen den Wortlauf von 1,6ff. wiederholt, doch mit kleinen Abweichungen in der Wortwahl (so 1,7: *meʾajin tābōʾ* – 2,2: *ʾē mizzā tābōʾ*; in der Übersetzung wiedergegeben durch: »Woher kommst du?« – »Wo kommst du her?«) oder in der Schreibweise (1,7: *miššūṭ* – 2,2: *miššuṭ*; in der Übersetzung: »vom Herumschweifen« – »vom Rumschweifen«), um dann die verschärfenden Veränderungen in V. 3ff. um so deutlicher herauszuheben. Diese Form der variierenden Wiederholung, die mit dem Gleichbleibenden auch das Veränderte betont, gehört zum hebräischen und darüber hinaus zum antiken Erzählstil.

Wie in Kap. 1 folgt auch nach der zweiten Himmelsszene eine erneute Umblendung auf die Erde, indem nun die Realisierung des zwischen Gott und dem Satan verabredeten erneuten Schlages gegen Hiob sowie Hiobs Reaktion geschildert werden. Die Abfolge: Gespräch im Himmel, Realisierung des Unheils, Reaktion Hiobs ist in 2,1-10 anders als in Kap. 1 in eine Erzählfolge gebracht. Entspricht der Beginn von 2,7, der das Ende der Himmelsszene markiert, wörtlich 1,12, so wird im zweiten Teil von 2,7 explizit konstatiert, daß der Satan Hiob mit Krankheit schlägt, während in Kap. 1 das Handeln des Satans nur für die LeserInnen erkennbar im Hintergrund eines anderen Geschehens steht. Für die Darstellung des Hiob treffenden Unheils braucht der Erzähler in 2,7 nur einen halben Vers. Ebenso lapidar, fast erschreckend kalt schließt in V. 8 unmittelbar die Darstellung der Reaktion Hiobs an, der sich ein kurzer Redewechsel zwischen Hiobs Frau und Hiob anfügt. So ist trotz des Szenenwechsels zwischen Himmel und Erde in der Mitte von V. 7 der gesamte Abschnitt 2,1-10 als eine Einheit anzusehen.

Das Gespräch im Himmel beginnt wie das vorangehende in Kap. 1. Abermals fragt Jhwh den Satan nach Hiob, abermals bekräftigen Gottes Worte die Charakterisierung Hiobs vom Anfang des Buches. Die Beglaubigung der Untadeligkeit und Gottesfurcht Hiobs bezieht sich nun auf den Hiob, der die erste Prüfung bestanden hat.

Jhwhs Worte in 2,3 gehen aber noch weiter: ». . . und du hast mich gegen ihn gereizt, ihn umsonst zu verderben.« Damit ist festgehalten, daß Gott selbst der Urheber des Unheils über Hiob ist (und nicht etwa der Satan als Jhwhs Gegenspieler). Dramatischer noch ist die Wiederkehr des Wortes »umsonst« (*ḥinnām*) im Munde Gottes. Hatte der Satan in 1,9 kritisch gefragt, ob Hiobs Gottesfurcht etwa »umsonst« (ohne Lohn) sei, so bezichtigt nun Gott seinerseits den Satan und sich selbst, an Hiob »umsonst« (ohne Sinn) so vernichtend gehandelt zu haben. Hiobs Reaktion hat die Sinnlosigkeit des bösen Experiments erwiesen. Indem Hiob schuldlos blieb, fiel die Schuld auf den Satan und auf Gott selbst. Dieses Urteil Gottes bedeutet geradezu eine Selbstkritik, wie ja der Bibel der Gedanke der Reue Gottes nicht fremd ist; man lese unter diesem Gesichtspunkt z.b. die Flutgeschichte in Gen 6-9 oder das Jonabuch (»Reue« ist dabei allerdings nicht Ausdruck eines Gefühls der Zerknirschung, sondern des Umdenkens, des veränderten Urteils, s.u. zu Hi 42,6). Dennoch bleibt der Satz, Gott habe etwas »umsonst« getan, eine so kühne Aussage, daß der Babylonische Talmud im Zusammenhang einer langen Erörterung von Fragen des Hiobbuches im Traktat Baba Batra den Satz Rabbi Jochanans zitiert: »Wenn dies kein Schriftvers wäre, so dürfte man es nicht sagen; wie wenn er ein Mensch wäre, den man verführt und der sich verführen läßt.« (bBB 16a)

So kühn die Aussage ist, die Gott selbst in den Mund gelegt wird, so dramatisch ist es, daß nicht einmal diese Selbstkritik ausreicht, die Prüfungen Hiobs zu beenden. Denn die Skepsis des Satans reicht über Hiobs bisherige Bewährung hinaus. Noch immer, so argwöhnt er, könnte Hiobs Verhalten sich nach den Gesetzen des Marktes richten. Modernen LeserInnen ist diese Richtung der Nachfrage des Satans nicht sogleich deutlich. »Haut für Haut« – da hören wir eher so etwas wie: ». . . aber wenn es ihm an die eigene Haut geht . . .« Etliche vergleichbare Redewendungen aus der altorientalischen Literatur und der arabischen Umgangssprache zeigen jedoch, daß sich der Satan hier eines Sprichworts bedient, das in den Bereich des Tauschhandels gehört. »Haut für Haut« bedeutet im beduinischen Geschäftsleben die Äquivalenz von Leistung und Gegenleistung. Der Spruch stammt aus einer Zeit, in der Tierhäute der wichtigste Handelsgegenstand waren und sich Reichtum als Reichtum an Tieren zeigte (so stammt ja auch das lat. Wort pecunia [Geld] von dem Wort pecus [Tier, Vieh]). Dem »Haut für Haut« des Satans vergleichbar ist etwa die heute noch übliche Formulierung »Wurst wider Wurst«.

Der folgende Satz des Satans erläutert, was gemeint ist: »Alles, was ein Mann hat, gibt er für sein Leben.« Hiob hat zwar alles verloren, aber er hat dafür sein Leben behalten. Auch diese Rechnung ist, so der Satan, noch aufgegangen. Hiob hat all seinen Besitz eingebüßt, aber er hat seine Haut gerettet. Das hebräische Wort für »Leben« in 2,4-6, *näfäš*, bezeichnet ursprünglich einen Körperteil, der als Sitz der Lebenskraft, des Lebensatems gilt: die Kehle. Darüber hinaus ist *näfäš* ein Wort für die Lebenskraft überhaupt, das Leben zugleich im biologischen wie im affektiven Sinne. Die *näfäš* zu verlieren heißt deshalb nicht in allen Fällen, im biologischen Sinne tot zu sein. Es bedeutet, ohne Lebenskraft, ohne Lebensqualität zu sein. Die Grenze zwischen Leben und Tod ist in der Hebräischen Bibel deshalb fließend. Wer krank, einsam, angefeindet, von Menschen und Gott verlassen ist, ist in der Sphäre des Todes, ist schon tot. Das Wort *näfäš*, das zu den häufigsten Nomina der Hebräischen Bibel gehört, kommt auch im Hiobbuch oft vor. Dabei überwiegt zuweilen der körperliche Aspekt, an anderen Stellen ist das Leben im umfassenden Sinne gemeint. In den wenigsten Fällen trifft jedoch das Wort »Seele«, das in den geläufigen Bibelübersetzungen zur Wiedergabe von *näfäš* gewählt wird, das Gemeinte, ja die Rede von der Seele, die etwas Körperloses, etwas von Krankheit und Tod nicht Zerstörbares nahelegt, wäre in den meisten Fällen geradezu irreführend.

An den meisten Stellen läßt sich *näfäš* dagegen mit »Kehle« wiedergeben, zumal das deutsche Wort »Kehle« ebenfalls metaphorisch verwendet werden kann. An dieser Stelle wird auf die überwiegend in der in diesem Kommentar vorgelegten Verdeutschung erfolgenden Wiedergabe von *näfäš* durch »Kehle« jedoch verzichtet. Denn in Hi 2,6 ist eindeutig und in V. 4 sehr wahrscheinlich das Leben als Gegensatz zum Tod gemeint. Die Einschränkung, die Gott dem Satan auferlegt, bedeutet, daß Hiob nicht sterben soll. In diesem Sinne wird seine *näfäš*, sein Leben bewahrt. Doch trifft die Krankheit Hiob in seiner ganzen Existenz, seiner gesamten Lebenskraft. In dem bereits genannten Talmudabschnitt wird die Widersprüchlichkeit dieser Aussage geradezu sarkastisch ausgedrückt. Hiob in eine Lage zu bringen, die ihn über das erste Experiment hinaus (um den Satz des Satans noch einmal in etwas veränderter Metaphorik aufzunehmen) seine eigene Haut zu Markte tragen läßt, und dabei sein Leben zu schonen, das sei, so heißt es in bBB 16a, »als wenn ein Mann seinen Knechten sagte: ›Zerbrich das Faß, aber bewahre den Wein!‹«

Für Hiobs Erleben freilich ist die Bewahrung seines Lebens nicht verbürgt. Er erfährt seine Krankheit als jäh und total eintretenden Verlust seiner Kraft, seiner Integrität, seiner Existenz. Mit einem Mal ist Hiobs gesamter Körper von Geschwüren bedeckt; er ist damit nicht nur aufs schwerste erkrankt, sondern auch unrein, da derartige Hautkrankheiten den Betroffenen im Alten Orient aus der Gemeinschaft ausschließen.

Es fehlt nicht an Versuchen, aus den Angaben des Hiobbuches eine genaue Diagnose der Erkrankung Hiobs zu stellen. Da ist das quälende Jucken, das Hiob durch das Kratzen mit einer Tonscherbe zu lindern sucht, wie 2,8 sagt. In den Reden ist von den eiternden und verschorften Geschwüren die Rede, von Würmern, die sich in den Vereiterungen zeigen, von schwarzer und schwindender Haut, abfallenden Gliedern, stinkendem Atem, entstelltem Aussehen und vielen weiteren bösen Begleiterscheinungen einer Hauterkrankung, die den ganzen Menschen befällt. Die meisten Ausleger vermuten, daß die Form der Lepra gemeint ist, die in der alten Medizin Elephantiasis hieß.

Manche Interpreten wollen zwischen der Krankheit, von der die Hob*erzählung* berichtet, und der, die die Hiob*dichtung* voraussetzt, unterscheiden: Soll erstere nach 2,6 nicht tödlich sein, so erlebt der von Kap. 3 an redende Hiob seine Krankheit als unweigerlich zum Tode führend. Doch es geht hier um den Unterschied zwischen der Anordnung des Experiments und dem Erleben des Betroffenen, nicht um verschieden zu diagnostizierende Erkrankungen in verschieden diagnostizierten literarischen Schichten. Daß auch der zweite »Versuch« Hiob nicht töten soll, wissen Erzähler und LeserInnen, nicht aber Hiob.

Im übrigen wird man mit einer exakten medizinischen Diagnose vorsichtig sein müssen, denn es ist die Frage, ob der Verfasser eine genau zu fassende Erkrankung mitteilen will. Spricht schon die Angabe, Hiob sei mit einem Mal von Kopf bis Fuß von den Geschwüren befallen, gegen die Identifizierung seiner Krankheit mit einer aus dem medizinischen Lehrbuch bekannten, so zeigen auch einige der Klagen in den Reden Hiobs eher ein literarisch-stilisierendes als ein um diagnostische Exaktheit bemühtes Profil. Deshalb wird man sich, ohne Hiobs Krankheit eine genaue medizinische Bezeichnung geben zu können (und ohne das nach dem Willen des Verfassers zu sollen), mit dem allgemeinen Krankheitsbild einer aussatzartigen, in ihrer Totalität und Plötzlichkeit das Bekannte ungewöhnlich steigernden, den Betroffenen als Unreinen deklarierenden Hauterkrankung begnügen müssen.

Der Kranke hat nun seinen Platz außerhalb des bewohnten Ortes. Er sitzt auf einem Abfallhaufen, mitten in der Asche. Einen solchen Kehrichthaufen in entsprechender Funktion, eine *mazbala*, konnten noch in diesem Jahrhundert Reisende in Arabien sehen. Alois Musil gibt im 3. Band seines Werks »Arabia Petraea« (1908) eine Schilderung, die sowohl für 2,8 wie mehr noch für die bald folgende Schilderung des Besuchs der Freunde (2,11ff.) als erläuternde Parallele dienen kann:

»Dauert die Krankheit länger, so tragen ihn seine Verwandten in der trockenen Jahreszeit hinaus auf die hohen wallförmigen Kehrichthaufen vor den Ortschaften, errichten über ihm ein Schattendach . . ., und hier liegt er oft ganze Tage und Nächte . . . Sobald sich die Kunde von seiner Krankheit verbreitet, kommen sofort Verwandte und Bekannte auf Besuch und bilden um den Kranken einen Kreis; stumm, ohne ein Wort zu sagen, hören sie seinem Stöhnen und seinen Klagen zu. Nur wenn er sie anspricht, antworten sie ihm und beklagen seinen Zustand, doch nicht alle, sondern nur die ältesten; die übrigen wagen kaum ein Wort dreinzureden.« (413)

So etwa wird man sich auch Hiob in der Asche vorstellen müssen Die Asche mag dabei dem Kranken auch als Ersatzdecke dienen, wenn die entzündeten, eiternden Beulen jede Kleidung unerträglich machen.

Hiobs Reaktion auf diese furchtbare Erkrankung, die ihm nun buchstäblich an und unter die Haut geht, wird in V. 8 fast teilnahmslos geschildert. Kein Wort über die Schmerzen, kein Wort über die Verzweiflung, keine Klage, keine Frage, überhaupt kein Wort, wie wenn mit 1,21 alles Nötige gesagt wäre. Erst auf die Vorhaltungen seiner Frau öffnet Hiob seinen Mund.

Der knappe Wortwechsel in V. 9 ist nach dem Muster der in der Weisheitsliteratur geläufigen Entgegensetzungen des Weisen und des Toren stilisiert. (Eine Reihe solcher Gegensätze, z.T. mit Begriffen, die der Charakterisierung Hiobs in Kap. 1 entsprechen, findet sich z.B. in Spr 13 und 14; ähnlich ist aber auch der Anfang von Ps 14.) Wie in den späteren Reden des Hiobbuches sind also auch hier die Personen zugleich Typen, Rollenträger. Ist Hiobs Frau also nach dem Vorbild weisheitlicher Typologie als Repräsentantin der Torheit dargestellt (eine Typik, die im übrigen in der Bibel nicht in besonderer Weise auf Frauen bezogen ist, während in deutscher Gegenwartsstereotypie in nur scheinbar biblischem Erbe das Prädikat »töricht« gern Frauen beigelegt wird), so erschließt sich die innere Logik ihres Rats aus einem Rechtssatz der Hebräischen Bibel.

Lev 24,16 lautet: »Wer den Namen Jhwhs lästert, der ist des Todes! Die ganze Gemeinde wird ihn unweigerlich steinigen. Gleich, ob es ein Fremder oder ein Einheimischer ist: Bei Namenslästerung wird er sterben!« In Lev 24 wird in alter Rechtssprache ein Präzedenzfall der juristischen Beurteilung einer Gotteslästerung, der zu einer bestimmten Zeit der Rechtsgeschichte Israels aufgetaucht sein dürfte, erzählend in die Wüstenwanderungsgeschichte zurückverlegt und als durch Mose entschieden berichtet. (Zu diesen Fragen insgesamt vgl. F. Crüsemann, Die Tora, 1992, hier bes. das Kapitel »Mose als Institution«, 76-131.) Zu klären war die Frage, ob sich die unerbittliche Ahndung einer solchen Lästerung des Gottesnamens auch auf einen Täter beziehen lasse, dessen Mutter Israelitin, dessen Vater aber kein Israelit ist. Indem Lev 24 die Geltung des Rechts auch auf Nichtisraeliten bezieht, bildet eben dieser Fall den Hintergrund auch für die Lage Hiobs.

Für die Beurteilung der Dimensionen, in denen der »Fall Hiob« verhandelt wird, ist überdies die Feststellung von Interesse, daß sich in der kurzen Szene zwischen Hiob und seiner Frau ebenso wie bereits in der Reaktion Hiobs auf die erste Prüfung der weisheitliche und der juridische Aspekt miteinander verschränken (s. auch o. zu 1,21).

Die Deutung der Logik des Rats, den Hiobs Frau gibt, von Lev 24 her basiert auf der Voraussetzung, daß der Wortlaut ihres sarkastischen, aus totaler Ausweglosigkeit geborenen Vorschlags in 2,9 so zu verstehen ist wie in 1,5.11; 2,5. »Segnen« wäre dann wie an diesen Stellen als eine euphemistische Redeweise zu verstehen; gemeint wäre wiederum, Hiob solle Gott *fluchen*. Diese Auffassung ist die wahrscheinlich richtige, aber nicht die einzig mögliche. Der erzählende Anfangsteil des Hiobbuches spielt geradezu mit den Kategorien von Segen und Fluch. Hatte der Satan vorausgesagt, Hiob werde Gott »segnen«, d.h. in Wirklichkeit fluchen, so reagiert Hiob in 1,21 mit einem nicht euphemistischen, sondern tatsächlichen Segnen. Nun sagt der Satan abermals ein Segnen voraus, das ein Fluchen meint. Hiob aber bleibt abermals der Sache nach beim Segnen des Gottesnamens. Deshalb ist es auch möglich, daß Hiobs Frau auf diese Beharrlichkeit verzweifelt zynisch reagiert. Dann wäre der Sinn ihres Rats: Bleib du nur beim Segnen, du wirst schon sehen, daß du nichts davon hast, du wirst doch sterben.

Es ist schwer zu entscheiden, welche Auffassung die gemeinte ist. Jedenfalls möchte ich in der Übersetzung beim Wortlaut des Textes bleiben, der eindeutig von segnen spricht, und so beide Möglichkeiten offenlassen.

Namentlich bei der euphemistischen Lesart nähme Hiobs Frau, ohne sie zu kennen, die Worte des Satans auf. Bereits Augustin bezeichnete sie deshalb als »diaboli adiutrix« (des Teufels Helferin). Deshalb und im Blick auf Hiobs Antwort in 2,10, in der die Kategorien »gut« und »böse« die zentrale Rolle spielen, sehen einige Interpreten in der kurzen Szene in Hi 2,9f. eine Wiederaufnahme der Szene zwischen Adam und seiner Frau in der Sündenfallgeschichte. Zu bedenken ist aber, daß in Gen 3 von einem verführenden Gespräch zwischen der Frau und Adam mit keinem Wort die Rede ist. So hat noch diese Deutung Anhalt an der weniger durch die biblischen Texte als durch die lange Geschichte frauenfeindlicher Wertung gefestigten »schlechten Presse« Evas und anderer Frauengestalten der Bibel, so auch der Frau Hiobs. (Dazu J. Ebach, Hiobs Töchter, in: ders., Hiobs Post, 67-71, bes. 68ff.)

Schaut man die Texte genauer an, so legt sich bei der Beibehaltung der Strukturverwandtschaft zwischen Hi 2,9f. und Gen 3 der Vergleich mit dem Gespräch zwischen der Schlange (in Gen 3 ein männliches Wesen!) und der Frau nahe. Wie die Argumentation der Frau Hiobs (wenn man denn ihren verzweifelt vorgetragenen Rat eine Argumentation nennen will) lebt ja auch die verführende Rede der Schlange in der Paradiesgeschichte davon, daß sie die gesamte Wirklichkeit allein unter negativem, einschränkendem, lebensminderndem Aspekt ansieht und sie auf diesen Aspekt reduziert. Hiob antwortet seiner Frau also so, wie die Frau der Schlange hätte antworten können – man könnte versuchsweise geradezu dieselben Worte einsetzen. So gelesen wäre Hiob nicht der neue Adam, der der Versuchung durch seine *Frau* widersteht. Die Versuchung, der Hiob widersteht, ist vielmehr die der Halbierung der Wirklichkeit.

Denn wie sich Hiobs erste Antwort in 1,21 im Blick aufs ganze Hiobbuch über die Demutsgeste hinaus als ein Festmachen an bzw. in Gott (das heißt in der Bibel »glauben«) verstehen läßt, so ist in entsprechender Weise Hiobs Antwort in 2,10 zu lesen als Hinweis auf die ungeteilte Wirklichkeit und ihres *einen* Herrn, der dann aber auch als Urheber des Bösen ge- und benannt wird. Diese Verstehensweise legt sich vor allem dann nahe, wenn man 2,10 (wie 1,21) nicht als Quintessenz einer isolierten Hioberzählung liest, sondern als Auftakt des gesamten Hiobbuches, dessen gewaltige Klage und Anklage sich an eben diesen einen Herrn des Guten *und* des Bösen richten. Der demütige Dulder Hiob ist damit schon in den einleitenden Kapiteln der, der Gott nicht aus der Verantwortung für die ganze Wirklichkeit entläßt und ihn nicht auf die Rolle des »lieben Gottes« reduziert.

Hiobs Frau spielt nur in dieser kurzen Szene eine Rolle. Bereits die alten Übersetzungen haben durch Hinzufügungen versucht, ihr deutlichere Konturen zu geben. Die Septuaginta, die griechische Übersetzung der Hebräischen Bibel, läßt sie in eine längere eigene Klage ausbrechen, die aramäische (der Targum) identifiziert sie wie der Talmud (in bBB 15b) mit der Jakobstochter Dina aus Gen 34 (letzterer wegen deren Charakterisierung in Gen 34,7 mit einem Wort, das der »Törin« aus Hi 2,10 verwandt ist). Eine größere Rolle spielt Hiobs Frau auch im apokryphen »Testament Hiobs«. In späteren Bildern zum Hiobbuch (vor allem bei William Blake) und in literarischen Adaptionen (vor allem in Oskar Kokoschkas Hiob-Drama), aber auch in Rudolf Alexander Schröders »Marginalien zum Buche Hiob« (1948), in: ders., Fülle des Daseins, 1958, 282ff., wird die Frau Hiobs zu einer wichtigen Figur.

»Mit alldem versündigte sich Hiob nicht mit seinen Lippen.« So endet die Szene. Hiob hat auch diese zweite Prüfung bestanden. Warum ist Hiobs Leidensgeschichte nicht zu Ende? Bereits der Talmud fragt (bBB 16a), ob die Reaktion der *Lippen* die einzige gewesen sei. In seinem Herzen sah es, so der Talmud und danach etliche weitere Interpreten, schon ganz anders aus. Auch wenn das kaum die ursprünglich gemeinte Deutung des Satzes in 2,10 ist, könnte diese Frage ein Anlaß gewesen sein, über diese Worte Hiobs hinauszufragen, sie nicht als letzte Äußerung stehen zu lassen. Wiederum zeigt sich, daß die Sätze der das jetzige Hiobbuch rahmenden erzählenden Abschnitte verschieden gehört werden, je nachdem, ob man sie als Teil einer isolierten

Erzählung liest oder als Einleitung des ganzen Hiobbuches. Im Hiob-
buch sind es *nicht* die letzten Worte Hiobs, *sieht* es in seinem Herzen
anders aus und *klingt* es von seinen Lippen bald anders.

Hiob 2,11-13   **Die Solidarität der Freunde**
                 »Sieben Tage und sieben Nächte lang«

11   Es hörten aber die drei Freunde Hiobs von dem ganzen Unheil,
        das über ihn gekommen war. Da kamen sie, jeder von seinem
        Ort: Elifas, der Temaniter, Bildad, der Schuachiter, und Zofar,
        der Naamatiter. Die verabredeten sich hinzugehen, ihm zuzu-
        nicken und ihm Trost zu geben.
12   Sie erhoben von ferne ihre Augen und erkannten ihn nicht wie-
        der. Da erhoben sie ihre Stimmen und weinten. Sie zerrissen
        ein jeder sein Obergewand und streuten Aschenstaub auf ihr
        Haupt zum Himmel hin.
13   Dann setzten sie sich zu ihm auf die Erde – sieben Tage und sie-
        ben Nächte lang. Keiner sprach ein Wort, denn sie sahen, daß
        der Schmerz sehr groß war.

Der kurze Abschnitt 2,11-13 bildet im Gesamtzusammenhang des
Hiobbuches eine Brücke zwischen der erzählenden Einleitung und den
Reden, die von Kap. 3 an den Hauptteil des Buches ausmachen. Wie
die vorangehenden Szenen ist 2,11-13 in erzählendem Prosastil formuliert. Der Abschnitt führt die drei Freunde ein, die nach Hiobs Klage
von Kap. 4 an seine Dialogpartner sein werden, wobei sie in den Reden
in derselben Reihenfolge auftreten, in der sie in 2,11 genannt werden.
Bei genauerem Zusehen wird wiederum deutlich, daß der Verfasser
des jetzt vorliegenden Hiobbuches Stoffe und z.T. bereits formulierte
Texte zu einer Einheit komponiert hat, die je ihre eigene Vorgeschichte
haben. Daß die Formulierung des Abschnitts, der vom teilnehmenden
und tröstenden Besuch der drei Freunde Hiobs (ein vierter, Elihu, der
in Kap. 32 plötzlich das Wort ergreift, wird hier nicht genannt) erzählt,
nicht von vornherein eine natürliche Brücke zwischen Einleitung und
Reden bildete, zeigt ein Blick auf das Ende des Buches, auf 42,11. Dort
ist nämlich an merkwürdig später und deshalb geradezu deplaziert wirkender Stelle von einem Besuch der Verwandten und Bekannten
Hiobs die Rede, der auf ganz ähnliche Weise geschildert ist wie der Besuch der drei Freunde in 2,11-13. Die meisten neueren Ausleger nehmen daher an, daß der Hiobdichter in seinem ihm vorliegenden Er-

zählstoff die Schilderung eines teilnehmenden Besuchs der Nachbarn und Verwandten Hiobs vorgefunden habe, wie sie sich im jetzt vorliegenden Hiobbuch knapp in 42,11 findet. Aus diesem Motiv habe er dann den Besuch *der* Freunde gemacht, dessen er zur Einführung der Reden bedurfte.

Eine weitere Spannung zwischen der Einführung der Freunde in 2,11-13 und dem erzählenden Abschluß in 42,7ff. besteht darin, daß die harte Verurteilung der Freunde in 42,7 schwer mit ihrer unvergleichlich solidarischen Haltung in 2,11ff. zusammenzupassen scheint. Die Ausleger, die mit einer einst selbständigen Hioberzählung rechnen, die erst nachträglich mit den Reden verbunden worden wäre, müssen daher annehmen, daß die Freunde in einer früheren Phase des Stoffes einmal eine ganz andere Rolle einnahmen, nämlich wie Hiobs Frau als Versucher agierten. Solche Rekonstruktionsversuche müssen immer zu einem guten Stück hypothetisch bleiben. So geht es unabhängig von einer womöglich längeren und mehrstufigen Vorgeschichte einzelner Stoffe und Vorlagen darum, Hi 1,1-2,13 einschließlich des Abschnitts 2,11-13 als erzählende Einleitung des gesamten Hiobbuches zu interpretieren und in entsprechender Weise den abermals im Prosateil formulierten Schlußabschnitt 42,7ff. als erzählenden Abschluß des gesamten Hiobbuches zu verstehen. Auf dieser Ebene sind die in 42,7 so hart kritisierten Freunde die, die in 2,11ff. eingeführt werden, zunächst lange mit Hiob schweigen *und* in zunächst um Verstehenshilfe bemühten, dann zunehmend verhärteten, schließlich den leidenden Hiob eher drangsalierenden als unterstützenden Reden mit ihm und immer mehr gegen ihn sprechen. Dabei gibt es weder einen logischen Widerspruch zwischen den zunächst solidarisch schweigenden und den am Ende (gerade *nicht* wegen dieses Schweigens!) kritisierten Freunden noch einen logischen Bruch zwischen den in 2,13 schweigenden und von Kap. 4 an redenden Freunden, wohl aber eine wie bei Hiob selbst erkennbare Spannung, ja Widersprüchlichkeit, die eben durch den »Fall Hiob« und das mit ihm gestellte »Hiobproblem« selbst begründet ist. (Weiteres wird sich im Rückblick auf das ganze Hiobbuch im Kommentar zu 42,7 ergeben.)

Drei Freunde, die von Hiobs Unheil in seinem ganzen Ausmaß hören, kommen von weit her, um dem Leidenden ihre Teilnahme zu bekunden.

Die Bezeichnung der drei als »Freunde« hat sich seit langem in Übersetzungen und Kommentaren eingebürgert; der Text gebraucht das Wort *rê'a*, das eine größere Bedeutungsbreite hat und am besten mit dem ähnlich vielschichtigen Wort »der Nächste« wiedergegeben werden kann. Es kann den Nächsten im Sinne des einem Menschen am nächsten stehenden persönlichen Freundes meinen, aber auch den

Verwandten, den Angehörigen der gleichen Sippe bzw. des gleichen
Stammes, schließlich den Mitmenschen schlechthin. Es ist ja keine
Ausflucht, wenn nach Lk 10,25ff. der Schriftgelehrte, der auf seine eigene Frage nach dem wichtigsten Gebot mit dem Zitat aus Dtn 6,5 die
Gottesliebe und mit dem Zitat aus Lev 19,18 (»Du sollst deinen Nächsten lieben wie dich selbst« bzw. »Du sollst deinen Nächsten lieben,
denn er ist wie du«) die Nächstenliebe genannt hatte, an Jesus eben die
Rückfrage stellt, wer denn der Nächste sei. In der Rückfrage zeigt sich
vielmehr die tatsächliche fragebedürftige Bandbreite des Begriffs »der
Nächste«. Jesus antwortet nicht mit einer Begriffsdefinition, sondern
mit einer Geschichte, mit dem Gleichnis vom barmherzigen Samaritaner. Eine Pointe des Gleichnisses ist eine weitere Transformation. Die
Frage: Wer ist mein Nächster? wird durch die Geschichte verwandelt
in die Frage: Wem bin ich der Nächste? In der *Geschichte* wird einer
der Nächste, der nach jeder *Definition* der Fernste wäre.

Vielleicht kann man etwas von dieser Wendung der Frage nach dem
Nächsten auch in der Bezeichnung der drei, die zu Hiob kommen, als
»Nächste« sehen. Sie kommen – soviel kann man sagen, auch wenn die
Lokalisierung der jeweiligen Heimatorte z.T. hypothetisch bleibt – von
weit her. Sind sie Hiobs Nächste, Hiobs Freunde und kommen *deshalb*
von weit her? Oder kommen sie von weit her zu dem, dem sie gerade
durch ihre Teilnahme zu Nächsten, zu Freunden *werden*?

Und noch in einer anderen Hinsicht kann man die kleine Szene in
2,11-13 anachronistisch als eine Art Randnotiz zum Gleichnis vom
barmherzigen Samaritaner lesen: Wurde er dem unter die Räuber Gefallenen zum Nächsten, indem er ihm durch sein Kommen, sein Bleiben und sein *Tun* half, so werden die drei dem mehr noch Beraubten zu
Nächsten, indem sie kommen, bleiben und *schweigen* – und solange sie
schweigen . . .

Die drei Freunde verabredeten sich (man kann auch übersetzen:
trafen sich), um zu Hiob zu gehen und um – so wäre das folgende Verb
in seiner ursprünglichen Bedeutung wiederzugeben – »ihm gegenüber
(den Kopf) zu schütteln«. Es handelt sich um einen Gestus der Teilnahme (etwas anderes also, als die Redewendung »den Kopf über jemanden schütteln« im Deutschen nahelegt), vermutlich um eine apo-
tropäische, d.h. Böses abwehrende Handlung, in der Mitleid, Verwun-
derung und Abwehr zusammengeschlossen sind. Ein drittes Verb, mit
dem die Absicht der drei Freunde bezeichnet ist, heißt wörtlich: »jemanden zum Aufatmen bringen«. Das ist das Ziel des Tröstens. Mit
diesem Verständnis des Trostes ist über 2,11-13 hinaus ein Kriterium
benannt, unter dem die späteren Reden der Freunde zu sehen und zu
beurteilen sind: Je mehr sie zu Sinnstiftern und Trostfabrikanten werden, desto weniger bringen sie den Leidenden zum Aufatmen. Das ge-

schieht durchaus gegen die Absicht der als Tröster Gekommenen. Das macht aber die Frage, warum sie dennoch nur schweigend trösten können und, sobald sie reden, Hiob den Atem nehmen, um so dramatischer, geht es doch weder um die Absicht noch um die Gesinnung der Freunde, sondern um die Grenze der Möglichkeit des Trostes.

Die Namen der drei Freunde Hiobs und die Namen ihrer Heimatorte, die in 2,11 eingeführt und von nun an zu Beginn jeder ihrer jeweiligen Reden wiederholt werden, sind nicht eindeutig lokalisierbar. Doch geben (wie es ja auch beim Namen und der Heimat Hiobs der Fall ist, s.o. zu 1,1) einige Querverweise in der Hebräischen Bibel den drei Freunden – um eine Formulierung aus Schröders »Marginalien zum Hiobbuch« aufzunehmen – »genau soviel Gestalt, wie unsere Geschichte gebraucht.« (291) Weniger ein auf der Landkarte anzugebender Ort als eine Heimat, ein Lokalkolorit der drei läßt sich so angeben.

Da ist als erster Elifas, der Temaniter. Sowohl der Personen- als auch der Ortsname tauchen in der Genealogie der Nachkommen Esaus in Gen 36 auf. Elifas ist damit als Edomiter gekennzeichnet und hat wohl auch etwas von der sprichwörtlichen Weisheit jener Leute. So heißt es in Jer 49,7 sarkastisch-verwundert unter der Überschrift »Über Edom«: »Ist denn keine Weisheit mehr in Teman? Das Wort der Klugen ist ausgegangen . . .«, und noch durch diese Kritik scheint hindurch, daß man in Edom und zumal in Teman eben Weisheit erwartet. Ganz ähnlich nennt Ob 8f. Edom und Teman zusammen.

In eine andere Richtung weisen der Name und der Ort des zweiten der Freunde. Die Namensbildung Bildad läßt sich am ehesten nach aramäischem Muster erklären, und auch sein Ort Schuach, der in Gen 25,2.6 bei den »Ostleuten« (s.o. zu Hi 1,3) angesiedelt ist, ist in der Gegend des Eufrat zu suchen, wenn er mit dem in keilschriftlichen Texten genannten *Šuḫu* zu identifizieren ist.

Keine hinreichende Einordnung ist beim Namen und Ort des dritten Freundes möglich. Der in Jos 15,41 genannte Ortsname Naama in Juda ist ebensowenig eine ausreichende Grundlage zur Herkunftsbestimmung wie der gegenwärtig noch erhaltene Ortsname Ain Sofar zwischen Beirut und Damaskus. Für letzteren spräche allenfalls, daß er zum Norden gehört, womit neben dem edomitischen Süden (Elifas) und dem aramäischen Osten (Bildad) eine dritte Himmelsrichtung in den Blick käme.

Es wird deutlich, wie schnell man auf eine gänzlich hypothetische Ebene gerät, wenn man eine genaue Lokalisierung versucht. Wichtiger zum Verständnis der Szene von 2,11-13 ist, daß der Erzähler die Freunde aus verschiedenen Gegenden und allesamt von weit her kommen läßt. Damit gibt er ihrem Besuch, ihren späteren Reden und zunächst und vor allem ihrem Schweigen zusätzliche Bedeutung. Hier kommen, schweigen und reden keine zufällig des Wegs gekommenen Nachbarn; hier kommen kluge Leute von weit her, *um* zu schweigen und um zu reden.

Die Septuaginta gibt dem Rang der drei zusätzliches Gewicht, indem sie sie Könige nennt (man ist an die »Karriere« der drei Weisen aus dem Morgenland erinnert, die in der Rezeptionsgeschichte zu den »Heiligen drei Königen« wurden). Der hebräische Text kommt ohne Titel aus; er gibt den dreien Gewicht durch Namen und Herkunft.

Die Freunde erkennen Hiob zunächst nicht wieder, so entstellt ist er. Wie auch an anderen Stellen stellt der Erzähler die Schrecklichkeit des Hiob treffenden Verderbens mit einem fast kalt erzählten äußeren Zug dar. Doch mit der Außenseite ist die ihr entsprechende Gemütsbewegung mitbezeichnet. Das gilt auch für die mit knappen Worten mitgeteilten rituellen Gesten, die die Freunde verrichten. Es sind Gesten der Trauer, angemessen gegenüber einem Kranken, der sich bereits in der Sphäre des Todes befindet. Sie weinen, zerreißen ihre Kleider und vollziehen eine Handlung, die Trauer und Abwehr ausdrückt. Asche bzw. Staub über den Kopf in die Luft zu werfen bedeutet in Ex 9,8.10 im Zusammenhang der Plagen, die über Ägypten kommen, eine magische Handlung, die Beulen und Geschwüre verursacht. Man kann fragen, ob in Hi 2,13 eine Handlung bezeichnet ist, die einen imaginären Verursacher der Krankheit Hiobs in gleicher Weise treffen soll. In etwas anderer Bedeutung bezeichnet in Apg 22,23 derselbe Gestus einen Ausdruck der Empörung.

Wut und Trauer kennzeichnen das Verhalten der Freunde. Auch, daß sie sich zu Hiob auf die Erde setzen, ist eine Form der Trauer und des Mitleidens. Sie begeben sich damit auf die Ebene, auf die Hiob gezwungen ist.

Dann schweigen sie sieben Tage und sieben Nächte.

»Eine Generalpause tritt ein, eine Generalpause von sieben Tagen. Sieben ist eine kanonische Zahl wie die Drei. Sieben Tage hat man auch für das Gespräch errechnet. Aber nun stelle man sich diese Drei vor, sieben Tage und sieben Nächte auf der Erde neben Hiob sitzend. Wenn wir da nicht im Märchen sind, wo sollen wir's jemals sein? – Aber Märchen hin und her; es ist der grandioseste Auftakt, den je ein Gespräch genommen.« (Schröder, Marginalien zum Hiobbuch, 291)

Sie schweigen sieben Tage und sieben Nächte.

Ist es nur ein grandioser *Auftakt* eines Gesprächs? Es ist zunächst und für sich *die* Haltung gegenüber dem Schmerz, der »sehr groß war« (2,13), die die einzig angemessene und zugleich die schwerste ist.

Sie schweigen sieben Tage und sieben Nächte.

Hiob 3,1-26   **Hiobs Rede**
             »Es verschwinde der Tag, an dem ich geboren
             wurde«

3

1   Danach öffnete Hiob seinen Mund und verfluchte seinen Tag.
2   Und Hiob hub an und sprach:
3   »Es verschwinde der Tag, an dem ich geboren wurde,
      und die Nacht, die sprach: Ein Mann wurde empfangen!
4   Dieser Tag werde Finsternis,
      nicht forsche Gott nach ihm von oben!
      Kein helles Licht strahle über ihm auf!
5   Finsternis fordere ihn ein und Schattendunkel,
      es lasse sich nieder auf ihm Gewölk!
      Es sollen ihn schrecken die Tagesverdüsterungen!
6   Diese Nacht – Dunkel nehme sie weg,
      sie reihe sich nicht ein in die Tage des Jahres!
      Zur Zahl der Monate komme sie nicht hinzu!
7   Diese Nacht da – sie versteinere!
      Kein Freudenlaut komme in ihr auf!
8   Verwünschen sollen sie die Tagverflucher,
      die bereit sind, den Leviathan zu reizen.
9   Es sollen finster werden die Sterne ihrer Dämmerung,
      sie hoffe auf Licht – doch nichts!
      Nicht soll sie sehen die Wimpern des Morgenrots!
10   Denn sie hat die Türen des Leibs meiner Mutter nicht ver-
      schlossen
      und die Mühsal nicht verborgen vor meinen Augen.
11   Warum starb ich nicht vom Mutterschoß weg,
      warum kam ich nicht aus dem Mutterleib und verschied?
12   Weshalb sind mir Knie entgegengekommen,
      und was sollten mir Brüste, daß ich saugte?
13   Ja, dann läge ich jetzt da und wäre still,
      könnte schlafen und hätte jetzt meine Ruhe
14   mit Königen und Ratsherren des Landes,
      die sich Trümmer erbauten,
15   oder mit Beamten, die Gold hatten,
      die ihre Häuser mit Silber füllten!
16   Oder wie eine verscharrte Fehlgeburt existierte ich nicht,
      wie Kinder, die das Licht gar nicht sahen.

17   Dort haben die Frevler mit ihrem Wüten aufgehört;
      dort ruhen die, deren Kraft erschöpft ist.
18   Allesamt ruhen da die Gefangenen aus
      und hören nicht mehr die Stimme ihres Treibers.
19   Klein und groß, da sind sie eins,
      und der Knecht ist ein Freier gegenüber seinem Herrn.
20   Warum gibt er Licht den Mühseligen
      und Leben denen, deren Kehle voller Bitterkeit ist,
21   die auf den Tod warten, und er kommt nicht,
      die nach ihm graben mehr als nach Schätzen,
22   die sich freuten, wäre der Stein über sie gewälzt,
      die froh wären, wenn sie ein Grab fänden?
23   (Warum) dem Mann, dessen Weg verborgen ist,
      den Gott eingeengt hat?
24   Ja, vor meinem Brot kommt mein Stöhnen,
      und meine Schreie ergießen sich wie Wasser.
25   Ja, was mich schrecklich schreckte, das traf mich wirklich,
      und wovor mir grauste, das kam über mich.
26   Ich finde keine Rast und keine Stille,
      ich kann keine Ruhe finden – es kommt das Wüten.«

Mit dieser ersten Rede Hiobs beginnen die den Hauptteil des Hiobbuches ausmachenden Dialoge, in denen Hiob in langen, sein Leiden und
dessen Grund immer wieder und immer neu thematisierenden Redegängen mit seinen Freunden ringt, um sich schließlich an Gott selbst zu
wenden und von ihm Antwort zu bekommen.

Mit der Hiobrede von Kap. 3 beginnen die Dialoge nicht mit Argumenten, nicht einmal sogleich mit Fragen, sondern mit einer heraus-
geschleuderten Anklage, einer Verfluchung. Hiob verflucht den Tag
seiner Geburt (»seinen Tag« steht in V. 1, aus der Fortsetzung wird
deutlich, daß es sich um den Tag der Geburt handelt). Heutige LeserInnen werden im Gesamtduktus des Kapitels zunächst kaum eine zu-
sammenhängende Gedankenführung erkennen. Es scheint, als seien
expressive Klagen über die eigene Lage mit eher allgemeinen Sentenzen über menschliches Geschick verbunden; manche Verse klingen
geradezu wie Bildungsgut der Weisheit und der Mythologie. Man
muß sich verdeutlichen, daß auch die unmittelbare Klage Hiobs im
Hiobbuch nicht das Wortprotokoll eines Klagenden und Anklagenden darstellt, sondern Literatur ist. Auch wo Hiob über sein Geschick
klagt, redet der Hiob*dichter*. So erklärt sich, daß in den Reden des
Hiobbuches immer wieder Wissensgut, Anklänge an andere literarische Texte der Hebräischen Bibel, nicht selten naturkundliche und
kulturgeschichtliche Beispiele, Metaphern und Bilder vorkommen,

die man sich in authentischen Reden unmittelbar Betroffener schwer
vorstellen kann.

Man muß sich aber andererseits vor Augen halten, daß ein aus-
schmückender, oft scheinbar oder tatsächlich abschweifender Stil bis
heute zum orientalischen Erzählen und Diskutieren gehört. Diese beiden Hinweise (auf die literarische Gestalt und den orientalischen Stil)
gelten für alle Hiobreden und so auch für diese erste. Berücksichtigt
man diese Gattungselemente, so zeigt sich in dieser ersten Hiobrede
sehr wohl ein innerer Zusammenhang, geradezu eine doppelte Struktur. Vor der Interpretation der Redeabschnitte im einzelnen soll ein erster Blick aufs Ganze dieser Struktur gelten:

Hiobs Rede beginnt (im einleitenden, alles folgende kommentie-
renden V. 1 wie in den ersten Worten in direkter Rede in V. 3) bei einem Datum seiner eigenen Geschichte, dem Tag seiner Geburt. Die
Klage setzt also nicht mit der Schilderung des gegenwärtigen Leidens
ein (damit endet sie), sondern mit dem ersten biographischen Datum
des Lebens, dessen gegenwärtiger Zustand den Grund von Klage und
Verfluchung liefert. Wir werden fragen müssen, nach welcher Logik
sich die Verfluchung, der ausgedrückte Vernichtungswunsch, auf ein
Datum der Vergangenheit beziehen kann.

Mit V. 4 beginnt eine Passage, die sich scheinbar vom Geschick
Hiobs wegbewegt, indem das Argument weniger der Bedeutung des
Geburtstages für Hiobs Leben gilt, sondern dem Tag selbst und seiner
Rolle in einem Kampf zwischen Licht und Finsternis, Schöpfung und
Chaos. Die Aussage lautet nicht: Verflucht sei dieser *Tag*. Er soll viel-
mehr als Tag nicht existiert haben, er soll ausgelöscht sein. Damit be-
zieht Hiob sein Geschick auf die allgemeine Frage nach Schöpfung und
Chaos: Ein Stück der geschaffenen Zeit (die im Rhythmus von Tag und
Nacht, Abend und Morgen erschaffen wurde, wie Gen 1 sagt) soll ver-
schwunden sein – und mit ihm alles, was an jenem Tag geschah.

In dieser Wendung vom besonderen Geschick Hiobs zur allgemeinen Frage nach der Ordnung der Welt und der Gerechtigkeit ihres
Herrn liegt das Besondere in Hiobs Klage und im Problempotential,
das in ihr aufgehoben ist. Hiob fragt nicht allein nach seinem Geschick,
er fragt (damit seine Worte aus den erzählenden Anfangskapiteln auf-
nehmend) nach dem Ganzen von Welt und Zeit.

Wer diese Wendung vom Einzelfall zur allgemeinen Frage erkannt
hat, wird – gegen viele Interpretationen – die Gottesreden am Ende des
Hiobbuches, in denen Gott nicht unmittelbar von Hiobs Leiden und
dessen Grund, Sinn oder Zweck redet, sondern von der widersprüchlichen Gesamtheit der Schöpfung, nicht als ein Ausweichen Gottes
(bzw. des Hiobdichters) vor der »eigentlichen« Frage ansehen, sondern als eine Antwort auf *der* Ebene, auf die Hiob von Anfang an die

Frage nach seinem Geschick hebt. Deshalb ist das Erkennen der Argu-
mentationsstruktur von Kap. 3 für das ganze Buch von großer Bedeutung.

Erst mit V. 10 kommt Hiob unmittelbar auf sein Geschick zurück.
Mit V. 11 bleibt er bei seiner Biographie (die Verbindung zwischen
V. 10 – »der Leib meiner Mutter« – und V. 11 – »vom Mutterschoß
weg« – ist ganz eng). Dennoch beginnt mit V. 11 etwas Neues, weniger
ein neues Thema als eine neue Sprachform. Variierten die vorangehenden Sätze den Fluch und Vertilgungswunsch, so kommt nun ein
neues Leitwort ins Spiel: »Warum?« Die Struktur der Warum-Fragen
ähnelt dabei der der voraufgegangenen Verwünschungen. Wieder
setzt die Klage bei einem »ich« ein (V. 11), wendet sich im Vergleich
der allgemeinen Vergänglichkeit ehemaliger Macht zu, kehrt (V. 16)
zum »ich« zurück (ob V. 16, der den Zusammenhang unterbricht, ein
Nachtrag ist oder die Struktur bewußt variiert, ist kaum zu entscheiden) und geht abermals aufs Allgemeine, indem nun von der einzigen
Realisierung von Gleichheit als Gleichheit im Grab die Rede ist.

Mit V. 20 beginnt wieder ein neuer Ton. Die Klage über die Unge-
rechtigkeit allen Lebens läßt das Thema noch grundsätzlicher werden.
Wie die »Warum-Passage« von 11-19 im Allgemeinen endet, beginnt
V. 20 mit der grundsätzlichen Frage. Doch der Abschnitt und damit
die ganze Rede und das Kapitel enden (in formaler Umkehrung des
zweiten Abschnitts 11-19) wiederum mit dem persönlichen Geschick
Hiobs, das nun – anders als der Redebeginn – das gegenwärtige Leiden
ausspricht, herausschreit.

Man kann sich die Struktur dieser Rede im Wechsel zwischen dem
persönlichen Geschick und den von ihm abgeleiteten allgemeinen Fragen und Klagen etwa in folgender Skizze vor Augen führen:

	I.		II.		III.
Hiobs Geschick:	3 10	11-13	16		24-26
Weltordnung	4-9		14-15	17-19	20-23

Im ersten Abschnitt (I) ist die Frage nach dem Tag der Geburt mit
dem Thema »Schöpfung« verbunden, im folgenden (II) die Frage nach
dem Sinn der Fürsorge für Hiob mit der Frage nach Gleichheit und
Gerechtigkeit und im letzten Abschnitt (III) die Frage nach dem Sinn
des Lebens für die, die Mühsal leiden, mit dem gegenwärtigen Leiden
Hiobs. So sind am Ende die allgemeinste Frage nach dem Grund des
Leidens vieler Menschen und der konkrete Ausdruck der gegenwärti-

gen Lage Hiobs zusammengeschlossen: Gerade im ganz individuellen
Leiden bricht die Frage nach dem Grund des Leidens überhaupt auf.

Noch eine letzte Bemerkung soll der Struktur gelten: Hiobs Klage
bleibt in der Verwünschung und in den »Warum-Fragen« fast ohne
Adressaten. Gott als Schöpfer des Tages der Geburt Hiobs und als
Verursacher des Leids und Unrechts, das Hiob nennt, wird merkwür-
dig beiläufig genannt (in V. 4.20 [dort nur ein »er«]. 23). Für den
Gang der Reden des Hiobbuches heißt das: Noch ist Gott nicht voll-
ständig als der erkannt, der als Urheber und als Löser der Adressat der
Frage sein kann. So schreit Hiobs »Warum?« hier noch ins Leere.

Hiobs Fragen werden sich verändern; erst dann kann ihm Antwort
werden, was zuvor nur ›leere Lehre‹ sein könnte . . .

Nach diesen Beobachtungen zur Struktur von Hi 3, die bereits man-
ches zum Inhalt dieser ersten Hiobrede erbrachten, können wir uns
nun einzelnen Gedankengängen und Worten bzw. Bildern zuwenden.

1: Der einleitende Satz knüpft im Duktus des gesamten Buches an
das lange Schweigen zwischen Hiob und seinen Freunden an. Mit einem Mal ist durch den einleitenden Satz und durch Hiobs erste Worte
das Bild des stummen Dulders aus Hi 1f. umgewandelt in das eines ver-
wünschenden, klagenden, hadernden Hiob. Dieser Bruch ist eines der
Argumente, auf eine längere Entstehungsgeschichte des Hiobbuches
zu schließen und den Hiob der erzählenden Rahmenteile vom redenden, streitenden Hiob der Dialoge zu unterscheiden. Aber wiederum
müssen wir jenseits der Rekonstruktion der Entstehungsgeschichte
versuchen, den Zusammenhang des jetzt vorliegenden Buches zu verstehen. *In* diesem Zusammenhang ist der Bruch hart und für die LeserInnen fast schmerzhaft, doch zugleich geradezu spannungslösend.
Endlich, so möchten wir ausrufen, tut Hiob das Normale – endlich wird
aus dem Dulder der Klagende, Fragende. Sosehr wir uns hüten müssen, unsere spontanen Empfindungen in den alten Text hineinzulegen,
sosehr sollten wir uns auch hüten, die Spannungen und Widersprüche
des Textes durch seine literarische Zerlegung zu entschärfen und auf-
zulösen. Im Hiob*buch* jedenfalls folgt Kap. 3 auf Kap. 2; der verwün-
schende Hiob folgt dem zuvor in sein Geschick sich ergebenden. Wer
das Hiob*buch* verstehen will, muß versuchen, diese *Wandlung* zu verstehen, und zwar als Wandlung des einen Hiob und nicht als Abfolge
zweier Hiobgestalten aus zwei verschiedenen Geschichten. Aber wir
können kaum mehr als Vermutungen anstellen: War das Schweigen
über so lange Zeit so explosiv, daß es sich nur in dieser Verwünschung
lösen konnte? Mußte Hiobs Zustimmung zu seinem Geschick als Teil
der *einen* Wirklichkeit (s.o. zu 1,21 und 2,10) in einen Fluch über die
eine Wirklichkeit umschlagen, sobald Hiob die »Gesamtrechnung«

aufgemacht hatte? Ist gar die Verfluchung nur die andere Seite der
stoischen Ruhe? Für die letzte Möglichkeit spricht womöglich das hebräische Wort in 3,1, das im Deutschen als »verfluchen« wiedergegeben ist. Denn das Verb *qālal* bedeutet in dem Verbalstamm, in dem es
hier gebraucht ist, wörtlich: etwas leichtnehmen, etwas geringschätzig
ansehen. So sagt Jhwh in Gen 8,21 nach dem Ende der Flut zu, er werde die Erde hinfort nicht mehr »leichtnehmen« (»verfluchen«) um des
Menschen willen, d.h. er werde die Erde in ihrer eigenen Würde, ihrem
eigenen Gewicht erhalten und sie nicht noch einmal wie ein Anhängsel
des Menschen behandeln.

Versteht man auch in Hi 3,1 das »leichtnehmen« wörtlich, so zeigt
sich, daß Hiob in seiner gegenwärtigen Lage bereit ist, alles Frühere,
sein ganzes bisheriges Leben geringschätzig anzusehen und mit der
Gegenwart auch die Vergangenheit preiszugeben. Was jetzt *so* aus-
sieht, kann nie gut gewesen sein; das gegenwärtige Leiden läßt von Beginn an das ganze Leben verächtlich erscheinen.

3-5:   Hiob bleibt aber nicht beim Urteil über sein Leben stehen. Er
wendet die Frage nach dem Verhältnis zwischen seiner Geburt und seinem gegenwärtigen Leiden in eine nach dem Verhältnis von Schöpfung und Chaos. Auf den Tag seiner Geburt bezogen will er buchstäblich die Schöpfung rückgängig machen. In V. 4-9 finden wir geradezu
eine Umkehrung der Schöpfung von Gen 1. Hatte Gott nach Gen 1 die
geordnete, lebenermöglichende Welt der öden, finsteren Leere des in
Gen 1,2 beschriebenen Zustandes der »Welt vor der Schöpfung« ab-
getrotzt, indem er zuerst das Licht aufstrahlen ließ und mit dem Wechsel von Licht und Finsternis die Ordnung der Tage und der Zeit begründete, so soll nun jener Tag an das Dunkel vor der Schöpfung zu-
rückfallen.

Uns erscheint es als paradox, von einer vergangenen Zeit zu denken,
sie könne verschwinden. Allenfalls können wir uns vorstellen, man
könne die Vergangenheit verdrängen (oder, was auf dasselbe hinauslaufen kann, sie »bewältigen«). Eine solche Form der Auslöschung der
Vergangenheit bliebe aber eine Frage des Bewußtseins; wir können
kaum den Gedanken nachvollziehen, daß etwas, das gewesen ist,
»wirklich« gestrichen werden könnte. Uns erscheint die Vergangenheit abgeschlossen, vergangen und deshalb unabänderlich.

Die Logik der Umkehrung der Schöpfungstheologie von Gen 1 in
Hi 3 folgt aber darin der Logik der Schöpfung, daß sie nicht historisch,
sondern ätiologisch ist, d.h. nicht berichtet, was einmal *war*, sondern
begründet, was *ist*. Gott hat das Licht aufstrahlen lassen und die Ordnung der Zeit festgesetzt, weil die Tage erleuchtet *sind*, weil die Zeit
geordnet *ist*. Ist sie es, wie Hiob an seinem gegenwärtigen Geschick ab-

liest, nicht, so kann und soll nicht gewesen sein, was im Angesicht der
Realität nur als Trug gewesen sein könnte. Um wieder stimmig sein zu
lassen, was im Widerspruch zwischen Hiobs Geburt und seinem ge-
genwärtigen Ergehen nicht zusammengeht, muß die »Ordnung« der
Finsternis wieder für sich beanspruchen, was eben nicht »Schöpfung«,
»Licht« ist.

So zeigt sich in Hiobs Vernichtungswunsch auf umgekehrte Weise
das Verlangen nach Stimmigkeit, das als Hinnahme bereits in den Worten Hiobs in Kap. 1 und 2 zur Sprache kam. Zugespitzt ausgedrückt:
Hiobs Verlangen nach Stimmigkeit ist größer als sein Lebenswunsch.
Der rebellische Hiob dieser ersten Rede klagt Ordnung ein – und sei es
die Ordnung des Chaos –, wie der duldende Hiob des erzählenden
Buchanfangs die Stimmigkeit des Handelns Gottes festhält. Es wird
lange dauern, bis im Hiobbuch eben dieses Ordnungsverlangen selbst
einer Kritik unterzogen wird, denn in den nun folgenden langen Dialogen mit den Freunden stehen sich verschiedene »Ordnungstheolo-
gien« gegenüber, die zusammen mit ihrem unversöhnlichen Gegensatz
eine hintergründige Gemeinsamkeit aufweisen.

Die Gegenwartsbezogenheit des Rückblicks auf Hiobs Ge-
burt(stag) zeigt sich deutlich in V. 3: Ein *Mann* wurde empfangen, d.h.
im Moment der Zeugung und Empfängnis ist bereits der erwachsene
Mensch im Blick. Deshalb ist im gegenwärtigen Hiob, der jetzt kein
starker Mann (das meint das hebr. Wort *gäbär*) ist, sondern ein leidender, der Moment von Zeugung, Empfängnis und Geburt präsent.

6-10: Es ist nicht ganz deutlich, ob sich die Aussagen auf den Tag
oder die Nacht beziehen (im Hebr. sind beide Worte mask., so daß die
Beziehungen der im Deutschen durch Personalpronomina [sie bzw. er]
wiedergegebenen Suffixe kaum zu entscheiden sind). Möglicherweise
bezieht sich die Passage auf den *Tag*, das vorgeschaltete »diese Nacht«
könnte ein verschiebender Zusatz sein.

Auch in V. 7 ist der besondere Zeitaspekt der Passage erkennbar. Es
soll in dieser Liebesnacht keine(n) Freude(nlaut) gegeben haben,
wenn und weil solche Freude sich heute als böser Trug herausstellen
muß.

In schwer entschlüsselbarer Weise ist in V. 8 von magischen Prakti-
ken die Rede. Der Leviathan ist ein mythisch-reales Ungeheuer, das im
Hiobbuch (vor allem in der zweiten Gottesrede, dazu s.u. zu Hi 40) die
widermenschliche und widergöttliche Gegenwelt manifestiert. In der
Tradition dieses Leviathan steht der Drache der Johannesoffenbarung.
Nach Offb 12 fegt der Drache einen Teil der Gestirne vom Himmel. So
kann man auch für Hi 3,8 an den Leviathan als Wesen der Finsternis
denken.

Ihn aufzustöbern hieße, das Licht, den Tag zu bekämpfen. Trotz dieser Verstehensmöglichkeit bleibt es erwägenswert, an einen Schreibfehler zu denken. Wenn im ursprünglichen hebr. Text nicht das Wort *jōm* (Tag), sondern das Wort *jām* (Meer) stand (im alten Konsonantentext ist beides nicht unbedingt zu unterscheiden, die Hinzufügung der Vokalzeichen zum Text erfolgte erst viel später), dann wäre der Leviathan auch hier wie sonst im Hiobbuch und darüber hinaus in der Hebräischen Bibel mit dem Meer verbunden. Das Meer aber gilt in Israel seit alters als eine Chaosgröße. Es ist der nach Gen 1 nicht von Gott erschaffene, sondern (wie die Finsternis auf die Nacht) von Gott begrenzte Rest der chaotischen, lebensvernichtenden Urflut.

11-19: Mit V. 11 beginnt ein neuer Abschnitt. Nun steht die »Warum-Frage« im Zentrum. Beide Aspekte, die Verwünschung des Geburtstages und das »Warum«, stehen bereits in einem Hi 3 sehr ähnlichen Text zusammen, in Jer 20,14-18. Der Grund, so über den Beginn des Lebens zu sprechen, ist auch dort das gegenwärtige Leiden (bei Jeremia nicht Krankheit, sondern das Leiden daran, zum Offen-heraus-Sagen [das heißt griechisch *pro-phemi*] des prophetischen Wortes gezwungen zu sein, obwohl man dafür gepeinigt wird und obwohl man selbst viel lieber sagen würde, was alle wünschen und man selbst auch wünscht . . .). Wie in Hi 3 lautet auch in Jer 20 die Frage: Warum überhaupt begann einmal etwas, das jetzt so endet?

Der Blick auf das Vorbild der jeremianischen Verwünschungsklage zeigt aber auch noch einmal, daß der Vernichtungswunsch eine Form der ins Leere gehenden »Warum-Frage« darstellt. Auch bei Jeremia ist es nicht das letzte Wort, aber eins, das nicht übersprungen werden kann.

Variierte Hi 3,3-10 den Wunsch, nie gezeugt und empfangen zu sein, so fragt der mit V. 11 beginnende Abschnitt nach dem »Warum« der Fürsorge für den Säugling. Während sich in V. 3-10 die Frage nach dem Tag der Zeugung, Empfängnis und Geburt mit der Frage nach der Stimmigkeit der Schöpfung verbindet, geht es nun um die über Hiobs Geschick hinausreichende Frage nach der Gerechtigkeit in der Welt.

Hiobs Aussagen klingen geradezu zynisch. Die Ruhe, die er hätte, wäre er wenigstens gleich nach der Geburt unversorgt geblieben (V. 12) oder als Fehlgeburt zur Welt gekommen (V. 16), machte ihn gleich mit den Großen der Welt. Die Reihe »Könige, Ratsherren, Beamte« in V. 14f. könnte die persische Herrscherhierarchie bezeichnen (so in ähnlicher Weise für die persische Zeit Esra 7,28; 8,25). Die großen Grabmäler der einst Mächtigen (das in V. 14 gebrauchte Wort »Trümmer« kann im Arabischen für die ägyptischen Pyramiden verwendet werden) sind auch längst zerfallen, nichts blieb mehr von ihrem Glanz; nach dem Tode werden alle gleich.

Dieser Gedanke wird nach dem intermittierenden V. 16 wieder aufgenommen und weitergeführt. Im Grab erst enden alle sozialen Gegensätze. Erst wenn die Menschen nicht mehr sind, sind auch die Gegensätze zwischen den Übeltätern und ihren Opfern, zwischen den Knechten und den Herren, zwischen groß und klein aufgehoben. Diese Aussagen leben nicht etwa von der Hoffnung auf ein Leben nach dem Tod, in dem jene quälenden Gegensätze in einem neuen, endlich gerechten Leben überwunden sind. Sie sind vielmehr gespeist von strikter Negativität. Erst die »Hoffnung«, daß es *kein* Leben nach dem Tode geben werde, läßt an ein Ende der Qual denken.

20-26: Mit einem abermaligen »Warum?« beginnt in V. 20 eine nochmalige Verallgemeinerung der Fragen Hiobs. Warum, so kann man Hiobs Fragen paraphrasieren, gibt Gott (der fast verdeckt in V. 20 und 23 als Subjekt genannt ist) denen Licht, die mühselig und beladen sind? Warum sollen die leben, deren Leben nur bitter ist? Kant nimmt in seiner Schrift »Über das Mißlingen aller philosophischen Versuche in der Theodizee« (Werke in 10 Bdn., hg. v. W. Weischedel, 1968, Bd. 9, 103-124), in der er am Hiobbuch die Theodizeefrage thematisiert, diese Worte Hiobs auf und fragt seinerseits: ».. . woher nämlich der Urheber unsers Daseins uns überhaupt ins Leben gerufen, wenn es nach unserm richtigen Überschlage für uns nicht wünschenswert ist. Der Unmut würde hier, wie jene indianische Frau dem Dschingiskhan, der ihr wegen erlittener Gewalttätigkeit keine Genugtuung, noch wegen der künftigen Sicherheit verschaffen konnte, antworten: ›Wenn du uns nicht schützen willst, warum eroberst du uns denn?‹« (110f.)

Der Gedanke, es sei besser, nicht zu leben, als geboren zu werden, und, wenn man schon geboren sei, besser, sogleich zu sterben, wurde in der Geschichte vieler Kulturen und Philosophien immer wieder gedacht. So urteilte – um nur wenige zu nennen – Lessing über den Tod seines kleinen Sohnes; Schopenhauer stellte eine größere Sammlung von Zitaten in dieser Richtung zustimmend zusammen (Die Welt als Wille und Vorstellung, Kap. 46), und auch in der Hebräischen Bibel kommt über das Hiobbuch hinaus in Koh 4,1-3; 7,1; vgl. Sir 39,17 diese Auffassung zur Sprache. Während der Prediger in Koh 4 jedoch den Typ des distanzierten Weisen darstellt, der aus überlegener Warte das Leben als nichtig beurteilt (der Position der intellektuellen Skepsis vergleichbar), zeigt das Ende von Hi 3, daß hier kein Denksystem zur Sprache kommt, sondern das konkrete eigene Leiden in seiner Ausweglosigkeit Worte sucht.

So endet das Kapitel mit dem Ausdruck des gegenwärtigen Leidens

Hiobs. Sein Stöhnen ist elementarer als das tägliche Brot, sein Schreien
fließt unaufhörlich wie Wasser (V. 24). Was dem, der wie der Hiob von
Kap. 1 in ruhigem Wohlstand, in Gesundheit und Glück lebte, der
schlimmste Schrecken ist, das traf ihn wirklich: Die Realität hat alles
überholt, was er fürchten konnte.
Ruhelosigkeit – das ist der letzte Ton dieser Rede. Noch einmal zeigt
sich, daß hier kein skeptischer oder stoischer »Philosoph« redet, sondern ein leidender, gequälter Mensch. Wie kann man auf eine solche
Rede antworten, wenn man sich dem Leidenden als Freund verbunden
weiß, wenn man dem, mit dem man so lange geschwiegen hat, *antworten* soll?

Hiob 4,1-5,27   **Elifas' Rede**
                      »Ich an deiner Stelle würde . . .«

4

1   Da hub Elifas an, der Temaniter, und sprach:
2   »Darf man ein Wort an dich richten – du bist schwach –,
      doch Worte zurückhalten – wer kann das?
3   Sieh doch einmal: Du hast viele zurechtgebracht,
      und erschlaffende Hände stärktest du.
4   Den Strauchelnden richteten deine Worte auf,
      und wankende Knie hast du gefestigt.
5   Jetzt aber, wo es an dich kommt, wirst du schwach,
      wo es dich trifft, wirst du verstört!
6   Ist nicht deine (Gottes-)Furcht deine Zuversicht,
      deine Hoffnung die Untadeligkeit deiner Wege?
7   Bedenk doch: Wer ging je schuldlos zugrunde,
      und wo kamen Aufrechte je um?
8   Nach allem, was ich gesehen habe: Die Unheil pflügen,
      die Mühsal säen, die ernten's auch.
9   Vom Atem Gottes gehen sie zugrunde,
      und vom Schnauben seiner Nase verschwinden sie.
10   Gebrüll des Löwen, Laut des Mähnenbedeckten –
      doch die Zähne der Junglöwen brechen entzwei.
11   Der Leu geht zugrunde, wenn er keine Beute macht,
      und die Löwenjungen werden zerstreut.
12   Zu mir aber stahl sich ein Wort.

mein Ohr nahm ein Flüstern davon auf
13 in Grübeleien aus Nachtgesichten,
wenn Tiefschlaf auf die Menschen fällt.
14 Schrecken kam mir nahe und ein Zittern,
alles an meinen Gliedern machte es erschrecken.
15 Ein Hauch glitt über mein Gesicht,
ein Wehen durchrieselt mein Fleisch.
16 Da steht jemand – ich erkenne sein Aussehen nicht –,
eine Gestalt steht vor meinen Augen;
sanften Laut und (leise) Stimme höre ich:
17 Ist denn ein Mensch im Verhältnis zu Gott gerecht,
ist im Verhältnis zu seinem Schöpfer ein Mann rein?
18 Schau, selbst an seinen Knechten macht er sich nicht fest,
und seinen Boten rechnet er Irrtum zu.
19 Erst recht denen, die in Lehmhäusern wohnen,
deren Fundament auf Staub gegründet ist;
sie werden zerdrückt, leichter als eine Motte.
20 Zwischen Morgen und Abend sind sie zerdrückt,
ohne daß man's merkt, kommen sie um für immer.
21 Wird ihnen nicht ihr Zeltpflock herausgerissen?
Sie sterben – und wissen nicht, wie ihnen geschieht.

5

1 Ruf doch, ob da einer ist, der dir antwortet!
An wen von den heiligen Wesen willst du dich wenden?
2 Den Dummen tötet ja der Unmut,
und den Törichten bringt die Ereiferung um.
3 Ich habe gesehen, wie ein Dummer Wurzeln schlug –
doch plötzlich erschien seine Stätte fluchwürdig.
4 Fern der Hilfe blieben seine Söhne,
sie lagen zermalmt im Tor, und kein Retter war da.
5 Was er erntet, ißt, wer Hunger hat,
noch mit Angelhaken nimmt er's weg;
Fanghaken schnappen nach ihrem Gut.
6 Nicht vom Staub geht Unheil aus,
und nicht vom Erdboden sprießt Mühsal auf.
7 Ja, der Mensch ist's, der zum Unheil geboren wird,
und die Söhne der Glut fliegen hoch hinaus.
8 Ich an deiner Stelle würde mich an Gott wenden,
würde meine Sache vor die Gottheit bringen,

9   der große Dinge tut, jenseits des Erforschbaren,
      und Wunderbares über jede Zahl hinaus,
10   der den Regen gibt auf die Oberfläche der Erde
      und Wasser sendet auf die Fläche der Fluren.
11   Er ist der, Niedrige zur Höhe zu bringen,
      und Trauernde gelangen zur Hilfe.
12   Er zerbröckelt die Planungen der Listigen,
      so daß ihre Hände nichts Geratenes schaffen.
13   Er fängt die Schlauen in ihrer List,
      und der Rat derer, die Winkelzüge suchen, überschlägt sich.
14   Bei Tage stoßen sie auf Finsternis,
      und wie bei Nacht, so tappen sie am Mittag.
15   Er rettet vor dem Schwert ihres Mundes
      und aus der Hand des Starken den Bedürftigen.
16   So wird dem Armen Hoffnung zuteil,
      und die Bosheit hält ihren Mund.
17   Siehe: Wohl dem Menschen, den Gott zurechtbringt!
      Die Züchtigung des Allmächtigen verschmähe nicht!
18   Denn er fügt Schmerz zu, aber er verbindet auch,
      er schlägt, aber seine Hände heilen auch.
19   In sechs Bedrängnissen rettet er dich,
      in sieben rührt nichts Böses an dich.
20   In Hungersnot kauft er dich vom Tode los
      und im Krieg aus der Hand des Schwertes.
21   Vor der Geißel der Zunge wirst du versteckt,
      du mußt die Gewalt nicht fürchten, wenn sie kommt.
22   Gewalt und Darben kannst du verlachen,
      und vor dem Wildgetier der Erde brauchst du dich nicht zu
      fürchten.
23   Ja, mit den Steinen des Feldes hast du ein Bündnis,
      und das Wildgetier des Feldes lebt mit dir friedlich.
24   Du weißt, daß dein Zelt in Frieden steht,
      du musterst deine Stätte, und es fehlt dir an nichts.
25   Du weißt, daß dein Same sich mehrt
      und deine Sprößlinge wie das Kraut der Erde.
26   Du gehst in reifem Alter ins Grab,
      wie man die Garbe einbringt zu ihrer Zeit.
27   Sieh doch, das haben wir erforscht: So ist es.
      Höre es doch und mache es dir bewußt!«

Auf die Klagen und Fragen, mit denen Hiob in Kap. 3 die den größten Teil des Buches umfassenden Dialoge zwischen ihm und den (zunächst) drei Freunden eröffnet hatte, ergreift nun als erster (weil offen-

bar ältester) der drei Freunde Elifas, der Temaniter, das Wort. Er beginnt behutsam, nimmt Rücksicht auf die Schwäche Hiobs und kann und will doch seine Worte nicht zurückhalten. Für die Rede des Elifas gilt (wie für alle Reden des Hiobbuches), daß es sich um »literarische Reden« handelt. Wie bereits in Hiobs Rede (Kap. 3) finden sich in der des Elifas in Hi 4; 5 nebeneinander Hinweise auf die persönliche Lage des Redenden, theoretische Betrachtungen, die sich von der Situation der miteinander Redenden entfernen, sowie erläuternde Beispiele, Bilder und ausgeführte Metaphern aus dem Bereich weisheitlicher Bildung. Dennoch weist die Elifasrede einen durchgehenden Gedankengang auf und läßt sich etwa folgendermaßen gliedern:

Auf den Einleitungssatz (4,1) folgt der einfühlsame Redebeginn (V. 2). In einem ersten Zugang erinnert Elifas Hiob dann an dessen eigenes früheres Verhalten. Er, der stets andere aufgerichtet habe, sei nun als selbst Betroffener zaghaft. Ob das eine hilfreiche oder auch nur eine treffende Ermahnung ist, ist eine Frage, die sich an mehrere Sätze des Elifas richten muß, wie denn überhaupt das Verhältnis von Lehre und Lage, Wahrheit und Situation gerade im Zusammenhang dieser ersten Freundesrede zu diskutieren ist. Nach der mahnenden Erinnerung bekräftigt Elifas den Zusammenhang zwischen dem Tun und dem Ergehen eines Menschen.

Er thematisiert damit ein Hauptargument, das von nun an in den Dialogen des Hiobbuches immer wieder hin und her gewendet wird. Während Hiob zunehmend daran zweifelt, daß die Lebenspraxis eines Menschen irgend etwas mit seinem Geschick zu tun habe, weil für ihn in seinem Ergehen die Gültigkeit jener Überzeugung zerbrochen ist, behaupten die Freunde deren Stimmigkeit in ihrerseits zunehmender Schärfe. In der Elifasrede von Kap. 4; 5 erscheint der Verweis auf den Tun-Ergehen-Zusammenhang Hiob gegenüber jedoch noch nicht in beschuldigender (ein Übeltäter muß sein, wem es so übel ergeht!), sondern in tröstender Absicht: Wenn du schuldlos bist, wird sich dein Geschick wenden, denn »wer ging je schuldlos zugrunde?« (V. 7)

Nach einem Bild (V. 10f.), das zeigen soll, daß auch der Stärkste nicht als Gewalttäter Bestand haben werde, wechselt die Sprachform Elifas bringt einen Gedanken vor, der mit einer geheimnisvollen, feierlichen, die heutigen LeserInnen geradezu schwülstig anmutenden Einleitung versehen ist, die das Mitzuteilende als göttliche Offenbarung kennzeichnet. So eingeleitet (V. 12-16) ist ein zentraler Satz des Elifas, der anschließend in doppeltem Zugang begründet wird. Elifas erklärt, kein Mensch sei gegenüber Gott »gerecht« oder »rein« (V. 17). Diese Aussage wird in dem folgenden Vergleich zwischen den himmlischen und doch nicht unfehlbaren Wesen und dem niedrigen Menschen (4,18-21) erläutert und später (5,6f.) noch einmal aufgenommen. Die

Niedrigkeit des Menschen ist der Grund des Unheils, von dem er be-
troffen wird. Diese Argumentation verweist auf eine Bedingung allen menschlichen Lebens jenseits der ethischen Entscheidungsmöglichkeiten. Sie
steht in einem eigentümlichen Spannungsverhältnis zu der davor (4,7-
9.10f.) und dazwischen (5,2-5) stehenden Bekräftigung der Geltung
des Tun-Ergehen-Zusammenhangs. Denn auch in 5,2-5 bekräftigt
Elifas, daß sich die Taten des Menschen – hier ist der Dumme, d.h. an
dieser Stelle: der Aufsässige, im Blick – am Täter selbst und (5,4) an
seinen Nachkommen auswirken.

Wie ist dieses Spannungsverhältnis zu erklären? Handelt es sich um
alternative Erklärungen des Unheils, das einen Menschen trifft, oder
um *komplementäre?* Die Auslegung im einzelnen wird zeigen, daß es
sich um verschiedene Zugänge zur Erklärung des mit Hiobs Leiden gestellten Problems handeln dürfte, die zueinander in einem Spannungsverhältnis stehen und doch miteinander in Beziehung gebracht werden. Bereits der auf die Gliederung der Rede des Elifas gerichtete
Blick zeigt jedoch, daß hier keiner redet, der alles schon weiß und etwa
(so werden Hiobs Freunde in vielen Auslegungen dargestellt) seine
dogmatischen Sätze herunterplappert. Vielmehr bleibt dieser Freund
mit den beiden anderen zunächst der solidarische Tröster, der nach
dem einfühlsamen langen Schweigen (Kap. 2) nun auch als Redender
ein Tröster sein will.

Die in 5,1 gestellte rhetorische Frage leitet über die Bekräftigung der
Stimmigkeit von Tun und Ergehen (5,2-5) und die Aufnahme des
Niedrigkeitsmotivs als »conditio humana« (V. 6f.) hin zum Rat, Hiob
möge sich an Gott wenden. Elifas unterstreicht diesen Rat mit einer
langen, im hymnischen Stil (für den die Aneinanderreihung von Partizipien typisch ist, die Gottes Tun beschreiben) formulierten Passage,
die Gott als den lobt, der die Welt erhält und zuletzt dafür sorgt, daß
die Pläne der Listigen, der Schlauen, der Unterdrücker zuschanden
werden.

Hier leuchtet ein Thema auf, das durch das in der Exposition des
Buches gegebene »Hiobproblem« als Leiden an unverschuldeter
Krankheit und durch »Naturkatastrophen« verursachtes Unheil nicht
zureichend gekennzeichnet scheint. Läse man allein diese Passage der
Elifasrede, so dächte man an eine üble Lage Hiobs, die durch soziale
Spannungen zumindest mitverursacht ist. Hiob erscheint, will man die
Worte des Elifas überhaupt zu seinem »Fall« in Beziehung setzen,
nach 5,12ff. wie einer, der den Winkelzügen und Anschlägen mächti-
ger Widersacher zum Opfer gefallen ist. Wir stoßen hier auf ein Thema, das nahezu verdeckt neben dem durch den erzählenden Buchan-
fang in den Vordergrund gerückten Thema »Krankheit und Tod«

steht, aber sich wie jenes durch das ganze Buch zieht: das Thema des sozialen Unrechts, der Zerstörung gerechter gesellschaftlicher Ordnung.

Mit 5,17 setzt Elifas abermals mit einer neuen Nuance seiner Erklärungsversuche an. Hiobs Leid erscheint als eine pädagogische Maßnahme Gottes, eine Deutung, die später in den Reden Elihus (Hi 32-37) aufgenommen und verstärkt wird. Alle Erklärungen des Elifas laufen auf eine tröstliche (oder nur tröstlich gemeinte?) Konsequenz hinaus: Hiob wird am Ende wiederhergestellt werden, wird im Frieden leben und sterben:

– wenn er die Niedrigkeit des Menschen als Grund der Mühsal des Lebens erkennt,
– wenn er auf den von Gott garantierten Zusammenhang von Tun und Ergehen vertraut,
– wenn er bereit ist, sein Leiden als Chance der Läuterung zu akzeptieren und
– wenn er sich aus all diesen Gründen an Gott wendet.

Der Blick auf das Ende des Hiobbuches zeigt, daß Elifas Richtiges voraussagt. Aber sagt er auch Wahres zu dem Hiob, mit dem er jetzt spricht? Elifas will helfend und tröstend reden; auch sein Schlußsatz soll bekräftigen und nicht besserwisserisch belehren. Was aber kann man dem sagen, der die gut gemeinten Ratschläge nicht als Trost und Hilfe hören kann? Was bedeutet ein »ich an deiner Stelle würde . . .« für den, der so angeredet wird und vor allem spürt, daß der so Redende nicht an seiner Stelle ist?

Diese Fragen führen ins Zentrum dieser und der weiteren Freundesreden, wie ein Durchgang durch die Abschnitte der Elifasrede im einzelnen zeigt:

4,2: Die Rede des Elifas beginnt (wie auch die weiteren) mit einer Frage. Nicht eindeutig zu klären ist, ob sich der Verweis auf Hiobs Schwäche, auf seine Krankheit im allgemeinen, auf die Erschöpfung nach Hiobs vorausgegangener Rede oder auf die Zumutung der nun folgenden bezieht. Jedenfalls wird deutlich, daß der Autor des Hiobbuches die Dialoge nicht nur als Lehrgespräch anlegen will, sondern auch als ein Miteinander-Reden von Menschen in ihrer je bestimmten Lage.

3: Auf die konkreten Menschen und ihr bisheriges und gegenwärtiges Verhalten bezieht sich auch die mahnende Erinnerung an Hiobs frühere Stärke. Warum kann er, der früher so viele andere stärkte, sich selbst nicht stärken (das hebr. Verb *jāsar* [etwa: zurechtbringen] hat eine geradezu pädagogische Bedeutung und bezeichnet das mahnende,

auch tadelnde, in jedem Fall aufrichtende Zurechtweisen)? Die Frage
enthält (ohne daß Elifas es wohl wahrnehmen kann) bereits die Antwort. Trost kann man – zuweilen – einem anderen geben, kaum sich
selbst. Trost kann man finden, nie produzieren. »Arzt, heile dich
selbst!« – das ist nach Lk 4,23 ein Sprichwort, dessen Geltung Jesus zurückweist, und der darauf womöglich rekurrierende Zuruf an den am
Kreuz hängenden Jesus: »Andere hat er gerettet, so soll er jetzt sich
selbst retten« (Lk 23,35) dokumentiert nur noch Hohn. Elifas aber
höhnt nicht, er will erinnernd helfen. Eine solche mahnende Erinnerung ist auch der Hinweis auf Hiobs (Gottes-)Furcht im folgenden
Vers.

6: Elifas will Hiob auf eine gemeinsame Überzeugung festlegen. Der
Grund seines (bisherigen) Lebens ist zugleich die Grundlage all dessen, das Elifas nun ausführen wird: Gottesfurcht und Hoffnung sind
die Leitprinzipien der ganzen Elifasrede. Tatsächlich war die Überzeugung, daß der Guttäter und der Übeltäter mit ihrem Tun ihr Geschick
(und das ihrer Nachkommen) selbst bewirken, die gemeinsame
Grundüberzeugung Hiobs und seiner Freunde. Als »Lehre« bleibt sie,
wie wir noch sehen werden, nicht nur bei den Freunden, sondern auch
bei Hiob in Geltung. Hiob und die Freunde urteilen, wie Kant (»Über
das Mißlingen aller philosophischen Versuche in der Theodizee«, s.o.
S. 53, hier 117) sagt, ein jeder »vornehmlich nach seiner Lage«.
   Wenn die Lehre besagt, daß Gott den Zusammenhang zwischen
dem Tun eines Menschen und seinem durch eben dieses Tun angeleg-
ten Ergehen garantiert, und wenn zugleich Hiob so leidet, dann sind,
gilt die Lehre, verschiedene Schlußfolgerungen möglich. Diese verschiedenen und nicht vermittelbaren Schlußfolgerungen ziehen bei
weithin gemeinsamer (und gemeinsam bleibender) *Lehre* Hiob und
die Freunde ›nach ihrer *Lage*‹:
   Für die Freunde folgt entweder, daß Hiobs Leiden nicht lange werden andauern können, wenn er denn ein so untadeliger Mensch sei,
wie *sie* wissen (und wie *uns* der Erzähler am Beginn des Buches mitge-
teilt hat), oder aber, daß er so untadelig nicht sein könne, wenn sein
Leiden andauere.
   Für Hiob folgt aus der Anerkennung jenes Zusammenhangs und
Gottes Wirkens in ihm, daß Gott selbst seiner Aufgabe nicht gerecht
werde, daß selbst nicht gerecht sein könne, wer ein solches Mißverhält-
nis zwischen der Lebenspraxis und dem Geschick eines Menschen zu-
lasse.
   Noch bahnen sich diese unterschiedlichen Schlußfolgerungen nur
an. Noch kann Elifas darauf setzen, daß die Grundauffassung Hiob
und den Freunden gemeinsam ist. So führt er aus, was nach der Lehre

der Weisheit gilt »Die Unheil pflügen, die Mühsal säen, die ernten's auch« (4,8). In solchen Sprüchen ist die Auffassung vom Tun-Ergehen-Zusammenhang in der Hebräischen Bibel oft ausgedrückt. Im Bild von Saat und Ernte steckt die bäuerliche Erfahrung, daß man nur erntet, was man gesät hat, und daß das Ergebnis die aufgegangene Saat ist. In dieser Erfahrung ist aber auch mitgesetzt, daß die Ernte dem aufgebrachten Fleiß und der eingebrachten Arbeit nicht immer entspricht. Die Auffassung vom Zusammenhang von Tun und Ergehen, Saat und Ernte ist nicht naiv; sie schließt Erfahrung und Hoffnung zusammen. (Zum Sprachbild von Saat und Ernte vgl. auch z.B. Hos 8,7; 10,12; Ps 126,5; Spr 22,8.)

Elifas erläutert seine Überzeugung, daß der Gewalttäter den Folgen seiner Taten nicht entrinnen könne, in den folgenden Versen mit einem Bild.

10f.: Die Verse sprechen im Vergleich von den Löwen, den Stärksten der Tiere. Das Bild ist nicht ganz deutlich, soll aber wohl besagen, daß auch diese starken Tiere auf die Versorgung durch Gott (man lese im Vergleich Ps 104,21: »die jungen Löwen brüllen nach Raub, verlangen von Gott ihre Nahrung«) angewiesen sind und, finden sie keine Nahrung, mit ihrer Stärke nichts anfangen können. Ist der Löwe zahnlos, nützt sein Gebrüll nichts. Für die Übersetzung stellen diese Verse über die nicht ganz deutliche Funktion des Vergleichs hinaus ein besonderes Problem. Sie enthalten nämlich nicht weniger als fünf verschiedene Bezeichnungen für Löwen. Im Deutschen ist das schwer nachzuahmen; die vorangestellte Übersetzung versucht, die verschiedenen Aspekte der jeweiligen Bezeichnungen, die z.T. metaphorisch sind, z.T. eher verschiedenen Altersstufen des Löwen benennen, annähernd wiederzugeben. (An dieser und vielen anderen Stellen des Hiobbuches wird die Berechtigung einer Formulierung von Karl Kraus deutlich, derzufolge »übersetzen« als Imperativ zu verstehen sei: Üb' ersetzen!)

12-17: Der Abschnitt bringt ein neues Element in die Rede des Elifas. Argumentierte er bisher mit dem Verweis auf die ihm und Hiob gemeinsame Überzeugung, so will er nun etwas Neues ins Spiel bringen. Dieser neue Hinweis steht in V. 17. Der Dichter läßt Elifas diesen – offenbar als zentral und gewichtig empfundenen – Satz als Inhalt einer Offenbarung aussprechen und entsprechend einleiten. Elifas berichtet von einer nächtlichen Vision und Audition. Dieser Bericht ist in der Hebräischen Bibel eine Besonderheit, denn kaum an einer anderen Stelle wird so vielschichtig und zugleich präzise geschildert, wie man sich eine visionäre Offenbarung vorstellen kann. Obwohl Elifas im Hiobbuch keineswegs als Prophet stilisiert ist, befinden wir uns im Bereich prophetischer Offenbarung. Dabei greift dieser Hiobtext in eigentümlicher Weise auf alte Überlieferungen zurück, denn das Wort *hizzäjön* (etwa: Schau, Gesicht) hängt mit der alten Prophetenbezeichnung *hozzä* (Seher) zusammen. Doch gleichzeitig weist der Text in der Verwendung für einen Nicht-Propheten im Einklang mit Joel 3,1 auf eine Zeit voraus, in der allen Menschen solche Visionen möglich werden.

Nahe bei unserem Text steht aber vor allem die in Gen 15 gegebene Schilderung einer nächtlichen Offenbarung an Abraham. Wie Hi 4 ist auch Gen 15, die Verheißung an Abraham, vermutlich eine literarisch junge Erzählung in altem Gewand. Über die in beiden Texten belegte Verwendung des Wortes *tardemä* (etwa: Tiefschlaf) und die an beiden Stellen zu beobachtende Betonung des Schreckens, den die nächtliche Offenbarung auslöst, hinaus weist der Inhalt der Verheißung an Abraham mit der Gesamtstruktur der ersten Elifasrede eine bemerkenswerte Gemeinsamkeit auf. In beiden Fällen geht es um die Verheißung eines glücklichen Ausgangs trotz dazwischenliegender Qual. Man vergleiche die jeweilige Ankündigung des Sterbens in Frieden, in hohem Alter (Gen 15,15; Hi 5,22ff.) und die in Gen 15 zentrale, in Hi 5,25 anklingende Verheißung zahlreicher Nachkommen. Wie auch sonst »zitiert« auch hier der Hiobdichter die Patriarchenzeit, in die er seine Geschichte verlegt.

Da die Frage, ob es sich bei Elifas' Offenbarung um einen Traum oder um einen in besonderer Weise wachen Zustand handelt, in der Diskussion dieser Stelle in den Kommentaren (man vergleiche die gegensätzlichen Beurteilungen bei Horst, BK, und Fohrer, KAT) eine Rolle spielt, empfiehlt sich ein Blick auf die Erwähnung des »Tiefschlafs« (*tardemä*) in V. 13:

Hi 4,13 liefert eine Zeitangabe für die Vermittlung der Offenbarung, deren Inhalt Elifas Hiob so gewichtig mitteilt. Sie ist ihm des Nachts in einer Vision und Audition zugekommen, wobei er eine Gestalt (zum hebr. Wort *t^emünä* vgl. Chr. Dohmen, Das Bilderverbot, 1985, 216-223) sah (V. 16), und etwas hörte (V. 17). Er erlebte diese Offenbarung unter starkem körperlichen Eindruck (V. 14f.) als Schrecken. Das war, so Elifas, in der Zeit, »in der Tiefschlaf auf die Menschen fällt« (V. 13). Diese Angabe ist nicht eindeutig. Befand sich Elifas in einem solchen Tiefschlaf (*tardemä*), oder erlebte er diese Vision und Auditon in der Zeit, in der die (anderen) Menschen sich (gewöhnlich) im Tiefschlaf befinden? Für die letztere Verstehensmöglichkeit sprach sich Lord Byron aus, der in seinem Gedicht »From Job« aus den »Hebrew Melodies« (1815) den Satz so nachdichtete: »Deep sleep came down on ev'ry eye save mine«. D.J.A. Clines hat diese »Byronic Suggestion« in: ZAW 92 (1980) 287ff. in Erinnerung gebracht und

seinerseits vertreten. Dafür spricht, daß auch an anderen Stellen der
Hebräischen Bibel das Wort *tardemā* einen tiefen, in Bewußtlosigkeit
versenkenden Schlaf ohne einen Bezug zu visionären Erlebnissen bezeichnen kann, so 1Sam 26,12; Spr 19,15. In Jes 29,10 korrespondieren
diesem Tiefschlaf Bedeutungen wie Trägheit, Lethargie, Blindheit.
und auch der Schlaf des Propheten Jona (1,5f. – hier das Verb *rdm*, von
dem das Nomen *tardemā* abgeleitet ist) ist das glatte Gegenteil eines visionären oder auch nur erhellenden Schlafs. Im Sinne tiefer, gefühllo-
ser Bewußtlosigkeit ist das Nomen auch Gen 2,21 – Adams Tiefschlaf
bei der Erschaffung der Frau – und, mit weniger glücklichem Ausgang,
Ri 4,21 gebraucht. In den Proverbien bezeichnen Verb und Nomen
den Schlaf des Faulen, der Wichtiges verschläft (Spr 10,5; 19,5). So
könnte auch in Hi 4,13 der gewöhnliche Schlaf gemeint sein, der auf die
Menschen, aber gerade nicht auf Elifas fiel.

Dagegen steht jedoch mit Gen 15,12 eine Parallele nicht nur zum
Wort *tardemā,* sondern, wie wir sahen, auch zu anderen Motiven der
Elifasrede. Dasselbe Wort Tiefschlaf bezeichnet in Gen 15 und wegen
der Gemeinsamkeiten beider Texte wohl auch in Hi 4,13 (sowie in der
Aufnahme in der Elihurede in 33,15) jenen anderen Schlaf, in dem die
Bewußtlosigkeit zugleich die höchste Aufnahmebereitschaft und
Empfänglichkeit für verborgene Wahrnehmungen bedeutet, wie ja der
Traum in der Bibel vielfach als Offenbarungsform erscheint.

Die Septuaginta, die zur Wiedergabe des hebr. *tardemā* mehrere
griechische Worte aufbietet, gebraucht an zwei Stellen (Gen 15,12 und
überraschenderweise auch Gen 2,21) das Wort *ekstasis!*

Die Rabbinen zeigen in der Diskussion um Adams Tiefschlaf (Midrasch BerR 17) ein feines Gespür für die vielfältigen Weisen des Tiefschlafs. Es gibt, so sagen sie, mindestens drei Formen der *tardemā,*
nämlich den »Tiefschlaf des Schlafs« (Gen 2,21) den »Tiefschlaf der
Prophetie« (Gen 15,12) und den »Tiefschlaf des Schreckens« (1Sam
26,12) bzw. »der Torheit« (Jes 29,10). In der weiteren Diskussion an
dieser Stelle wird der Schlaf in mehreren Analogien gesehen: Er kann
dem Tod zugeordnet sein, dem Traum oder, als Vorschein der Erlösung, dem Sabbat!

Für Elifas brachte der Tiefschlaf Traum, Schrecken und Lösung, für
Hiob bedeutet das, was Elifas ihm anbietet, zunächst keine Lösung, um
so mehr Schrecken.

Neben der deutlichen Anspielung an Gen 15 enthält die Rede des
Elifas an dieser Stelle womöglich ein weiteres »Zitat« aus der Tradi-
tion. Die Gotteserscheinung selbst, insbesondere die »sanfte, leise
Stimme« (V. 16) erinnert an die Erscheinung Gottes vor dem geflohe-
nen und verzagten Elia (1Kön 19,12, wo dasselbe Wort *demāmā* [etwa:
Stille, sanftes Wehen] steht, das außer in 1Kön 19 und Hi 4 nur noch

einmal in der Bibel vorkommt). Wenn die Anspielung auf Elias Got-
tesbegegnung in der Elifasrede beabsichtigt ist, legt sie im »Zitat« eine
Differenz offen. Die Parallele zwischen Hi 4f. und 1Kön 19 und die
gleichzeitige Nicht-Parallele zweier Begegnungen lohnt einen etwas
ausführlicheren Seitenblick. Dazu sind zunächst einige Ausführungen
zur Eliaerzählung in 1Kön 19 nötig.

Eine Dimension der Erscheinung Gottes vor Elia ist die Korrespondenz zwischen der Weise, in der Gott Elia erscheint, und der Lage Elias. Elia selbst befindet sich in einer Situation, die mit eben den Worten
bezeichnet werden könnte, die der Erzähler zur Kennzeichnung des
»sanften Wehens« verwendet, in dem Gott vor Elia erscheint. Das
Wort $d^e m\bar{a}m\bar{a}$ bezeichnet eine »Ruhe nach dem Sturm«, ein »Still-Ste-
hen«, und das in 1Kön 19,12 hinzugefügte Wort $daqq\bar{a}$ bedeutet neben
»sanft« auch »dünn« (von Haaren gesagt), ja »abgemagert, kümmer-
lich« (so die Kühe im Traum Pharaos in Gen 41). Gott erscheint Elia
so, wie er ihn – verzagt, depressiv, an der Verfolgung und an seinen
selbstgesetzten Normen verzweifelnd, wie er in diesem Kapitel geschildert wird – einzig zu sehen vermag. Die Gotteserscheinung in 1Kön 19
liefert keine neue Definition Jhwhs, als ob nun ein für alle Male fest-
stünde, daß Jhwh nicht im Sturm, nicht im Feuer, nicht im Erdbeben
wäre, sondern in jenem leisen Wehen. Vielmehr begegnet Jhwh diesem
Elia so und ist doch der Gott, der auch künftig in Sturm, Feuer und
Erdbeben erscheinen kann.

1Kön 19 ist deshalb nicht allein ein Kapitel alttestamentlicher Got-
teslehre. Das ist es auch und handelt in dieser Hinsicht davon, daß der
als alleiniger Gott proklamierte Jhwh (Kap. 18) nicht auf ein Bild festgelegt werden darf – es geht um den Zusammenhang zwischen dem
Fremdgötterverbot und dem Bilderverbot. Zur Abweisung eines defi-
nierten (und damit begrenzten) Gottes(bildes) gehört in 1Kön 19 aber
auch, daß sich Gott nicht in der Lehre, sondern in der Begegnung of-
fenbart. Er erscheint Elia in einer diesem Menschen in dieser Situation
gemäßen Weise. Jede von dieser Lage absehende Definition Jhwhs als
Festlegung auf das »sanfte Wehen« wäre so falsch wie eine Erscheinung in Feuer, Sturm und Erdbeben in dieser Lage.

Was bedeutet das für das »Zitat« der Stimme an Elia in der Rede des
Elifas? Elifas hält Hiob eine ihm zugekommene Offenbarung als
Wahrheit vor. Er tut das in bester Absicht. Der Hiobdichter läßt ihn dabei jene Stimme »zitieren«, deren Verwandtschaft mit der aus 1Kön 19
daran erinnern könnte, daß zur Frage nach der Wahrheit die nach ihrem Adressaten gehört. Darin, daß sie von der Lage dessen, dem sie
gilt, der sie hören und annehmen soll, nicht abgelöst werden kann, unterscheidet sich die Wahrheit von der kontextfreien Richtigkeit.

Läßt der Hiobdichter seinen Elifas aus 1Kön 19 »zitieren«, gerade um zu zeigen, daß das »Zitat« des Wortlauts den Sinn verfehlen kann? Vielleicht ist dieser Gedanke zu weit hergeholt, um als Intention des Autors von Hi 4f. wahrscheinlich zu sein. Doch der (gesamt)biblische Text läßt ihn zu, ja fordert ihn heraus.

Nach der ausladenden Einleitung scheint der Inhalt der Elifas zuteil gewordenen Offenbarung nahezu banal. »Ist denn ein Mensch im Verhältnis zu Gott gerecht, ist im Verhältnis zu seinem Schöpfer ein Mensch rein?«

Der Satz gehört zu den im Hiobbuch häufigen »rhetorischen Fragen«. Die Antwort auf eine rhetorische Frage ist offenkundig. Hier lautete sie natürlich: nein. Doch liegt die Pointe einer rhetorischen Frage nicht in der auf der Hand liegenden Antwort, sondern in den Konsequenzen, die aus der offenkundigen Antwort zu ziehen sind.

In diesem Fall kommt jedoch ein Verständnisproblem hinzu. Die Antwort auf die Frage des Elifas ist leicht zu geben, die Konsequenzen aus dieser Antwort legt Hiobs Freund im folgenden selbst dar (gipfelnd in dem Vorschlag in 5,8: »Ich an deiner Stelle würde« . . .). Schwerer zu bestimmen ist der genaue Inhalt der Frage. Es geht in beiden Teilen der Frage um eine Relation zwischen Gott und Mensch. Diese Relation wird im Hebräischen mit einer Partikel ausgedrückt (*min*), die den Standpunkt bezeichnet, von dem aus eine Eigenschaft beurteilt wird. »Im Verhältnis zu« ist deshalb eine Übersetzungsmöglichkeit. Mit derselben Partikel drückt die hebräische Sprache aber auch den Komparativ aus. Eine andere Übersetzungs- und Verständnismöglichkeit ist daher: »Ist ein Mensch gerechter als Gott, ist ein Mensch reiner als sein Schöpfer?« Es handelt sich dabei nicht um eine klare Alternative, vielmehr um eine Aussage, deren sprachliche Gestalt beide Aspekte einschließt. Elifas fragt nicht nur nach dem Grad der Gerechtigkeit und Reinheit, sondern zugleich nach dem Maßstab und der Billigkeit eines solchen Vergleichs im Verhältnis zwischen Mensch und Gott. Es geht in dieser Frage deshalb nicht nur um einen Vergleich, sondern auch (und in der Fortsetzung der Hiobdialoge vor allem) um einen Konflikt. Das wird an einer späteren Stelle des Buches deutlich, wenn es (32,2) in der Einleitung der Elihurede heißt: »Elihu . . . schnaubte zornig über Hiob, weil er sich (sein Leben) für gerecht hielt im Verhältnis zu Gott« (bzw. auch hier: »für gerechter als Gott«). Der Anspruch auf die eigene Gerechtigkeit ist dabei (hier wie überhaupt in der Hebräischen Bibel) zugleich eine Norm wie ein Verhalten. Worte wie »Gemeinschaftstreue« oder »Solidarität« geben daher im Deutschen oft besser das Gemeinte wieder als »Gerechtigkeit«.

Elifas selbst entfaltet seine Frage nach dem Maßstab, der zwischen Gott und Mensch gelten bzw. nicht gelten kann. Wenn schon die Engel (Gottes Boten) ihm keine verläßlichen, geschweige denn gleichwerti-

gen Gegenüber sind, wie sollte es der Mensch sein? Zermahlener
Staub, zerdrückte Motten, herausgerissene Zeltpflöcke – mit diesen
Bildern zeichnet Elifas den Charakter des Menschenlebens. Und solch
ein Mensch will Gott herausfordern? (So geht es in Kap. 5 weiter.)
»Bleib auf dem Teppich«, so könnte man die Mahnung des Elifas in
heutigem Jargon zusammenfassen.

5:   Die Einsicht in die Niedrigkeit des Menschen aber hält, so schließt
5,2ff. an das Vorhergehende an, auch Trost bereit. Denn nur scheinbar,
so lautet die Erfahrung des Elifas (»Ich habe gesehen«), kamen Dumme und Aufsässige zum Erfolg. Allenfalls kurzfristig, wie Funkenflug
(V. 7) blühten sie auf, um dann zu vergehen. Daraus folgt: Gehört
Hiob nicht zu den Dummen und Aufsässigen, ist er sich seiner Unschuld bewußt, ohne dabei seinen unendlichen Abstand zu Gott und
Gottes Gerechtigkeit zu vergessen, so kann und wird er bei Gott Hilfe
finden.
    Deshalb kann Elifas den Rat geben: »Ich an deiner Stelle würde
mich an die Gottheit wenden, würde meine Sache vor Gott bringen«
(V. 8). So gewiß ist Elifas der Tragfähigkeit seines Rates, daß er einen
Hymnus anstimmen kann, in dem er von Gottes großen Taten und –
fast im gleichen hymnischen Ton – von Hiobs dereinstigem Wohlergehen reden kann.
    Elifas' »Prognosen« werden, blickt man auf das Ende des Hiobbu-
ches, eintreffen; Elifas sagt Richtiges. Doch die Richtigkeiten des
Freundes können für Hiob jetzt nicht zur Wahrheit werden. So muß die
beschwörende Aufforderung, mit der Elifas seine Rede beendet (»Sieh
doch« / »So ist es doch« / »Hör doch« / »Mach es dir doch bewußt«)
an dieser Stelle ins Leere gehen, denn Hiob und seine Freunde reden in
und aus verschiedener Lage. Deshalb werden die tröstend und aufrich-
tend gemeinten Worte des Freundes Hiob zur Qual, und je mehr Elifas
seine Gewißheit ausdrückt, daß Hiob, ist er unschuldig, nicht vernichtet werden wird, desto mehr wird Hiob die Vernichtung zur Gewißheit.
Das endliche Scheitern der Dialoge zeichnet sich bereits nach dieser ersten Rede ab. Und doch haben Hiob und seine Freunde noch einen
langen Weg vor sich, den sie – auch und gerade, wo sie einander nicht
verstehen können – miteinander gehen.

Hiob 6,1-7,21   **Hiobs Rede**
»Ihr seht Schrecken, und ihr erschreckt«

6

1   Da hub Hiob an und sprach:
2   »O wenn mein Unmut doch gewogen würde,
     und mein Unglück legte man dazu auf die Waagschalen!
3   Ja, dann wöge das schwerer als der Sand des Meeres.
     Darum kommen meine Worte so jäh.
4   Ja, die Pfeile des Allmächtigen stecken in mir,
     ihr Gift trinkt mein Atem,
     die Schrecken Gottes rücken gegen mich an.
5   Schreit denn der Wildesel auf grünem Gras,
     oder brüllt das Rind über seinem Futter?
6   Ißt man Fades ohne Salz,
     oder findet man Geschmack am Malvenschleim?
7   So etwas anzurühren weigert sich meine Kehle,
     das ist wie Siechtum meines Brotes.
8   Wer gibt, daß mein Wunsch einträfe?
     Gott erfülle meine Hoffnung!
9   Gäbe es Gott, daß er mich zermalme,
     ließe er doch seine Hand frei, mich abzuschneiden.
10 Und wäre noch ein Trost für mich,
     dann wollte ich hüpfen noch im schonungslosen Schmerz,
     denn ich verleugnete nicht die Worte des Heiligen.
11 Was ist meine Kraft, daß ich ausharren könnte,
     was ist mein Ziel, daß sich meine Seele ausstrecken könnte?
12 Ist denn meine Kraft die Kraft von Steinen,
     oder ist mein Fleisch aus Erz?
13 Nein, keine Hilfe habe ich bei mir,
     und Glückendes hält sich fern von mir.
14 Dem Verzagten kommt von seinem Freund Solidarität zu,
     die Furcht vor dem Allmächtigen verläßt er.
15 Meine Brüder handelten trügerisch wie ein Bach,
     wie ein Bett von Bächen, die verrinnen,
16 die schmutzig trübe sind vom Eiswasser,
     in denen sich der Schnee birgt.
17 Zu anderer Zeit sengt es, da sind sie verschwunden,
     in der Hitze verdunsten sie und sind nicht mehr da.
18 Dann biegen Züge von ihrem Weg ab,

versteigen sich in der öden Wüste und kommen um.

19 So schauten die Karawanen von Tema,
und die Wanderzüge aus Saba hofften darauf.

20 Sie wurden zuschanden, weil sie vertrauensselig waren,
bis dahin kamen sie – und waren betrogen.

21 Ja, so seid ihr jetzt ein Nichts geworden:
Ihr seht Schrecken, und ihr erschreckt.

22 Habe ich denn gesagt: Gebt mir etwas!
Zahlt mir etwas aus eurem Vermögen!

23 oder: Rettet mich aus der Hand des Bedrängers!
oder: Aus der Hand der Gewalttäter kauft mich los!?

24 Unterweist mich, dann will ich schweigen,
worin ich gefehlt habe, zeigt es mir doch!

25 Wie könnten gradlinige Worte verletzen,
doch was soll eine Richtigstellung von euch richtigstellen?

26 Ist das Richtigstellen von Worten eure Absicht?
Sind in den Wind geredet die Worte eines Verzweifelten?

27 Ja, wollt ihr noch über ein Waisenkind das Los werfen
und euren eigenen Freund verkaufen?

28 Wendet euch doch jetzt zu mir –
ob ich euch etwa ins Gesicht lüge!

29 Kehrt doch um – es soll kein Unrecht geschehen!
Kehrt um – noch bin ich darin im Recht!

30 Gibt es denn auf meiner Zunge Unrecht,
oder merkt mein Gaumen das Verderben nicht?

7

1 Ist nicht Frondienst dem Menschen auf Erden bestimmt,
und sind seine Tage nicht wie die Tage des Lohnknechts –

2 wie ein Sklave, der nach Schatten schnappt,
und wie ein Söldner, der auf Lohn hofft?

3 So habe ich zum Erbteil bekommen Monate des Schadens,
und Nächte der Mühsal teilte man mir zu.

4 Wenn ich mich hinlege, sage ich: Wann stehe ich wieder auf?
Und so geht es bis zum Abend,
ich bin satt von Unrast bis zur Morgendämmerung.

5 Mein Fleisch hüllt sich in Fäulnis und erdigen Schorf,
meine Haut ist verkrustet und eitert.

6 Meine Tage eilen schneller dahin als ein Weberschiffchen,
sie sind am Ende, sobald der Hoffnungsfaden ausgeht.

7   Gedenke, daß mein Leben ein Hauch ist,
    mein Auge nie wieder dahinkommen wird, Gutes zu sehen.
8   Nicht wird mich erblicken das Auge eines Sehenden,
    deine Augen werden mich suchen – und mich gibt's nicht mehr.
9   Die Wolke verschwindet und geht dahin,
    so kommt, wer in die Unterwelt hinuntersteigt, nicht wieder
    herauf,
10 kehrt nicht mehr zurück in sein Haus,
    und sein Ort kennt ihn bald nicht mehr.
11 Doch ich will meinem Mund nicht wehren,
    ich will reden mit gepreßtem Atem,
    ich will klagen in der Bitterkeit meiner Kehle.
12 Bin ich denn das Meer oder ein Meeresdrache,
    daß du eine Wache gegen mich aufstelltest?
13 Wenn ich mir sage: Mein Bett wird mich trösten,
    mein Lager wird meine Klage mittragen,
14 dann erschreckst du mich mit Träumen,
    und mit Nachtgesichten machst du mir Angst.
15 Meine Kehle wollte lieber ersticken,
    lieber den Tod als meinen Körper.
16 Ich bin's leid. Ich mag nicht auf Dauer leben.
    Laß ab von mir, meine Tage sind doch vergehender Hauch!
17 Was ist der Mensch, daß du ihn groß achtest,
    daß du auf ihn dein Herz richtest,
18 ihn Morgen für Morgen musterst,
    ihn immerfort auf die Probe stellst!?
19 Wie lange noch wendest du dich nicht von mir weg,
    gibst mich nicht einmal los, bis ich meinen Speichel geschluckt
    habe?
20 Habe ich gesündigt, was vermag ich dir damit anzutun, Men-
    schenhüter?
    Warum hast du mich als Zielscheibe für dich hingestellt,
    daß ich mir selbst zur Last werde?
21 Warum vergibst du mir nicht meine Verfehlung,
    warum läßt du meine Schuld nicht vorübergehen?
    Ja, jetzt lege ich mich in den Erdenstaub,
    du wirst mich suchen – und mich gibt's nicht mehr.«

Hiob ergreift das Wort und antwortet Elifas. Bereits in dieser ersten
Antwort reagiert er auf die Freunde als Gruppe. Auch die beiden, die
noch gar nicht gesprochen haben, sind in Hiobs Vorwürfe einbegriffen
(6,15.21ff.). Diese erste Hiobantwort hat zudem eine Schärfe, die als
Reaktion allein auf die vorausgehende Elifasrede befremdlich wirkt.

Der Hiobdichter hat offenbar von Anfang an die Position der Freunde insgesamt im Blick. Abermals zeigt sich, daß noch die expressivsten Reden im Hiobbuch literarische Reden im Zusammenhang einer Gesamtkomposition sind und keine »Gesprächsprotokolle«.

Die erste Antwort Hiobs gliedert sich in zwei Hauptteile, die in diesem Fall mit den (später vorgenommenen) Kapiteleinteilungen zusammenfallen. Liegt in Kap. 6 der Hauptakzent auf dem Verhalten der Freunde, so bringt Kap. 7 (aber auch schon 6,4ff.) vor allem zur Sprache, wie Hiob Gott und Gottes Handeln an ihm erlebt. Diese beiden Hauptabschnitte der Rede und ihre Reihenfolge bilden die Bewegung der Hiobdialoge im ganzen vor, indem Hiobs Weg zunehmend von den Freunden weg- und zu Gott als Adressaten und als einziger Instanz, von der der leidende Hiob Antwort und Lösung erwartet, hinführt. Gegenüber Hiobs Klage in Kap. 3 ist in Hi 7 stärker und namentlicher von Gott die Rede, aber noch ist Gott nicht der unmittelbare Adressat der Klagen und Anklagen Hiobs, vielmehr bleibt er in diesem Kapitel ihr Thema in einem Gespräch, das noch überwiegend ein Gespräch mit den Freunden ist.

6,2f.:   Hiob beginnt (6,2ff.) nicht mit Argumenten, sondern mit dem Hinweis auf seine Lage, die es ihm verwehrt, argumentativ, abgewogen, bedacht zu sprechen. Der Dichter läßt ihn gleichwohl von Anfang an auf die Worte des Elifas *antworten.* So hatte Elifas (5,2) konstatiert: »Den Dummen tötet ja sein Unmut«, und Hiob antwortet: »O wenn mein Unmut doch gewogen würde . . .« (6,2) In der Aufnahme des Stichworts »Unmut« (*ka'as*) wird die Differenz der Redeweise deutlich. Auf den »Merksatz« des Elifas antwortet Hiob mit dem Ausdruck seiner Lage, die – für den Betroffenen – von keinem noch so richtigen Lehrsatz getroffen wird. Die Frage nach dem Unterschied zwischen dem Richtigen und dem Wahren bleibt Thema der Hiobdialoge.

Hiob beschreibt seine Lage mit einem Bild. Könnte man seine inneren und seine äußeren Schmerzen auf eine Waagschale legen, so würde nicht einmal der sprichwörtliche »Sand am Meer« (vgl. Jer 15,8; 33,22; Hos 2,1), d.h. nicht einmal eine unvorstellbare Menge als Gegengewicht zureichen, die Waagschalen in Ausgleich zu bringen. Im Hintergrund des Bildes steht vielleicht die in Ägypten im Zusammenhang des Totenrituals oft dargestellte Waageszene, in der die Seele des Verstorbenen vor dem Eintritt in das Totenreich gewogen wird und als nicht zu schwer befunden werden darf, d.h. leichter als eine Feder sein muß. Geht es hier darum zu erweisen, daß die Seele nicht mit Sünden belastet ist, so drückt Hiob mit dem umgekehrten Waagebild aus, wie sehr er belastet ist. Deshalb kann er seine Worte nicht bedacht, nicht ausgewogen formulieren.

4: Hiob nennt den Grund der Last. Ihr Urheber ist Gott selbst. Der
Gottesname ist hier Schaddaj, in der Regel mit »der Allmächtige« wiedergegeben. Hinter diesem Gottesnamen steht religionsgeschichtlich
eine alte Bezeichnung eines Berggottes, doch war in biblischer Zeit
diese Bedeutung bereits in Vergessenheit geraten und durch andere
Namenserklärungen, z.B. »der Verheerer« oder »der sich selbst genug
ist«, ersetzt. Hiob erlebt Gott als Feind, der ihn geradezu mit militärischen Mitteln bekämpft, ihn mit Giftpfeilen beschießt, Schrecken gegen ihn anrücken läßt. Deshalb kann Hiob sich nicht auf den Rat des
Elifas einlassen, die Züchtigung des Allmächtigen nicht zu verschmä-
hen (5,17). Hiob erfährt Gott wie einen Pest- und Todesgott der Mythologie (wie einen kanaanäischen Reschef oder einen antiken Apol-
lon), der mit seinen Krankheit und Verderben bringenden Pfeilen die
Menschen vernichtet. Hiob kann das nicht als pädagogische Züchtigung und Läuterung empfinden, sondern allein als nackte Vernichtung
durch einen Feind. Das Gift hat seinen Atem, d.h. auch seine Sprache,
»vergiftet«. Wer so getroffen ist, will und kann keinen theologischen
Diskurs führen, und er kann sich in dieser Lage auch nicht damit
(ver)trösten lassen, daß sich dermaleinst alles zum Guten wenden werde. Erst recht kann er sich nicht durch Ratschläge belehren lassen, die
jemand ausspricht, der nicht in seiner Lage ist und statt dessen sagt,
was er in seiner Lage täte.

5-7: Die Fortsetzung der Hiobrede spitzt das Problem in buchstäblich animalischer Weise zu. Wenn Tiere schreien – gleich ob der wilde
und kaum zähmbare Onager (dieser Wildesel spielt in den Gottesreden am Ende des Hiobbuches noch eine Rolle, s.u. zu Hi 39,5f.) oder
das zahme Rind –, so deshalb, weil ihnen die elementare Lebensgrundlage, das Futter, fehlt. Hiobs Rede ist wie ein Schrei um Futter – das
schiere Gegenteil eines Arguments oder eines Lehrsatzes. Das sollen
die Freunde aus der rhetorischen Frage folgern und ebenso aus der folgenden rhetorischen Doppelfrage. Schluckt man klaglos unerträglich
Fades oder übel schmeckenden Arzneisaft? Das Sich-Schütteln bei
solcher Speise und solchem Trank ist ein natürlicher Reflex, wiederum
kein »Diskussionsbeitrag«. Man kann in dieser zweiten Doppelfrage
und ihrer Fortsetzung noch etwas anderes mithören, nämlich eine bit-
terböse Charakterisierung der Ratschläge des Elifas (und in der Vor-
wegnahme der anderen Freunde), die Hiob unerträglich fade und
schleimig vorkommen müssen, so pädagogisch-heilsam sie auch gemeint sein mögen. Gegen solche »Diät« setzt Hiob in unvermittelter
Schroffheit seinen Todeswunsch.

8f.: Daß Gott ihn doch töten wolle – das wäre sein Wunsch. Gott
möge ihn zermalmen, zu Staub zermalmen. Die Bezeichnung des Todes

im Bild der Rückkehr zu Staub ist in Gen 3,19 grundgelegt und wird
z.B. in Ps 90,3 wieder aufgenommen. Oder – ein anderes Bild, das in
der antiken Mythologie mit den Parzen verbunden ist – Gott möge seinen Lebensfaden abschneiden (s. auch 7,6).

10:   Schwer zu verstehen ist V. 10, da Abfolge und innere Logik der
drei Teilsätze nicht eindeutig zu bestimmen sind. Drei Möglichkeiten
werden in den Übersetzungen und wissenschaftlichen Kommentaren
vertreten, die sich etwa folgendermaßen formulieren lassen:

1. Der Tod wäre noch ein Trost für Hiob. Wüßte er, daß Gott ihn bald
    tötete, so könnte er sich trotz aller Schmerzen freuen und wäre ge-
    wiß, Gottes Worte nicht verleugnet zu haben.
2. Gäbe es noch einen Trost für Hiob (es gibt aber keinen), so könnte
    er sich trotz aller Schmerzen freuen und wäre gewiß, Gottes Worte
    nicht verleugnet zu haben.
3. Das wäre Hiobs Trost . . ., daß er Gottes Worte nicht verleugnet
    habe.

Alle drei Verstehensmöglichkeiten (und ihre hier nicht im einzelnen
aufzuführenden Nuancen) haben gemeinsam, daß sie Hiob gegen Elifas darauf bestehen lassen, Gott und seine Worte ernster zu nehmen als
jener. Auch hier steckt in der Diskussionsverweigerung zugleich eine
Antwort; im Verzicht aufs Argumentieren steckt selbst ein Argument.

11-13:   Mit V. 13 bekommt Hiobs Rede einen anderen Ton. Er, der
so mächtig und kompromißlos klagt und anklagt, nennt seine Schwäche als Grund seines Redens. Er sieht in sich selbst keine Kraft des
Aushaltens, kein Ziel, kein Gelingen. Die Kritik an den Freunden ist
die andere Seite eines Hilfeschreis.

14:   Hiob klagt die Solidarität (*ḥäsäd*) des Freundes, der Freunde
ein. Soviel geht aus dem Beginn von V. 14 deutlich hervor. Das erste
Wort des hebr. Verses, *lammās* (entweder: was den betrifft, der verläßt
[dann wäre allerdings statt *mās māš* zu lesen] oder: dem Verzagten,
dem Zerfließenden [mit einer vermuteten verbalen Ableitung]), bleibt
unklar, zudem ist abermals der Zusammenhang der beiden Versteile
unsicher, so daß (hier wie an vielen anderen Stellen im Hiobbuch) die
gegebene Übersetzung hypothetisch bleibt.
    Entweder ist der Gedankengang so zu verstehen, daß ein wahrer
Freund auch dann solidarisch bleibt (dem Freund seinen *ḥäsäd*, d.h.
etwa: seine Solidarität, Liebe, sein über die Maßen gehendes Wohl-
wollen, nicht verweigert), wenn der selbst nicht mehr an der Gottesfurcht festhalten könne, oder Hiob sagt, der Freund, der den Freund
verlasse, verlasse auch die Gottesfurcht. Im letzteren Falle käme Hiobs

Aussage dem biblischen Doppelgebot der Liebe, d.h. der Untrennbarkeit von Gottesliebe und Menschenliebe nahe, wie es in Jesu Aufnahme der Weisungen der Tora in Mk 12,28ff. und den synoptischen Parallelen formuliert und begründet ist.

15ff.:   Klarer ist die Fortsetzung, in der dem Freund bzw. den Freunden vorgeworfen wird, sie glichen trügerischen Bach- bzw. Flußbetten, Wadis. Der Vergleich (ein ähnlicher findet sich auf Gott selbst bezogen in Jer 15,18) wird in der Bildhälfte breit entfaltet. Solche Wadis zeigen nach der Schneeschmelze ein anderes Gesicht als im trockenen Sommer. Was einmal voller Wassermassen ist, ist das andere Mal versiegt. Züge von Karawanen, die auf Wassersuche vom Wege abweichen, sind, stoßen sie statt auf Wasser auf ein trockenes Wadi, verloren. Das Bild wird in V. 18 noch einmal konkretisiert. Selbst Karawanen aus berühmten Handelsorten wären verraten und verkauft, wenn sie auf solche Wadis angewiesen wären; auch die Kundigsten sind verlassen, wenn sie solche »Freunde« haben.

21:   Wie solche Wadis sind Hiobs Freunde. Wenn es heiß wird – so könnte man die Metaphorik umsetzen –, dann versiegen und versagen sie. Sie sind Freunde für »Gut-Wetter-Lagen«; jetzt sind sie ein Nichts (hebr. *lo'*) geworden (oder, mit einer Textänderung von *lo'* zu *li*: So sind sie *für mich* geworden).
   Wie aber ist nach diesem Bild der zweite Teil des Verses zu verstehen? »Ihr seht Schrecken, und ihr erschreckt.« Der hebräische Satz spielt mit dem Gleichklang von Formen der Verben *jr'* (fürchten) und *r'h* (sehen) – *tir'ū ḥ^atat wattīrā'ū* – und könnte eine geprägte Wendung enthalten. Verbindungen dieser Verben finden sich auch sonst in der Bibel (z.B. Ps 40,4; Jes 41,5). Was ist hier gemeint? Wer bereits beim Anblick von Schrecken die Fassung verliert, ist nicht der rechte Helfer in wirklichen Notlagen. Das ist eine Verstehensmöglichkeit (sie vertritt Horst, BK). Andere Ausleger (z.B. Fohrer, KAT) verweisen auf die alttestamentliche (und antike) Auffassung von der Unheilssphäre, die von einem Kranken oder auf andere Weise von Unheil Betroffenen ausgeht, ihn umhüllt und Menschen, die ihm zu nahe kommen, ansteckt. Wirft Hiob seinen Freunden vor, sie wollten sich von ihm fernhalten, um nicht von seinem Leiden tangiert und in sein Unglück mit hineingezogen zu werden? Oder geht es im engeren medizinischen Sinne um die Ansteckungsgefahr bei Hiobs Erkrankung? *Träfe* dieser Vorwurf die Freunde, die sich ja gerade zu Hiob begeben haben, als sie hörten, daß er von Krankheit und Unheil getroffen war, die mit ihm sieben Tage und sieben Nächte ausharrten und die auch in ihren Reden keine Anstalten machen, den Unheilsort zu verlassen?

Deshalb spricht viel dafür, den Satz 6,21b noch anders zu verstehen.
»Ihr seht Schrecken, und ihr erschreckt.« Das ist das Erschrecken derer, die etwas sehen, das es in ihrem Weltbild gar nicht geben kann.
Wenn Hiobs Freunde wirklich wahrnähmen, was sie sehen – das un-
endliche Leiden eines Menschen, der dieses Leiden nicht »verdient«
hat –, dann müßte ihre Wirklichkeitsauffassung und mit ihr die Lehre,
auf der es basiert, zerbrechen.

Von solchem Schrecken werden gerade die nicht befallen, die von
ungefestigten und rasch an je neue Lagen anzupassenden Überzeugungen leben. Deshalb geht die gelegentliche Charakterisierung der
Freunde als vordergründige Schwätzer fehl. Sie erschrecken, weil das
Zerbrechen ihrer Lehre an der Erfahrung ihnen die Basis des Glaubens
und des Lebens nähme. Wer des festen Glaubens an die Stimmigkeit
der Welt und ihrer Ordnungen bedarf, steht in der Gefahr selbstaufer-
legter Wahrnehmungsverbote. Wie Leben und Lehre, wie Glaube und
Empirie zusammengehen, ob sie überhaupt zusammengehen, das ist
eine der Fragen, die das Hiobbuch durchziehen. Die Gefahr für die,
deren Glaube fester ist als ihr Blick auf die Realität, ist der Realitäts-
verlust. Weil nicht sein kann, was nicht sein darf, können sie dem
Schrecken des offenen Blicks nur durch das Schließen der Augen entgehen. Wer nicht erschrecken will, darf letztlich nicht sehen. Hiob sehen heißt erschrecken – hier geht der Gleichklang der hebräischen Verben »sehen« und »fürchten« über ein Wortspiel weit hinaus.

22ff.: Was verlangt Hiob von seinen Freunden? Sarkastisch nennt
er, was er *nicht* verlangt. Er will weder ihr Geld, noch verlangt er von
ihnen Heldentaten. Er will nichts, als daß sie ihm gerade und aufrichtig
sagen, worin er gefehlt habe. Das würde ihn nicht verletzen. Aber eine
Belehrung, die auf der Ebene der Worte, der Lehre und der Lehrbe-
griffe bleibt, ohne die Lage des Betroffenen wahrzunehmen, kann
Hiob nicht helfen. Das Zurechtrücken von Worten, die als kalt empfundene Objektivität ohne Rücksicht auf Empfindungen und Beziehungen weist Hiob zurück. Und doch endet die Rede an die Freunde
nicht mit einer Anklage, sondern mit einem Hilfeschrei.

28ff.: Die Freunde, so drängt Hiob, sollen sich umwenden, sich ihm
zuwenden, sollen umkehren. Das hier gebrauchte hebr. Wort *šûb* bedeutet zuerst »sich umwenden«. Es kann geradezu »Buße tun« bedeuten, doch ist die Buße in der Hebräischen Bibel eine reale Umkehr mit
Füßen, nicht zuerst oder gar nur ein Um*denken*. Um solche Umkehr,
solche Blick- und Haltungsänderung bittet Hiob die Freunde. Diese
Bitte spricht Hiob gegenüber den Freunden aus, die *gegen* ihn reden.
Als sie noch *mit* Hiob schwiegen, war sie nicht nötig.

30: Oder merkt Hiob nicht, was wirklich geschieht? Mit dieser (nicht rhetorischen) Frage endet der erste Teil dieser Hiobrede, die den Leidenden machtvoll-rebellisch und der eigenen Schwäche bewußt und dabei in beiden Hinsichten rasche Antworten zurückweisend und selbst fragend zeigt.

7,1-6: Kap. 7 beginnt mit einer klagenden Reflexion, die auf allgemein menschlicher Ebene einsetzt (V. 1f.), um dann zunehmend konkreter auf das klagende Ich (V. 3f.), schließlich auf Hiobs besondere Krankheitssituation (die hier und an anderen Stellen genannten Krankheitsbilder lassen wiederum an Lepra denken) zuzugehen.

Dieser Weg vom Allgemeinen zum Konkreten wiederholt sich in der zunehmenden Deutlichkeit des Adressaten der Klage. V. 3 spricht noch unpersönlich von dem Hiob zugeteilten Geschick. In V. 7 erscheint ein Imperativ (»Gedenke«), bei dem aber noch nicht ganz deutlich ist, ob Elifas oder Gott angeredet ist. Erst mit V. 12ff. wird zunehmend klar, daß Hiob seine Fragen und Klage nicht mehr an Elifas oder die Freunde insgesamt, sondern an Gott selbst richtet. Solche Bewegungen wiederholen sich in den Hiobdialogen ebenso, wie die Argumentationen sich wiederholen. Es handelt sich – in literarischer Stilisierung – um den Weg bzw. die Wege eines therapeutischen Gesprächs. Es braucht Zeit; die Klagen müssen ausgesprochen werden. Wiederholungen, Rückschritte, Zeitsprünge haben ihren Ort in solchen Gesprächsverläufen. Sie sind keine Indizien für Textverderbnis oder nachträgliche Umstellungen eines zuvor logisch abfolgenden Gesprächsverlaufs. Deshalb ist es auch nicht die Aufgabe der Exegese des Hiobbuches, einen stringenten Verlauf zu rekonstruieren, sondern die Wege, die abermaligen Wege und die Umwege der Reden nachzugehen und damit zu wiederholen, wieder zu holen.

Hiob erklärt (7,1f.) das Leben des Menschen schlechthin dem Frondienst (bzw. mit der geläufigeren Bedeutung des hebräischen Wortes: dem Kriegsdienst) vergleichbar, der Welt der Söldner und Tagelöhner. Solches Leben hat keinen Sinn in sich. Der Sklave hofft nicht auf sinnvolle Arbeit, sondern nur auf gelegentliche Erholung von der Arbeit; der Söldner dient nicht für einen guten Zweck, sondern wartet, hofft (V. 3, dazu u. zu 7,6) allein auf Lohn. Auch darin fühlt sich Hiob (von V. 3 an über sich und nicht mehr über die »conditio humana« redend) Söldnern und Lohnknechten gleich, daß er sein Geschick als fremdbestimmt, als verhängt erlebt (V. 3). Wie ein überkommenes und nach israelitischem Recht unveräußerliches Erbe ist ihm Schaden (*šāw'*) zugekommen. Das Wort *šāw'* bedeutet in den »Zehn Geboten« Schaden, Schädigung, Betrug (»Du sollst den Namen Jhwhs, deines Gottes, nicht zu jemandes Schaden, nicht in betrügerischer Absicht ausspre-

chen!«, Ex 20,7; Dtn 5,11). Auf Hi 7,3 bezogen heißt das, daß Hiob
nicht nur schlechte Zeiten erlebt, sondern geradezu (V. 4) mit einem
Schaden behaftet ist, der ihn als Betrogenen darstellt. Tag und Nacht ist
er von Unrast erfüllt. Nicht zur Ruhe kommen zu können ist (über die
konkrete Hiobsituation hinaus) in der alttestamentlichen Anthropologie Kennzeichen eines verfehlten Lebens. Die Ausgewogenheit von
Arbeit und Ruhe ist das Ideal – vorgebildet in der Ruhe Gottes, die
(Gen 2,2) die Schöpfung vollendet, und grundgelegt im Sabbatgebot
(Ex 20,8; Dtn 5,12) mit der jeweils spezifischen Rückbindung an die
Schöpfung und die Befreiung. Wer nur arbeitet, ist ein Sklave, wer
nicht zur Ruhe kommt, ein unfreier Mensch. Deshalb kann Hiob seine
Lage, deren Krankheitssymptome er in V. 5 genauer nennt, mit Worten bezeichnen, die aus dem Bereich des unfreien Arbeitslebens stammen. Für die Erfassung der Dimensionen von Hiobs Leiden ist festzuhalten, daß keine kategoriale Trennung von »persönlichem« und »ge-
sellschaftlichem« Leiden vollzogen ist, so daß – auch für die Dialoge im
Hiobbuch – Hiobs Leiden nicht auf »Krankheit« reduziert werden
kann.

In V. 6 werden die Aspekte der Ruhe und Hoffnungslosigkeit noch
einmal in einem Bild zusammengefaßt. Es nimmt die Metapher vom
Lebensfaden auf, die bereits in 6,9 auftauchte. In 7,6 wird das Bild des
Lebensfadens mit dem des Webstuhls verbunden. Aber nicht das Leben als Gewebe (wie in Ps 139) bestimmt das Bild, sondern der mit
dem Weberschiffchen rasch hin und her geworfene Faden als Symbol
der Rastlosigkeit sowie das Ausgehen des Fadens nach einigen Reihen
als Symbol des jähen Endes.

Das, was da zu Ende geht, wird im hebräischen Text im letzten Wort
von V. 6 mit einem Wort bezeichnet, das dem Bild und der gemeinten
Sache zugleich angehört. Es ist das Wort *tiqwā*, das hier auch und an
zwölf anderen Stellen im Hiobbuch erstrangig »Hoffnung« bedeutet.
Neben dem Nomen *tiqwā* steht das Verb *qāwā* (5mal im Hiobbuch). Es
hängt mit dem Wort *qaw* zusammen, das »Schnur«, »Seil« bedeutet
(so auch als Bedeutung von *tiqwā* in Jos 2,18.21). Die Bedeutungen
»Seil« und »Hoffnung« lassen als Grundbedeutung des Verbs *qāwā*
»gespannt sein« vermuten. Im Bild des Fadens verbinden sich in Hi 7,6
materielle und übertragene Bedeutung von *tiqwā*. Gleichzeitig ist in
diesem Bild ein Wort aufgenommen, das (als Nomen und Verb) in dieser Hiobrede mehrfach vorkommt (6,8.19; 7,2.6). Deshalb ist ein genauerer Blick auf die Rolle der »Hoffnung« in dieser Hiobrede und im
Hiobbuch insgesamt am Platze:

Das erste Mal begegnet das Verb *qāwā* (in Hi stets im Intensivstamm
Pi'el) im Hiobbuch in 3,9. Von der Nacht, in der Hiob gezeugt und
empfangen wurde und in der somit grundgelegt wurde, was sich für

Hiob jetzt so schrecklich darstellt, sagt Hiob, sie solle aus der geschehe-
nen Zeit getilgt werden: »Sie hoffe auf Licht – doch nichts!« Hätte sich
doch die gespannte Erwartung jener Nacht in nichts aufgelöst! So lautet der gegen die Realität gerichtete rückwärtsgewandte Wunsch
Hiobs, seine »Gegen-Hoffnung«.

Zweimal spricht Elifas von Hoffnung. In 4,6 spricht er den Freund
auf den Grund seiner Hoffnung an und sieht ihn in dessen Gottesfurcht
und seinem untadeligen Lebenswandel. Der folgende Vers beginnt mit
dem Imperativ »Bedenk doch!« ($z^e k\bar{a}r$) – die Struktur wiederholt sich
in Hiobs Antwort in der Abfolge von 7,6 und 7. Ein zweites Mal spricht
Elifas von der Hoffnung, der Erwartung der Armen, wenn sie gegen
die Starken und Betrüger auf Gott harren (5,16). In der unmittelbaren
Fortsetzung bietet Elifas Hiob zum Trost den Gedanken des Leidens
als pädagogische Züchtigung Gottes an.

In Hiobs Antwort (Kap. 6f.) ist zum ersten Mal in 6,8 von der Hoffnung die Rede, und zwar von der Hoffnung auf Gott. Diese Hoffnung
ist bestürzend negativ gefaßt, geht es doch um die einzig bleibende Erwartung des von Gott verfügten Todes, den Hiob allein noch als seinen
Trost erkennen könnte. Im Bild der auf trügerische Wadis vertrauen-
den Karawanen ist in 6,19 von der Hoffnung (hier im Bild der Erwartung, auf lebensspendendes Wasser zu stoßen) wiederum negativ die
Rede. Diese Hoffnung geht zuschanden – wie die im Bild bezeichnete
Erwartung der Solidarität und Festigkeit der Freunde. Die Hoffnung
des Söldners auf Lohn (7,2) ist formal positiv gefaßt, im Bild der solchem Söldner- und Tagelöhnerleben gleichgesetzten Existenz Hiobs
und des Menschen schlechthin überwiegt wiederum das Negative. 7,6
schließlich spricht von der Erwartung, der Hoffnungsfaden werde abgeschnitten.

In den folgenden Dialogen des Hiobbuches bleiben die zwischen
Elifas und Hiob zutage getretenen Positionen erhalten. Während Bildad (8,13) an der Differenz zwischen den zuschanden gehenden Hoffnungen der Gottlosen, die (Fortsetzung der Relation: Hoffnung –
Schnur) auf dünne Fäden setzen (8,14), und der begründeten Zuversicht der Frommen festhalten und Zofar (11,18.20) Hiob die Hoffnung
auf dereinstige glückliche Ruhe einpflanzen will, bleibt Hiob seinerseits bei der Negation jeder Hoffnung. Seine Rede von der Hoffnung
bezieht sich explizit oder implizit auf die Erwartung des Totenreichs,
d.h. auf das Ende jeder Hoffnung. In dieser Erwartung des Endes jeder
Hoffnung sieht Hiob Frevler und Fromme verbunden (14,7.19;
17,13.15; 19,10; 27, 8).

Für ein »Prinzip Hoffnung«, für eine »Theologie der Hoffnung«
bietet das Hiobbuch keine tragfähige Basis. Hiob setzt jedenfalls nicht
auf die Hoffnung, es werde sich einmal zum Besseren wenden. Damit

ist die Art von Hoffnung abgewiesen, die von der Erwartung lebt, es
werde schon nicht so schlimm kommen. Es ist die Hoffnung, von der
Günther Anders gegen Ernst Bloch sagt, sie sei heute (angesichts der
realen »Apokalypse«) ein anderes Wort für Feigheit und Blindheit.
Wo Hiobs Freunde von Hoffnung reden, da ist, wie Hiob aufdeckt, diese Hoffnung mit Blindheit und Wahrnehmungsverboten erkauft.
Wenn Hiob von Hoffnung redet, so in der strikten Negativität der Erwartung des Endes, nicht der Besserung. Wenn am Ende des Hiobbuches Antwort und Lösung gegeben und erzählt werden, kommt das
Wort Hoffnung nicht mehr vor. Endet das Hiobbuch deshalb hoff-
nungslos? Die weitere Auslegung muß zeigen, ob ohne Hoffnung bleiben muß, wer von Hoffnung nicht redet.

7-10:   Die Aufforderung zum »Gedenken« (das hebr. Wort *zākar*
bezeichnet das Eingedenken, die Erinnerung, nicht allein das Nach-
denken; dazu W. Schottroff, »Gedenken« im Alten Orient und im Alten Testament, ²1967; ferner J. Ebach, Erinnern, in: W. Eschenhagen
[Hg.], Die neue deutsche Ideologie, 1988, 100-113) scheint sich auf
Elifas zu beziehen, zumal Hiob in seiner Rede in der Abfolge des Stichworts »Hoffnung« und dem Imperativ *zᵉkàr* (Gedenke!) in 7,6f. die
entsprechende Reihenfolge in der Rede des Elifas (4,6f.) aufnimmt.
Im weiteren Verlauf der Rede wird deutlich, daß sich Hiob bereits von
der unmittelbaren Reaktion auf den Freund und seine Rede weg- und
zu Gott als den eigentlichen Adressaten seiner Worte hinbewegt hat.
    Die Mehrschichtigkeit der Ebenen ist kein Zeichen mangelnder
Klarheit der Texte, sondern ein Mittel, mit dem der Hiobdichter deutlich macht, daß es ebenso um den einzelnen »Fall Hiob« geht wie um
ein Problem der Lehre und des Denkens. Deshalb wechselt diese Hiobrede mehrfach zwischen Einzelfall (Hiobs »Ich«) und dem Menschen. Damit richtet sich die Aufforderung zum Eingedenken (d.h. zur
Erinnerung, zum Mitdenken und zum Auf-sich-selbst-Beziehen) an
die mit Hiob redenden Freunde, an Gott und an die je gegenwärtigen
LeserInnen. Die auf den je verschiedenen Ebenen trotzige Klage
Hiobs, er werde bald nicht mehr da sein (V. 8), ist mehrfach adressiert
zu lesen. In der Aufnahme dieser Formulierung im abschließenden
V. 21 ist sie nur noch an Gott selbst gerichtet. Damit wird deutlich, daß
Gott kein Adressat der Hiobklagen unter mehreren ist, sondern der,
von dem allein Antwort und Lösung erwartet werden kann.
    Deshalb dürfte auch V. 8 vor allem auf Gott zu beziehen sein. Auch
er wird Hiob nicht mehr sehen können, wenn er gestorben und in die
Unterwelt (*šᵉʾōl*) hinabgestiegen ist. Die *šᵉʾōl* ist ein Ort unterhalb der
Erde, an dem die Verstorbenen als kraftlose Schatten ein kümmerliches
Dasein fristen. An diesem Ort ist Gott fern; Jhwh ist kein Totengott.

Die *še'ōl* ist das Land ohne Wiederkehr. Sowohl die Formulierung als auch die mit ihr verbundene Auffassung findet sich in Texten des Zweistromlandes. Wie in den babylonischen Zeugnissen ist auch in den alttestamentlichen (mit Ausnahme der spätesten Texte des Kanons der Hebräischen Bibel, vor allem im Danielbuch) der Gedanke einer Auferstehung von Toten nicht zu finden. Dabei ist im Gegensatz zur ägyptischen Religion der Eingang ins Totenreich kein erstrebenswertes Ziel, geschweige denn (wie in Ägypten) das eigentliche, dauerhafte und ewige Leben. Daß in Israel die Welt der Toten der Ort der Gottesferne ist, kann Hiob (wie der Beter von Ps 30,10) geradezu als Argument gegen Gott formulieren.

Hiob gewinnt Kraft aus der Gewißheit, daß für ihn der Tod eine »Lösung« wäre, ein Hiob in der Unterwelt für Gott jedoch keine »Lösung« der mit Hiobs Geschick an die Gerechtigkeit der Welt und ihres Herrn gestellten Frage sein kann. Deshalb enthält Hiobs Klage ein subversives Element, das sich in den weiteren Hiobreden noch verstärken wird, bis es in Kap. 16 und 19 zum Höhepunkt gelangt.

Die Klage Hiobs enthält die immer drängender werdende Aufforderung an Gott, er möge ihm, wenn er ihn denn retten wolle, in dieser Welt und in diesem Leben retten, er solle ihm deshalb Antwort und Lösung zuteil werden lassen.

11: Mit V. 11 kommt abermals die Situation in den Blick, in der und aus der Hiob redet. Die Worte, mit denen die Lage und die ihr entsprechende Stimm-Lage Hiobs beschrieben werden, verweisen auf den Zusammenhang zwischen äußerer und innerer Bedrängnis. Hiob wolle reden *beṣar rūḥī* – man kann verdeutschen: »in der Enge meines Atems«, man kann aber auch verdeutschen: »in der Not meines Geistes«.

Das Wort *rū*^a*ḥ* bedeutet: Wind, Atem, Lebensatem, Lebensgeist und kann auch den Geist Gottes bezeichnen, von dem Menschen ergriffen werden können. Die Vielfalt der Bedeutungen verweist auf den integrativ verstandenen Zusammenhang materieller und geistig-spiritueller Wirklichkeit, auf den Zusammenhang von Körper, Denken und Fühlen.

Ein biblischer Text, in dem dieser Zusammenhang im Gebrauch des Wortes *rū*^a*ḥ* besonders deutlich wird, ist Ez 37. In diesem Kapitel geht es um den Auftrag Gottes an den Propheten Ezechiel, tote Gebeine auf einem Feld zum Leben zu erwecken, eine Zeichenhandlung für die zu bewirkende Wiederbelebung Israels. Dabei kommt die *rū*^a*ḥ*, das ist der Wind, aus den vier Himmelsrichtungen und gibt den toten Gebeinen *ihre rū*^a*ḥ*, ihre Lebenskraft. Jhwh selbst bezeichnet diesen Vorgang als Eingebung *seiner rū*^a*ḥ*, seines Geistes. Die Naturgröße Wind, die Le-

benskraft der wiederbelebten Gebeine und Gottes Geist in ihnen werden nicht nur mit demselben Wort bezeichnet, sie sind auch der Sache
nach nicht zu trennen.

Wie im Wort *rū^{a}h* mehrere Ebenen zusammengehen, so ist es auch
bei dem Wort, mit dem im dritten Teilsatz von Hi 7,11 Hiobs Klage verbunden ist. Man kann nämlich die hebräische Wendung *b^{e}mar nafšī*
verdeutschen:»in der Bitterkeit meiner Kehle«. Man kann aber auch
übersetzen:»in der Betrübnis meiner Seele«. Wiederum geht es nicht
allein um das Nebeneinander konkreter und übertragener Bedeutungen des Wortes *näfäš*, sondern um den integrativ gedachten Zusammenhang von Körper, Geist und Psyche. Das hebräische Wort *näfäš*
bezeichnet einen Körperteil: die Kehle; *näfäš* ist dann aber auch die
Lebenskraft, das, was einen Körper beseelt, d.h. lebendig macht. Daß
die Kehle als körperlicher Sitz der Lebenskraft gilt, wurzelt in der Erfahrung, daß man das Leben verliert, wenn einem die Kehle zuge-
drückt wird, und umgekehrt in der Empfindung von Angst und Bedrängnis, als würde einem die Kehle zugeschnürt. Zuweilen wird das
Wort *näfäš* wie ein intensives Personalpronomen gebraucht, *nafšī*
kann»meine Kehle«,»meine Seele« und»ich selbst« bedeuten (so in
Hi 7,15).

An dieser Stelle empfiehlt sich ein Seitenblick auf andere»Organe«
körperlicher, kognitiver und psychischer Wahrnehmungen in der hebräischen Anthropologie und Theologie unter besonderer Berück-
sichtigung des Hiobbuches. Er mag verdeutlichen, daß die Organe von
Hi 7,11 nicht alleinstehen. So ist die Nase Organ des Wutschnaubens,
so daß»Nase«»Zorn« bedeuten kann. Das Wort Nase (*'af*) bedeutet
in Hi 4,9; 9,5.13; 14,13; 19,11; 20,23.28; 21,17; 35,15; 42,7 Gottes
Zorn, in 18,4; 40,11 Hiobs Zorn, in 32,2f. den Zorn des Elihu, in 36,13
den des Frevlers, wird in 27,3 als das Organ genannt, durch das Gott
dem Menschen seinen Lebensatem eingeblasen hat (vgl. Gen 2,7), und
bezeichnet in 40,24.26 die Nase des Leviathan.

Das Herz (*leb, lebāb*) ist sowohl auf Gott als auch auf den Menschen bezogen das Organ des Verstehens und der Weisheit (z.B. Hi
9,4; 12,3) als auch das der Erfahrung (z.B. 8,10), des Planens und der
Intention (1,5; 10,13) und der Zuwendung (1,8; 2,3; 7,17; 11,13 u.ö.).
Die Organe der tiefsten Gemütsbewegungen sind die Nieren (Hi
19,27) und die Leber.

Das Erbarmen hat seinen Sitz in den Eingeweiden (*rah^{a}mīm* bedeutet deshalb Eingeweide und Erbarmen). Das Mitleid sitzt in den unge-
schützten, den»weichen« Teilen des Körpers. Dahinter steht die Erfahrung, daß nur der mitleidsfähig ist, der selbst verwundbar ist, während erbarmungslos ist, wer selbst unverwundbar ist.

Dieser kurze Blick auf den Zusammenhang von Denken, Fühlen

und Körperlichkeit im Alten Testament (zum weiteren Umkreis des Themas H.W. Wolff, Anthropologie des Alten Testament, ⁴1984) mag andeuten, welche Bedeutung diese Relationen für das Verstehen des Hiobbuches haben. Auch da, wo man sich in der Übersetzung (soll sie nicht mit Varianten und Fußnoten gespickt sein) entscheiden muß und damit notgedrungen je einer Lesart den Vorzug gibt (Kehle oder Seele, Herz oder Aufmerksamkeit, Nase oder Zorn), können die LeserInnen die jeweils nichtbetonten Dimensionen mitzuhören versuchen.

12: Mit V. 12 taucht ein neuer Aspekt in Hiobs Klage auf, der an dieser Stelle der Hiobreden nur angedeutet bleibt. Schon einmal (3,8) hatte Hiob mit dem Leviathan ein mythisches Wasserungeheuer erwähnt. Hier taucht es nun in der Bezeichnung *tannīn* wieder auf. Von den *tannīnim*, den großen Meerestieren, heißt es in Gen 1,21, Gott habe auch sie erschaffen. Während in den mythologischen Schöpfungsüberlieferungen der altorientalischen Umwelt Israels die Erschaffung der Welt oft das Ergebnis eines Götterkampfes ist, bei dem sich der siegreiche Gott gegen einen Meeres- und Chaosdrachen durchsetzt, fertigt Gott in Gen 1 die Welt als souveräner und konkurrenzloser Schöpfergott. Weder ist die Welt gegen andere Götter noch aus den Überresten besiegter Götter geschaffen. Dennoch zeigt die gesonderte Erwähnung der großen Meerestiere bzw. Seedrachen in Gen 1, daß die Elemente einer chaotischen und Gott feindlichen Welt nicht ganz aus dem Blickwinkel geraten. Offenbar müssen jene *tannīnim* in der Schöpfungsgeschichte eigens erwähnt und können nicht unter die übrigen Wassertiere gerechnet werden. Zudem sind sie nicht wie die anderen Tiere »nach ihren Arten« erschaffen. Sie bleiben also »Untiere«, d.h. sie sperren sich dem Gefüge von Gen 1, insofern als sie nicht den Ordnungskriterien der von Gott für den Menschen erschaffenen Welt gehorchen. Und doch sind sie von Gott erschaffen.

Der in Gen 1 allenfalls angedeutete (wenn überhaupt empfundene) Widerspruch wird im Hiobbuch zu einem Hauptthema. In den Gottesreden am Ende des Hiobbuches spielen die »Untiere« Leviathan und Behemoth eine entscheidende Rolle als Gottesfeinde und Gottes Geschöpfe (s.u. zu den »Gottesreden«). In 7,12 ist dieses Thema insofern vorbereitet, als Hiob hier sarkastisch fragt, ob er denn die Rolle des *tannīn*, des Meeresdrachen, spielen solle, so daß Gott gegen ihn Wachen aufstellen muß – wie im babylonischen Lehrgedicht »Enuma elisch« der siegreiche Schöpfer- und Herrschergott Marduk gegen den Chaos- und Meeresdrachen Tiamat (Tf. 4, Z. 139). Hiob verweist dagegen auf seine Schwäche, die ihn für diese »Rolle« denkbar ungeeignet erscheinen läßt – ein Gedanke, der in V. 20 noch einmal aufgenommen wird.

13f.: Hatte Elifas auf Nachtgesichte (4,13) verweisen können, in denen ihm göttliche Offenbarungen zuteil wurden, so bedeutet die Nacht mit ihren Träumen und Gesichten für Hiob nur Angst und Schrecken. Wiederum zeigt sich, daß es auch und gerade da, wo die Freunde einander nicht verstehen können, Relationen zwischen ihren Reden gibt, die der Hiobdichter u.a. durch zahlreiche Wortanklänge und -wiederholungen herstellt. Die Reden zwischen Hiob und den Freunden sind deshalb weder Dialoge noch, wie man manchmal lesen kann, nebeneinander herlaufende Monologe, sondern *scheiternde Dialoge.*

15-18: Das Leben ist ihm, wie Hiob abermals klagt, leid; er (seine Kehle/Seele, s.o.) wünscht allein den Tod. Hiob empfindet sein Leben wie *häwäl,* d.h. wie einen vorübergehenden Hauch, einen Wind. Im Buch des Predigers (Kohelet) ist *häwäl* ein zentrales Wort; Windhauch ist letztlich alles Tun, es ist (so versteht D. Michel, Qohelet, 1988, bes. 82ff.) die Bedeutung von *häwäl:* »absurd«. *häwäl* ist aber auch der Name »Abel«, der Name des Menschen, der als erstes »geborenes Opfer« in der Menschengeschichte erscheint. Wenn er Hiob sein Leben als *häwäl* bezeichnen läßt, stellt ihn der Hiobdichter in den Problemkreis der Fragen nach dem Sinn des Lebens und der skeptischen bis zynischen Antworten Kohelets sowie in den Zusammenhang der Fragen nach den Opfern, die sinnlos gemordet wurden, deren Tod keinen Sinn gegeben werden kann. Deshalb ist auch darin Hiobs Klage eine Frage an Gott und eine Anklage Gottes.

Hiobs Todeswunsch kulminiert in der Bitte, Gott möge sich doch endlich von ihm abwenden. Die Sprache dieser Klage ist die der Psalmen, besonders der »Klagelieder des einzelnen«. Die Bitte um Zuwendung Gottes ist im Gebet die Bitte um Leben; die Erfahrung von Bedrängnis, Verfolgung, Krankheit und Tod wird als Erleben der Abwendung Gottes ausgedrückt. Hiob wiederholt in seiner Klage die Sprache und die Bitten der Psalmen, aber er spitzt sie sarkastisch zu und verkehrt sie damit ins Gegenteil. Er bittet um Gottes *Abwendung,* weil er sterben will. Er erfährt Gottes Zuwendung, die ihn am Leben erhält, als unerträgliche Bedrückung, als permanente Überprüfung (wie ein »big brother is watching you«) ohne die kleinste Pause. Nicht einmal von Atemzug zu Atemzug (der hebr. Text in V. 19 nennt als kürzesten Augenblick den Zeitraum zwischen dem Hinunterschlucken des Speichels) gibt es eine Unterbrechung dieser Überwachung.

In V. 20 ist eine Besonderheit der Textüberlieferung zu vermerken. Die Aussage, ein Mensch könne mit seinem Tun Gott etwas anhaben, erschien (auch hier, wo sie ja verneint ist) allein als formulierbare Möglichkeit in den Augen der jüdischen Gelehrten, die die Texte bewahrten und überlieferten, unsagbar. Deshalb änderten sie das »dir« in V. 20 in ein »mir« (womit Hiob von dem spräche, was er sich selbst an-

tut, wenn er sündigt). Es handelt sich um eine der *Tiqqune soferim*
(»Verbesserungen der Schreiber«). Eine zweite findet sich im Hiobbuch in 32,3 (s.u. zu dieser Stelle, dort auch zur Frage, ob man in der
Verdeutschung dem ursprünglichen Text oder den Verbesserungen
folgen soll . . .).

In die Klage über die dauernde Überwachung durch Gott ist in V. 17
eine Travestie auf Ps 8,5 eingefügt. »Was ist der Mensch, daß du seiner
gedenkst und ihn so beachtest?« fragt der Psalm, und Hiob wiederholt
diese Frage wiederum so, daß sie ihre böse Rückseite zeigt: »Was ist der
Mensch, daß du ihn groß achtest?« Gottes Aufmerksamkeit realisiert
sich als permanente Musterung, seine Zuwendung als Erdrückung.

Sind die Verse 17f. in der Beziehung auf Ps 8 als Aussage über den
Menschen formuliert, so wendet Hiob in den abschließenden Sätzen
dieser Rede die Charakterisierung abermals auf sich und sein Geschick.
Warum, so fragt Hiob erneut, hat er diese »Rolle« bekommen? Selbst
wenn er gesündigt hat (Hiob stellt sich hier also nicht sündlos dar), was
könnten denn seine Verfehlungen diesem mächtigen Gott anhaben?
Warum vergibt er solche Sünden nicht einfach? Wenn schon, so könnte
man Hiobs Frage verstehen, Gottes Gerechtigkeit Hiobs Geschick zuläßt, warum läßt dann Gottes Gnade Hiobs Leiden zu?

Auch diese gewichtige theologische Frage blitzt in dieser Hiobrede
nur kurz auf. In immer neuen Anläufen geht es in Hi 7 um das Verhältnis
von Gott und Mensch, Gott und Hiob. Hiobs Selbstaussagen schwanken zwischen Klage und Trotz, zwischen Anklage und Schwäche. In beiden Dimensionen bleibt Hiobs Reden auf Hiobs Lage bezogen. Die beiden letzten Zeilen dieser Hiobrede formulieren in Aufnahme von 7,8
noch einmal eine in »trotziger Schwäche« vorgetragene Bitte. Wenn
Gott Hiob retten will, dann soll, dann muß er es bald tun . . .

Hiob 8,1-22   Bildads Rede
                      »Sind wir doch von gestern und wissen nichts«

8

1   Da hub Bildad an, der Schuachiter, und sprach:
2   »Bis wann willst du noch so reden,
        da gewaltigen Wind machen die Worte deines Mundes?
3   Krümmt etwa Gott das Recht,
        oder krümmt der Allmächtige die Gerechtigkeit?

4   Wenn sich deine Söhne gegen ihn versündigt haben,
     hat er sie in die Hand ihrer eigenen Auflehnung gegeben.

5   Wenn du es warst, so sollst du Gott suchen
     und zum Allmächtigen um Gnade flehen.

6   Wenn du lauter und aufrecht bist,
     ja, dann wird er sich deinetwegen regen
     und Genüge tun der Stätte deiner Rechtmäßigkeit.

7   Dann war dein Anfang noch klein,
     und deine Zukunft wird dagegen erst sehr groß sein.

8   Ja, frage doch nach den Erfahrungen des früheren Geschlechts
     und merke auf das, was seine Väter erforschten,

9   sind wir doch von gestern und wissen nichts,
     sind doch unsere Tage auf Erden ein Schatten!

10   Sollten sie dich nicht belehren und zu dir sprechen,
     Worte aus ihrem Herzen hervorbringen?

11   Schießt Papyrus auf, wo kein Sumpf ist,
     gedeiht Riedgras ohne Wasser?

12   Da nämlich wär's noch in seiner Knospe, noch nicht reif zum Schnitt,
     und verdorrte doch schneller als alles Gras.

13   So sind die Züge all derer, die Gott vergessen,
     und die Hoffnung des Heuchlers geht zugrunde.

14   Denn Spinnweben sind seine Zuversicht,
     und ein Spinnenhaus ist sein Vertrauen.

15   Er lehnt sich an sein Haus, doch es hält nicht stand;
     er will daran festhalten, und es steht nicht fest.

16   Er steht in vollem Saft auf der Sonnenseite,
     durch seinen Garten zieht sich sein Trieb,

17   am Stein verflechten sich seine Wurzeln,
     ein Haus aus Steinen sieht er (schon).

18   Aber wenn man ihn austilgt aus seinem Ort,
     dann verleugnet ihn der Ort und sagt: Dich habe ich nie gesehen!

19   Schau, so zerfließt sein Weg,
     aus dem Staub sprießt ein anderer.

20   Schau, Gott verwirft nicht den Untadeligen,
     aber die Hand des Bösen hält er nicht fest.

21   (Warte nur,) bis er deinen Mund mit Lachen erfüllt
     und deine Lippen mit Jubel!

22   Die dich hassen, werden sich in Schande kleiden,
     und das Zelt der Übeltäter, das wird nicht mehr sein.«

Mit seiner Rede unternimmt es Bildad, der zweite der Freunde, Hiobs
Anklage gegen Gott mit aller Schärfe zurückzuweisen und Hiob auf

den richtigen Weg zu bringen. Wie die vorhergehende Elifasrede (Kap. 4f.) enthält auch die erste Rede des Bildad einen heftigen Vorwurf. doch schließt sie wie jene mit der Verheißung zukünftigen Glücks für Hiob, wenn er sich nur aufrichtig an Gott wenden wolle.

Da auch Bildad wie zuvor Elifas Hiobs Frage nicht trifft, weil er Hiobs Lage nicht teilt, könnte der Eindruck entstehen, als rede dieser Freund ohne Beziehung zur vorausgegangenen Hiobrede. Ein genauerer Blick auf explizite und implizite Wort- und Sachverbindungen zwischen den Kapiteln 6f. und 8 zeigt jedoch, daß der Hiobdichter das Problem des Dialogs präzise darstellt, indem er Bildad antworten und gleichzeitig Hiobs Fragen und Klagen verfehlen läßt. Zu beachten sind in dieser Hinsicht die Entsprechungen im jeweils letzten Wort der Reden:

Hiob hatte mit dem »Verweis« an Gott geschlossen, wenn er ihn suchen werde, sei er (Hiob) nicht mehr da ($w^{e^{\prime}}\bar{e}n\ddot{a}nn\bar{i}$, 7,21). Bildad repliziert: Wenn Hiob darauf vertraue, daß Gott seine Sache ordnen werde, dann sei der Unterschied zwischen dem Frommen und dem Bösen keineswegs aufgehoben, vielmehr werde am Ende der Böse nicht mehr sein ($^{\prime}\bar{e}n\ddot{a}nn\bar{u}$, 8,22).

Zuvor hatte Bildad ein anderes Wort aus Hi 7,21 aufgenommen und gewendet. Gott werde ihn suchen ($\check{s}\bar{a}har$), hatte Hiob formuliert. Bildad nimmt das Wort »suchen« auf, kehrt jedoch Subjekt und Objekt um, wenn er Hiob empfiehlt, seinerseits Gott zu suchen (8,5). Bildad bleibt in seiner Antwort also bei der von Hiob aufgeworfenen und in der folgenden Rede in Kap. 9f. noch einmal verschärften Frage nach dem Verhältnis von Gott und Mensch, Gott und Hiob, rückt aber die Problemstellung zurecht. Es ist am Menschen, an Hiob, Gott zu suchen, statt über Gottes Zuwendung zum Menschen zu spekulieren oder zu lamentieren.

»Theologisch« hat Bildad zweifellos recht; er sagt auch darin – wie die Freunde überhaupt – Richtiges. Doch seine Worte können Hiob nicht betreffen, weil ihre Betroffenheit äußerlich bleiben muß. wenn und solange die mit Hiobs Leiden verbundene Frage auf ein Problem des theologisch angemessenen Denkens reduziert bleibt.

Auch in anderer Hinsicht reagiert Bildad auf Hiobs Worte. Wie Hiob (6,5) stellt er rhetorische Fragen aus dem Bereich der Natur (8,11f.). Auch das Thema »Hoffnung« (s.o. S. 76ff.) nimmt Bildad wieder auf (V. 13). Gegen Hiob hält er an der Differenz zwischen der berechtigten Hoffnung der Aufrechten und der trügerischen Hoffnung der Bösen fest. Die Hoffnung, von der Bildad spricht, ist mit dem Vertrauen oder Nichtvertrauen auf Gott verbunden, während Hiob von der trügerischen Hoffnung im Zusammenhang mit dem Vertrauen auf (solche) Freunde gesprochen hatte. Auch hier nimmt Bildad sehr wohl

Hiobs Worte auf; er wendet sie abermals »theologisch« korrekt, doch so, daß seine eigene Rolle dabei ausgeklammert bleibt. Wiederum zeigt sich, daß Bildad die Kommunikation mit Hiob aufnehmen und weiterführen will, ohne über die – zwischen Hiob und den Freunden verschiedenen – Bedingungen nachzudenken. Im selben Vers 13 reagiert Bildad auf Hiobs Karawanenbild (6,19), indem auch er von den ʾårḥōt, den Zügen, Wegen spricht. Und auch in den breit ausgeführten Bildern aus dem Bereich von Pflanzen und Tieren (V. 11ff.) kann man eine Antwort auf 6,15ff. sehen.

Ohne Anknüpfungen an die voraufgegangene Hiobrede ist diese erste Bildadrede also, wie die zahlreichen Wort- und Sachverknüpfungen zeigen, durchaus nicht. Daß sie dennoch auf eigentümliche Weise beziehungslos bleibt, liegt bei den bisherigen und allen folgenden Freundesreden nicht an den Worten, sondern an der Reduktion der Fragen auf die Worte.

1f.: Nach der stereotypen Einleitung (V. 1) beginnt Bildads Rede mit einer schroff zurechtweisenden Frage. Nicht nur die Länge seiner Rede wirft er dem Freund vor (ebenso zu Beginn seiner zweiten Rede in 18,2, worauf Hiob in 19,2 mit demselben »bis wann?« antwortet), sondern auch, daß seine Rede »gewaltiger Wind« sei. An dieser Stelle ist *rūᵃḥ* (s.o.) in abwertendem Sinne zu verstehen. Bildad wertet Hiobs Worte als aufgeblasen, windig, als heiße Luft.

3: Hiobs vielfacher und vielschichtiger Klage schleudert Bildad eine schroffe Gegenfrage entgegen: »Krümmt etwa Gott das Recht, oder krümmt der Allmächtige (*šaddaj*) die Gerechtigkeit (*ṣädäq*, d.h. die Gemeinschaftstreue, das gemeinschaftsgemäße, angemessene Verhalten und Verhältnis)«? Das hebr. Wort »krümmen« (ʿwt) bezeichnet an anderer Stelle das Niederbeugen eines Menschen (z.B. Ps 119,78; Klgl 3,36) oder das Handeln eines Betrügers, der die Waage fälscht (Am 8,5). Bis jetzt hat Hiob diesen Vorwurf an Gott nicht explizit erhoben (das geschieht mit dem Verb »krümmen«, »beugen« erst in 19,6 und wird von Elihu 34,12 abermals zurückgewiesen), doch bemerkt Bildad mit Recht, daß Hiobs Klagen und Anklagen auf diesen Vorwurf hinauslaufen müssen. Vor dieser Konsequenz will Bildad den Freund warnen: Das Undenkbare soll nicht gedacht werden.

4f.: Dem Verdacht der Rechtsbeugung durch Gott will Bildad durch eine Unterscheidung beikommen. Für Hiobs Unglück gibt es, wie er ausführt, zwei mögliche Begründungsebenen. Zuerst erwähnt er den Tod der Söhne Hiobs. Bildad setzt das im »Prolog« Geschilderte, was die Fakten angeht, voraus, kennt aber (im Gegensatz zum Leser des

Hiobbuches) ebensowenig wie Hiob den Inhalt der »Wetten«. Der
Rückbezug Bildads auf den Beginn der Hioberzählung ist ein wichtiges
Indiz dafür, das Hiobbuch ungeachtet der möglichen unterschiedlichen Art und Herkunft seiner einzelnen Teile als Ganzes zu lesen. Was
die Söhne angeht, so haben sie sich, wie Bildad unterstellt, ihren Tod
durch ihr eigenes Verhalten selbst zuzuschreiben. Bildad argumentiert
hier mit der Korrespondenz zwischen dem Tun und dem Ergehen von
Menschen (s.o. S. 6f.). Der Fall der Hiobsöhne ist damit nach Bildad
»erledigt«. Daß er, selbst wenn er gleichsam denkerisch auf diese Weise abzuschließen wäre, für den betroffenen Vater nicht »erledigt« sein
kann, bleibt außerhalb des Denkens Bildads. Was nun aber Hiob selbst
(und seine anzunehmenden Verfehlungen) angehe, so sei, fährt der
Redner fort, der Fall nicht abgeschlossen. Denn Hiob lebe ja noch und
solle, so schärft Bildad ein, Gott suchen und ihn um Gnade bitten. Bildad wiederholt damit auf seine Weise den Rat des Elifas (5,8).

6: Wenn Hiob seine Verfehlungen nur mit aufrechtem Herzen vor
Gott bringen wolle, so werde Gott um seinetwillen aktiv werden. Das
ist die Grundbedeutung des Verbs ʿwr (hier im gewöhnlich kausativen,
an dieser Stelle intensiv aufzufassenden Hifʿil). An anderen Stellen des
Alten Testaments bedeutet das Verb »aufwachen« bzw. »aufwecken«,
aber auch »reizen« (auch im sexuellen Sinne; vgl. Hld 2,7; 8,4f. u.ö.).
Die Bitte an Gott, er möge »aufwachen«, »sich regen« bezieht sich auf
die Hilfe im Krieg oder im Rechtsverfahren (z.B. Ps 7,7; 35,23; 44,24).
Schon einmal begegnete das Verb in Hi 3,8, wo vom gefährlichen Reizen bzw. Aufwecken des Leviathan die Rede war (vgl. 41,2); kein Aufwachen gibt es dagegen nach Hi 14,12 vom Todesschlaf.
    Hier in 8,6 bezeichnet das Verb ʿwr die Erwartung, Gott werde aktiv
eingreifen, um Hiobs Geschick angemessen in Ordnung zu bringen.
Insofern unterscheidet Bildad zwischen dem Geschick der Söhne
Hiobs, bei denen der Tun-Ergehen-Zusammenhang sich unmittelbar
realisiert habe, und dem Hiobs, bei dem es auf Gottes aktives Eingreifen ankomme, um Hiob das ihm angemessene Ergehen zu verschaffen.
Bildad vertritt also keineswegs einen »Vergeltungs-Automatismus«.
Gott ist es vielmehr, der den Tun-Ergehen-Zusammenhang realisiert,
wo er nicht als eigengesetzlicher Tat-Folge-Zusammenhang eintritt.
Dieses aktive Handeln Gottes wird (wie auch sonst oft) an dieser Stelle
mit dem Verb *šillem* bezeichnet.
    šillem bedeutet: vollständig machen (d.h. die Tat-Folge-Ketten zu
vervollständigen). In Bildads Worten kommt darüber hinaus ein anderer Aspekt des *šillem* zum Ausdruck. Die Grundbedeutung der Wurzel
šlm ist: »genug haben« (dazu G. Gerleman, Die Wurzel *šlm*, in: ZAW
85 [1973] 1-4). Das Nomen *šālōm* – gewöhnlich mit »Frieden« wie-

dergegeben – bezeichnet den Zustand, in dem man »genug hat«, einem »Genüge getan« ist, man »Genugtuung bekommen« hat. Wie im Deutschen von »genug« das Wort »vergnügt« abgeleitet ist, bezeichnen auch im Hebräischen Worte der Wurzel *šlm* den Zustand der Zufriedenheit und des Vergnügens. In diesem Sinne kann man auch die Formulierung *šillam n*e*wat ṣidqäkä* in Hi 8,6 wiedergeben: »er wird Genüge tun der Stätte deiner Rechtmäßigkeit«, d.h. er wird dir deinen angemessenen Ort geben, wird dem dir Zukommenden seinen Ort geben. Wenn Hiob lauter (*zak*) und aufrecht sein werde (*jāšār* – aber *war* er es nicht, vgl. 1,1.8; 2,3?), dann, so Bildad, werde Gott ihm die gebührende Zukunft bereiten.

7:     Hiobs Zukunft werde dann so glänzend sein, daß sein Wohlstand und Glück früherer Zeiten dagegen klein erscheinen werden. Wie mögen solche Trostworte für den klingen, der wie Hiob geschlagen ist? Was hilft dem Trauernden und Verzweifelten der Hinweis, es werde später einmal alles sehr gut werden? Auch dann bedeutet dieser Hinweis nichts, wenn er – wie Bildads Prognose – durch den tatsächlichen Ausgang der Geschichte bestätigt scheint. Wiederum sagt Bildad Richtiges, doch nicht Wahres.

8-10: Zur Bekräftigung seiner Worte bezieht sich Bildad auf die Erfahrungen der früheren Generationen. Es gibt keinen Anlaß, schon deshalb, wie es zuweilen geschieht, Bildad für einen jüngeren Freund zu halten. Solche Charakterisierungen entspringen eher dem Wunsch, den Freunden Hiobs eine je eigene Charakterisierung zuzulegen, als den Informationen des Textes. Es gehört zur israelitischen Weisheit, die »Väter« zu zitieren – nicht aus Mangel an eigenen Erfahrungen oder eigener Originalität, sondern aus dem Wissen darum, daß die »selbstgemachten« Erfahrungen eines Individuums oder nur seiner Generation nicht zureichen, das Leben einer Gemeinschaft zu leiten. Die »Kette der Zeugen«, die nicht abreißende Erfahrungs- und Erzählgemeinschaft über Generationen hinweg bestimmt jüdische Frömmigkeit bis heute. »Wir sind von gestern«, sagt Bildad über die eigene Generation. An dieser sprichwörtlich gewordenen (und fast immer mißverstandenen) Formulierung zeigt sich der augenfällige Unterschied zwischen dem alttestamentlichen und dem gegenwärtig dominanten Bewußtsein von »Zeitgenossenschaft«. Bildads Worte sind kaum verständlich in einer Zeit, in der es darum geht, »von heute«, besser noch (von Werbung und Politwerbung stets neu eingeschärft) schon »von morgen« zu sein. Bildads Selbstkritik aber ist umgekehrt gezielt. Nur gerade bis gestern reichen »unsere« Erfahrungen und unser Wissen. Deshalb bedürfen wir des Wissens von vorgestern und vorvorgestern, wenn wir etwas wissen wollen. Der einzelne gleicht, wenn er von den Erfahrungen der früheren Generationen abgeschnitten ist, einem flüchtigen Schatten. Gäbe es nicht die Möglichkeit, auf die Worte der (Mütter und) Väter zu hören, so gäbe es keine Gemeinschaft. Denn wir leben von denen, die vor uns waren und ohne die wir nicht wären. Bildad stellt sich mit seinem Hinweis auf die Früheren in diese Gemeinschaft hinein. Ihm den Vorwurf zu machen, er zöge sich hinter fremde Autorität zurück, täte ihm Unrecht. So wichtig die immer neu zu formulierende (weil in den Reden des Hiobbuches immer neu begründete) Warnung davor ist, das mit dem »Fall Hiob« verbundene Problem auf eine Frage des Denkens zu reduzieren und dabei die konkrete Lage Hiobs zu unterschlagen, so wichtig ist umgekehrt die Warnung vor einer anderen Engführung, nämlich der, das Hiobproblem auf die einmalige Situation Hiobs zu reduzieren und dabei zu unterschlagen, daß es sehr wohl auch ein Problem des Denkens und der Lehre darstellt. Denn ginge es nur um Existenz und Kontingenz, so könnte es niemals eine Lehre geben, niemals einen Rat von dem, der jetzt nicht in der Lage des anderen ist. Zugespitzt formuliert: Weder gibt es Wahrheit ohne Betroffenheit, noch verbürgt Betroffenheit schon Wahrheit.

11-19: Aus der Weisheit der Väter bietet Bildad drei »Gleichnisse« auf. Sie stammen aus dem Pflanzen- (das erste und dritte) und aus dem Tierreich (das zweite). Der für alle drei geltende Vergleichspunkt ist in V. 13 formuliert. Die Züge (Pfade, Wege) derer, die Gott vergessen haben oder ihm entfremdet sind, sind auf trügerische Hoffnung gebaut und gehen trotz vordergründiger Blüte und scheinbarer Festigkeit zuschanden. Sie sind wie Papyrus und Sumpfgras, denen plötzlich das Wasser entzogen wird (V. 11f.), wie jemand, der auf ein Haus aus Spinnweben baut (V. 14f. – auch im Koran, Sure 29, 41 bzw. 42 wird der, der außer Gott einen Beschützer annimmt, einer Spinne verglichen, die das schwächste aller Häuser hat). Sie sind wie eine rasch wachsende und sich scheinbar fest verwurzelnde Rankenpflanze (V. 16ff.), die – hier ist die Metaphorik auch heute unmittelbar verständlich – »in vollem Saft auf der Sonnenseite« des Lebens zu stehen scheint und doch ausgerissen und dem Vergessen anheimgegeben wird, während ein neuer Glücksritter aufsteigt. In diesem letzten Vergleich gehen Bild und Deutung in den sprachlichen Formulierungen ineinander über.

20-22: Mit diesen Beispielen ist für Bildad gewiß, daß Gott an der Differenz zwischen dem Untadeligen (*tām* – so ist Hiob in 1,1.8; 2,3 vom Erzähler und von Gott selbst gekennzeichnet) und dem Bösen

festhält und daß Gott mit seinem eigenen aktiven Eingreifen diesen
Unterschied im Leben der Menschen bewahrheiten wird. Deshalb
kann Bildad dem Freund eine glänzende Zukunft in Aussicht stellen
und mit seinem letzten Wort das letzte Wort der voraufgehenden Hiobrede aufnehmen und korrigieren.

Die Bildadrede zeichnet sich durch den Ton der Gewißheit und der
Bescheidenheit aus. Sie bietet keinen Anlaß, den Sprecher als »haus-
backen« (so z.B. Bloch, Atheismus im Christentum, Gesamtausgabe,
Bd. 14, 150) zu bezeichnen, oder zu urteilen, hier sei ein »Klotzkopf
unter die Seelsorger« geraten (vgl. Horst, BK, 128, der derartige Charakterisierungen skizziert und seinerseits kritisiert). Daß wie die Elifasrede und die folgenden Freundesreden auch diese Bildadrede Hiob
in seiner Lage nicht erreichen kann, ist weder in Bildads Charakter
noch in seiner Bildung begründet, sondern beruht auf der durch die in
der unterschiedlichen Lage der Redenden selbst begründeten Grenze
jeder Lehre und jeden Trostes. Voreilig wäre es, daraus den Schluß zu
ziehen, die Reden der Freunde seien allein als Fehlversuche zu verstehen. Welche Bedeutung sie in ihrer Begrenztheit für Hiob und für das
mit Hiobs Geschichte verbundene Problem von Leben und Lehre haben, wird im Blick auf die Dialoge Hiobs mit den Freunden weiterhin
zu fragen sein.

Hiob 9,1-10,22   **Hiobs Rede**
            ». . . wenn nicht er, wer dann?«

9

1   Da hub Hiob an und sprach:
2   »Ich weiß wahrhaftig, daß es so ist:
    Wie kann ein Mensch gegenüber Gott im Recht sein?
3   Wenn er mit ihm zu streiten hätte,
    nicht eins auf tausend könnte er ihm entgegnen.
4   Ihm, der weise im Herzen ist und stark an Kraft,
    wer konnte ihm trotzen und blieb heil?
5   Ihm, der Berge verrückt, ohne daß sie's merken,
    der sie umstürzt mit dem Schnauben seiner Nase,
6   der die Erde in ihren Festen erschüttert,
    so daß ihre Pfeiler wanken,
7   der der Sonne etwas sagt, und sie geht nicht auf,

	der sogar die Sterne versiegelt,
8	der den Himmel aufspannt – er allein,
	der seinen Weg nimmt auf den Kuppen des Meeres,
9	der das Sternbild des Löwen schuf, den Orion,
	das Siebengestirn und die Kammern des Südens,
10	der große Dinge tut bis zu denen, die unerforschlich sind,
	und Staunenswertes über jede Zahl hinaus.
11	Schau, er geht an mir vorbei, und ich sehe es nicht,
	er zieht vorüber, und ich nehme es nicht wahr.
12	Schau, er rafft hinweg, wer kann es abwenden,
	wer kann zu ihm sagen: Was tust du da?
13	Gott nimmt sein Wutschnauben nicht zurück,
	unter ihn beugen sich die Helfer Rahabs.
14	Doch wie könnte ich ihm entgegnen,
	meine Worte gegen ihn wählen,
15	der ich ihm, wenn ich auch im Recht wäre, nicht entgegnen könnte,
	um mein Recht müßte ich um Gnade flehen.
16	Wenn ich rufe und er mir antwortete –
	ich kann mich nicht daran festmachen, daß er meine Stimme hört –
17	er, der mit einem Unwetter nach mir schnappt,
	der meine Wunden umsonst mehrt.
18	Nicht läßt er mir Zeit zum Atemholen,
	er sättigt mich mit Bitternissen.
19	Wenn es um die Kraft des Stärkeren geht – er hat sie,
	aber wenn es ums Recht geht – wer lüde mich vor?
20	Doch wenn ich auch im Recht bin, mein Mund spräche mich doch schuldig,
	untadelig bin ich, er duckt mich.
21	Untadelig bin ich, nicht frage ich nach meiner Lebenskraft,
	ich verachte mein Leben.
22	Es ist doch alles eins! Deshalb sage ich:
	Untadelig oder Frevler – er macht ein Ende.
23	Wenn die Geißel plötzlich den Tod bringt,
	verhöhnt er noch die Verzweiflung der Unschuldigen.
24	Die Erde ist in die Hand eines Frevlers gegeben
	– das Gesicht ihrer Richter verhüllt er –,
	und wenn nicht er, wer dann!?
25	Meine Tage eilen schneller als ein Läufer,
	sie fliehen, sie sehen nichts Gutes,
26	sie gleiten dahin wie Kähne im Schilf,
	sie gleichen dem Geier, der über seinem Fraß kreist.

27   Wenn ich mir sage: Ich will meine Klage vergessen,
      ich will ein anderes Gesicht machen, mich aufhellen,
28   dann packt mich doch das Grausen in all meinen Schmerzen,
      ich weiß: Du wirst mich nicht freisprechen,
29   ich, ich *soll* ein Frevler sein,
      warum sollte ich mich vergeblich bemühen?
30   Wenn ich mich in Schnee badete,
      wenn ich meine Hände in Lauge wüsche,
31   würdest du mich doch in Unrat tauchen,
      und meinen Kleidern ekelte vor mir.
32   Er ist ja kein Mensch wie ich, daß ich ihm entgegnen könnte,
      daß wir miteinander ins Gericht gingen.
33   Es gibt zwischen uns keinen Schlichter,
      der seine Hand auf uns beide legen könnte,
34   daß er (Gott) seinen Stock von mir wegnähme,
      daß mich sein Schrecken nicht mehr ängstigte!
35   Ich würde reden, ich würde ihn nicht fürchten –
      doch so stehe ich ja nicht da!

10

1   Meines Lebens überdrüssig ist meine Kehle,
      ich will meiner Klage freien Lauf lassen,
      ich will reden in der Bitterkeit meiner Kehle.
2   Ich rede zu Gott: Mache mich nicht zum Frevler,
      laß mich wissen, warum du mit mir streitest!
3   Ist es gut, daß du mich bedrückst,
      daß du verwirfst die Arbeit deiner Hände,
      während du beim Ratschluß der Frevler strahlst?
4   Hast du denn Augen aus Fleisch,
      oder siehst du, wie ein Mensch sieht?
5   Sind deine Tage wie des Menschen Tage,
      oder sind deine Jahre wie die Tage eines Mannes,
6   daß du suchst nach meiner Schuld
      und forschst nach meiner Verfehlung,
7   wo du doch weißt, daß ich kein Frevler bin
      und daß es aus deiner Hand kein Entreißen gibt?
8   Deine Hände haben mich gebildet, mich gemacht,
      ringsum und ganz – und du verschlingst mich.
9   Gedenk doch, daß du mich wie Lehm gemacht hast –
      und zu Staub willst du mich zurückwenden.

10	Hast du mich nicht wie Milch hineingegossen
	und wie Käse mich gerinnen lassen,
11	mit Haut und Fleisch mich umkleidet,
	mit Knochen und Sehnen mich durchflochten?
12	Leben und Solidarität hast du mir gewährt,
	dein scharfer Blick hat meinen Atem bewacht.
13	Das hast du in deinem Herzen verborgen,
	ich weiß, daß dir das im Sinn war.
14	Wenn ich sündigte, wolltest du mich überwachen
	und mich um meiner Verfehlungen willen nicht straflos ausgehen lassen.
15	Wenn ich ein Frevler wäre – wehe mir!
	Bin ich im Recht, darf ich doch mein Haupt nicht erheben,
	gesättigt mit Schmach – und schau mein Elend!
16	Trüge ich den Kopf hoch, so jagtest du mich wie einen Löwen
	und zeigtest dich immer wieder staunenswert an mir,
17	bötest aufs neue deine Zeugen gegen mich auf,
	steigertest deinen Unmut gegen mich,
	legtest mir Zwang und Frondienst auf.
18	Warum hast du mich denn aus dem Mutterschoß gezogen?
	Wäre ich doch gestorben, ohne daß ein Auge mich gesehen hätte!
19	Wie wenn ich nicht gewesen wäre, wäre ich,
	vom Mutterleib zum Grab gebracht.
20	Sind nicht nur noch wenige meine Tage?
	Laß ab von mir, daß ich ein wenig aufatmen kann!
21	Bevor ich gehe, ohne wiederzukehren,
	ins Land der Finsternis und der Dunkelheit,
22	ins Land der Düsternis, wie das Urdunkel,
	der Dunkelheit ohne Richtungszeichen, wo es auch, wenn's Tag wird, dunkel bleibt.«

Diese zweite Antwortrede Hiobs gehört zu den ungeheuerlichsten Texten der Bibel. Hiob schleudert Gott gewaltige Anklagen entgegen – bis hin zu der Unterstellung, Gott selbst herrsche als Frevler über die Welt. Diese Worte Hiobs sind nicht das letzte Wort des Hiobbuches, aber damit sie nicht das letzte Wort behalten müssen, müssen sie ausgesprochen, müssen sie aus-gesprochen werden.

9,2: Hiob beginnt seine Rede damit, daß er Bildad und Elifas in einem jeweils entscheidenden Punkt ihrer Reden zustimmt. Ein Mensch kann gegenüber Gott nicht Recht haben. Hiob nimmt damit auf, was Elifas (4,17) einer göttlichen Offenbarung abgelauscht hatte, und er stimmt gleichzeitig Bildad zu, der in Abrede stellte, daß Gott das Recht krümmen könne (8,3). Aus beiden Freundesreden nimmt Hiob das Wortfeld *ṣdq* (Gerecht[igkeit], Gemeinschaftstreu[e]) aus 4,17; 8,3 auf. Der Hiobdichter verstärkt noch den Eindruck der Übereinstimmung der Worte Hiobs und der Freunde, indem er Hiob in der Fortsetzung seiner Rede in 9,10 einen Satz aus der Elifasrede (5,9) nahezu wörtlich wiederholen läßt.

Die Übereinstimmung in den Aussagen benutzt der Verfasser jedoch, um den Dissens in den aus den Aussagen zu ziehenden Konsequenzen um so deutlicher hervortreten zu lassen. Er verwendet das Stil- und Argumentationsmittel der »opposition par imitation«, der Nachahmung der Argumente mit dem Ziel des Widersprechens. Denn die »böse« Pointe der von Hiob akzeptierten Sätze der Freunde über Gottes Gerechtigkeit und Gottes Recht lautet: Gott ist immer im Recht, weil er die Macht hat, weil er auch die Macht über das Recht hat. Wenn aber das Recht in der Macht aufgeht, dann verliert das Recht seine eigene Bedeutung.

3f.:   Deshalb, so schließt Hiob aus Gottes Recht, wäre jeder Prozeßgegner (das Verb *rîb* in V. 3 gehört zur Terminologie des Gerichtsverfahrens und bezeichnet das Führen eines Rechtsstreits) Gott im Verhältnis 1:1000 unterlegen. Wäre er noch so weise und noch so stark, er käme aus einem Prozeß mit Gott nicht »heil« (*šālem*, d.h. auch: Genugtuung erfahrend, vergnügt; zum Wortfeld s.o. S. 87f.) davon.

5-10:   Hiob führt Gottes Überlegenheit in hymnischer Sprache aus. Die Gattung der Hymnen begegnet in den Psalmen, aber auch in poetischen Stücken außerhalb des Psalters (zu den Hymnen H. Gunkel / J. Begrich, Einleitung in die Psalmen [1933] ⁵1975; F. Crüsemann, Studien zur Formgeschichte von Hymnus und Danklied in Israel, 1969; C. Westermann, Lob und Klage in den Psalmen, ⁵1977, 11-124; K. Seybold, Einführung in die Psalmen, 1986, bes. 97f.).

Die Form des Hymnus, die auch in Hi 9,5ff. vorliegt, ist die des »partizipialen Hymnus«, in dem Gottes Wirken als Schöpfer und Erhalter der Welt vor allem mit Partizipialsätzen beschrieben wird. Das Partizip, das zwischen Verb und Nomen steht, legt eine Aussage nicht auf eine bestimmte Zeitstufe fest. Die hymnischen Partizipien beschreiben somit Gottes Wirken als dauernd, beständig, als Vergangenheit, Gegenwart und Zukunft umgreifend.

Hi 9,5ff. nimmt sowohl sprachlich als auch thematisch bekannte Formen auf. Deshalb nehmen etliche Kommentatoren (u.a. Fohrer, KAT; Hesse, ZBK) an, daß 9,5-10 ein sekundärer Nachtrag sei, der den Zusammenhang störend unterbreche. Zutreffender ist es zu vermuten, daß die »doxologischen Verse aus einem anderwärts bestehenden Zusammenhang übernommen worden« (Horst, BK, 145) seien, jedoch nicht als nachträgliche Hinzufügung und Unterbrechung von späterer Hand, sondern in der kompositorischen Absicht des Verfassers selbst, als ein Mittel, mit dem der Autor zeigt, daß dieselben Worte in und aus verschiedener Lage gesprochen ganz gegensätzliche Bedeutung bekommen können. »Gerade dann nämlich«, konstatiert Horst (ebd.), »erfüllen sie ihren Zweck«. Dafür spricht auch die erwähnte – nur scheinbar zustimmende – Aufnahme des Elifaswortes aus 5,9 in V. 10; zudem kann man (mit Hartley, NICOT) in den Abschnitten 5-7.8-10.11-13 jeweils akzentuierte Aufnahmen und Weiterführungen von V. 4 sehen. Mehrere Anzeichen sprechen also dafür, daß es sich bei der (scheinbaren) Unterbrechung des Gedankengangs durch die hymnische Doxologie um ein vom Hiobdichter bewußt aufgenommenes und gestaltetes Traditionselement handelt, das in diesem Kontext eine neue Bedeutung bekommt. Die Passage unterstützt Hiobs Kritik an einem Dialog, in dem es allein um das »Zurechtrücken von Worten« (6,16) geht. Ob nämlich die Worte von V. 5ff. Gottes gewaltige Größe oder Gottes große Gewalt beschreiben, hängt nicht von den Worten allein ab, sondern auch und vor allem vom Blickwinkel, unter dem man sie wahrnimmt.

Die hymnischen Sätze beschreiben die in der Tradition bekannten Vorgänge bei einer göttlichen Erscheinung, einer »Theophanie«. Deshalb kann man den gesamten Abschnitt als Reaktion Hiobs auf die Offenbarung des Elifas (4,12ff.) verstehen. Wenn Gott erscheint, kann er Berge verrücken und die Erde (die im antiken Weltbild auf mächtigen Säulen aufruht) bis zu ihren Pfeilern erschüttern. Ebenso kann er den Lauf der Gestirne beeinflussen. Im Hintergrund dieser letzten Aussage steht entweder die Erfahrung von Verfinsterungen bei Erdbeben und Vulkanausbrüchen (also eine Weiterführung der vorher genannten Machterweise Gottes) oder ein Anklang an Traditionen des Jhwh-Krieges, in dem selbst die Gestirne mitkämpfen (man denke an die Deboraschlacht [Ri 5,20] oder an die in der Auseinandersetzung zwischen der Kirche und der beginnenden neuzeitlichen Astronomie. z.B. im Galilei-Prozeß wichtig gewordene Stelle Jos 10,12f., nach der Josua die Sonne stillstehen ließ, um eine für Israel günstig verlaufende Schlacht zum siegreichen Ende zu bringen).

Mit der Erwähnung der Gestirne in V. 7 ist aber auch schon das Thema angedeutet, das in V. 8-10 im Vordergrund steht. Hier geht es um Gottes Größe als Schöpfer, als Herr des Himmels, den er wie ein Zelt aufgespannt hat (so auch in Ps 104,2, während in Gen 1,6ff. an eine Himmelsschale gedacht ist). Er ist aber auch der Herr des Meeres, des gleichsam gebändigten Restes der alten Urflut. Schließlich hat

Gott auch die Sternbilder geschaffen, von denen in V. 9 vier genannt
sind. Die Bezeichnung des erstgenannten, ´*āš*, läßt mehrere Deutungen
zu; man kann mit einem mittelalterlichen jüdischen Ausleger an den
Großen Bären denken, aber auch die Deutung auf das Sternbild des
Löwen und auf den Aldebaran im Sternbild Stier wird vertreten (zur
Debatte Hartley, NICOT; zum Zusammenhang von Astronomie und
Astrologie im Altertum J. Ebach, Art. »Astrologie«, Handbuch reli-
gionswissenschaftlicher Grundbegriffe, Bd. II, 1990, 82ff.).

In V. 10 faßt Hiob zusammen: Gott tut große und staunenswerte
Wunder. Gegenüber der neuzeitlichen Diskussion des Wunderthe-
mas, die sich vor allem um die Frage der Durchbrechung von Naturge-
setzen dreht, steht in den alt- und neutestamentlichen Wunderge-
schichten ein anderer Aspekt im Zentrum. Wunder sind Machterweise. Sie sind deshalb auch mit Schrecken verbunden (man denke daran,
daß im Neuen Testament bei den Wundern Jesu die Anwesenden
»entsetzt« [d.h. erschreckt, aber auch: von einer Besetzung befreit]
sind). Auch in der Hiobrede geht es um die Macht Gottes, die sich in
Hiobs Erfahrung als Gewalt manifestiert. Deshalb »zitiert« er Elifas,
um mit der Aufnahme seiner Worte seine ganz andere Erfahrung zur
Sprache zu bringen.

11:   In V. 11 wechselt (wie schon mehrfach in den Hiobreden und
auch weiterhin zu beobachten) der Blickwinkel, indem recht unvermit-
telt das »Ich« des Redenden erklingt. Hiobs Satz nimmt wiederum die
Offenbarung der Elifasrede auf (ein weiteres Indiz dafür, daß der gesamte Abschnitt planvoll komponiert und keineswegs durch eine
nachträgliche, gar unsachgemäß erfolgte Einfügung »gestört« ist).
Denn vom »Vorüberziehen« (*ḥālaf*) einer göttlichen Erscheinung
sprach auch Elifas (4,15). Nahm aber Elifas von jenem »Vorüberziehen« eben die Offenbarung auf, deren zentralem Satz (4,7) Hiob in
dieser Rede nur scheinbar zustimmt, so erklärt Hiob seinerseits, er
würde ein »Vorübergehen« Gottes nicht einmal wahrnehmen können.
Hiob sieht sich weder in der Rolle des Mose, an dem Gott vorüberzog,
so daß er ihn »im Vorübergehen« (das andere Verb in Hi 9,11) sehen
konnte (Ex 33,22), noch in der Rolle des Elia in der Gotteserscheinung
von 1Kön 19 (auch hier das »Vorübergehen« in V. 11, dazu als Vorbo-
ten Gottes – in denen er Elia gegenüber jedoch gerade nicht erscheint –
ein Sturm, der Berge zerriß, ein Erdbeben und ein Feuer, also zwei der
drei in Hi 9,5f. genannten Formen der Theophanie).

Hiob ist nicht Mose und nicht Elia – aber auch nicht Elifas. Macht
Hiob sich klein, oder stutzt er den Freund auf »Normalmaß«? Auf der
Ebene der Worte unterscheiden sich Hiob und Elifas wiederum weni-
ger als in ihrer Lage. Fohrer formuliert: »Damit geht Hiob zwar von

der gleichen Erkenntnis des ungeheuren Unterschiedes zwischen
Gott und Mensch aus, wie sie dem Eliphas enthüllt worden ist (4,17-
21), zieht aber andere Folgerungen daraus.« (KAT, 206)

12f.: In den beiden folgenden Versen wechselt Hiob abermals von
der individuellen zur allgemein menschlichen Ebene, um mit V. 14
wieder zum »Ich« zurückzukommen, das dann bis zum Ende von Kap.
10 durchgehalten bleibt. Der häufige Ebenenwechsel schärft den LeserInnen immer wieder ein, daß es um den Fall des einen Hiob *und* um
ein allgemein menschliches Problem, daß es um Hiob und Gott *und* um
den Menschen und Gott geht. In V. 12f. tritt die zerstörende Macht
Gottes deutlich in den Vordergrund. Sie läßt keinen Einspruch zu und
entzieht sich dadurch der Ebene des Rechts. Die Macht Gottes reicht
über die Menschenwelt hinaus. Das drückt V. 13 mit dem Hinweis auf
den Bereich Rahabs (ein Name für ein mythisches Ungeheuer wie Leviathan und *tannīn*, s.o. S. 50.78f. und u. zu Hi 40,24ff.) aus.

14-18: Wie könnte sich Hiob gegen Gott in einem Rechtsstreit
durchsetzen? Gegenüber dem, der Recht hat, weil er über das Recht
verfügt, kann ein Opponent oder einer, der aus unerfindlichen Gründen von einem souveränen Herrscher zum Feind erklärt wird, nur um
Gnade flehen. Wir sehen hier eine weitere der schon bekannten
»Übereinstimmungen« mit Worten der Freunde. Denn Bildad hatte
(8,5) Hiob geraten, bei Gott »um Gnade zu flehen« (dasselbe Verb *hnn*
im Hitpa'el). Aus der Hoffnung, daß Gnade vor Recht ergehen könne,
wird jedoch für Hiob der Ausdruck eines Gewaltverhältnisses, in dem
man auf Gnade setzen muß, weil es kein Recht gibt.
   Doch nicht einmal *darauf* kann Hiob *mit Gewißheit setzen* (das bedeutet das hebr. Verb *'āman* im Hif'il, das gewöhnlich mit »glauben«
wiedergegeben wird), daß Gott ihn hören werde, wenn er ihn um Gnade bitten wollte. Begegnet Gott ihm doch als Feind; er mehrt seine
Wunden »umsonst« (*hinnām*, s.o. S. 13f.; die Formulierung in Hi 9,17
verweist zudem auf Spr 23,29 [«Wunden umsonst«]); er nimmt ihm
die Luft zum Atmen.

19: In V. 19 wird die Frage von Macht und Recht auf den Fall Hiob
bezogen. Wenn es um das Recht des Stärkeren geht – es ist bei Gott.
Wenn es aber tatsächlich um das Recht ginge, dann käme Hiob, der
sich im Recht weiß, dennoch nicht zu seinem Recht, denn »wer lüde
mich vor?« So steht es im hebräischen Text, der von den Kommentatoren weithin als unverständlich beurteilt und deshalb geändert wird.
Man ändert *jō'idenī* in *jō'idenū* und kommt zu der Übersetzung: Wer
lüde *ihn* vor. Dann wäre darauf abgehoben, daß es keine Verurteilung

geben kann, wenn man den Beschuldigten nicht vor Gericht zitieren
kann. Aber auch der überlieferte Text ist durchaus zu verstehen und
führt zu einem ähnlichen Ergebnis in umgekehrtem Blickwinkel. »Wer
lüde mich vor?« hebt darauf ab, daß man auch dann sein Recht im Gerichtsverfahren nicht erstreiten kann, wenn man als Kläger nicht zuge-
lassen wird, d.h. die Verhandlung des Falles vor Gericht erst gar nicht
erreichen kann. Gott nämlich hat Recht, weil er Recht setzt und das
Rechtsverfahren beherrscht. Er ist ein absoluter Herrscher ohne »Ge-
waltenteilung«. So oder so – für Hiob gibt es keine Chance. Doch Hiob
führt in den folgenden Versen das Gedankenspiel noch einen Schritt
weiter.

20f.:   Gesetzt, es käme dennoch zu einem Verfahren, so erschiene
Hiob noch immer als schuldig, denn allein sein Mund, allein der ungeheuerliche Vorwurf, den er erheben müßte, spräche ihn schuldig. Was
hülfe es ihm, daß er sich als untadelig (*tām* – das Wort kommt in diesem
Abschnitt nahezu stakkatohaft vor) nicht nur selbst weiß, sondern daß
ihm dieses Prädikat auch vom Hiobzähler, ja von Gott selbst (1,1.8;
2,3) zuerkannt wurde? Hiob sieht keine Möglichkeit, zu seinem Recht
zu kommen, seinen Anspruch auf Integrität, Solidarität und Gemeinschaft (das alles gehört zum Wortfeld *ṣdq*) realisiert zu sehen.

22-24:   So kommt es in den folgenden Versen zu den Sätzen, die
Hiobs bisherige Aussagen über Gott, dessen Recht allein in seiner
Macht bestehe, noch übertreffen. Die Verse 22-24 trügen jedem, der
sie im Bereich von Theologie und Kirche äußerte, auch heute den Vorwurf der Gotteslästerung ein, denn Hiob folgert:
1.   (22): Gott unterscheidet nicht zwischen *tām* und *rāšā'*, d.h. er
     macht keinen Unterschied zwischen dem Untadeligen und dem
     Verbrecher, Frevler.
2.   (23): Gott hat seine höhnische Freude am Tod der Unschuldigen,
     wenn sie plötzlich umkommen (für das hier genannte »Instru-
     ment« des Todes, *šôṭ*, geben die Wörterbücher zwei Bedeutungen
     an, nämlich »Geißel« und »Wasserflut«; es könnte sein, daß es
     sich dabei nicht um ein Homonym handelt, sondern um eine über-
     tragene Bedeutung des Wortes Geißel, Peitsche, weil eine Flut wie
     ein Peitschenhieb über das Land kommen kann).
3.   (24): Die Erde ist in die Hand eines gegeben, der selbst *rāšā'* ist,
     d.h. selbst ein Frevler, Verbrecher. Für diesen *rāšā'* gibt es kein
     Gericht, denn Gott hat die Augen der Richter blind gemacht.
    Wer ist dieser *rāšā'*? Hiob spricht die ungeheure Konsequenz
kaum verhüllt aus: Wenn nicht er, wer dann?
Hiobs Aussagen über Gott, den Menschen und das Recht mit ihrer

letzten Zuspitzung in V. 24 stellen die schärfste Anklage des ganzen
Hiobbuches dar. Und doch ist diese Anklage für Hiob nichts als die
scharf gezogene Konsequenz für den, der Glaube und Erfahrung zu-
sammenhalten will. Diese Konsequenz ergibt sich für Hiob, gerade
weil er an Gott als Herrn der Welt und damit auch Herrn seines Geschicks festhält. »Wenn nicht er, wer dann?« Auch das ist eine rhetorische Frage, die nicht auf die offenkundige Antwort zielt, sondern auf
die Konsequenzen aus dieser Antwort. Eine Konsequenz ist: Der
»Auszug aus Jachwe« (so die Quintessenz des Hiobbuches in der Formulierung von Ernst Bloch). Doch diese Konsequenz ist keine Lösung.
Denn ein solcher Auszug änderte nichts an der Realität, die Hiob erfährt. Mit einem (den Fragestellungen des Altertums nicht angemessenen, aber in der Neuzeit wichtig gewordenen) Begriff formuliert:
»Atheismus« wäre keine Lösung, denn: Wenn nicht er, wer dann?

Wer aber wie Hiob ungeteilt (»das Gute nehmen wir ja auch an von
Gott, und das Böse sollten wir nicht annehmen?«, 2,10) an Gott und
der erfahrenen Wirklichkeit festhält, der kann angesichts des Grauens
in der Welt schwer den Folgerungen entgehen, die Hiob zieht. Das mit
Hiobs Worten verknüpfte Problem, das in der Neuzeit als Frage der
»Theodizee« verhandelt wurde, wird im Kontext antiken Denkens
deutlich, wenn man Hiobs Folgerungen aus der Synthese von Glauben
und Erfahrung mit dem Argumentationsgang in Beziehung setzt, die
der griechische Philosoph Epikur (341-270 – seine Lebenszeit dürfte
nicht weit von der Abfassung der Hiobdichtung entfernt sein) zuge-
schrieben wird. Epikur argumentiert demnach folgendermaßen:

»Entweder will Gott die Übel beseitigen und kann es nicht, oder er
kann es und will es nicht, oder er kann es nicht und will es nicht, oder er
kann es und will es. Wenn er nun will und nicht kann, so ist er schwach,
was auf Gott nicht zutrifft. Wenn er kann und nicht will, dann ist er
mißgünstig, was ebenfalls Gott fremd ist. Wenn er nicht will und nicht
kann, dann ist er sowohl mißgünstig wie auch schwach und dann auch
nicht Gott. Wenn er aber will und kann, was allein sich für Gott ziemt,
woher kommen dann die Übel, und warum nimmt er sie nicht weg?«
(Epikur, hg. v. O. Gigon, 1949, 80; zum philosophiegeschichtlichen
Zusammenhang W. Oelmüller, Unbefriedigte Aufklärung, Neuausga-
be 1979, bes. 189ff.)

Legte man (das Gedankenexperiment mag erlaubt sein, weil es
Hiobs Position zuspitzend verdeutlichen kann) dem Hiob von Kap. 9f.
diesen Argumentationsgang Epikurs vor, so könnte er die dem Denken vorgestellte Aporie »lösen«, indem er eine der vom Philosophen
verworfenen Möglichkeiten zur Antwort erhöbe. Hiob könnte Epikur
antworten: Er will nicht! Und auf den Einwand, das dürfe man von
Gott nicht sagen, weil es ihm Mißgunst unterstelle, könnte Hiob ant-

worten: Man darf nicht, aber man muß. Die »Lösung« der intellektuellen Aporie stürzte Hiob freilich um so tiefer in eine existentielle. Wie
kann man an einem so erlebten Gott festhalten? Von den Freunden
Hiobs gilt umgekehrt, daß ihr Glaube an die Stimmigkeit zwischen
dem Tun und dem Ergehen und damit an die Gerechtigkeit Gottes und
die Ordnung der Welt sie zwar vor Hiobs existentieller Aporie bewahrt, doch um den Preis, daß sie sich weigern (müssen!), die intellek-
tuelle Aporie überhaupt wahrzunehmen.

25ff.:   Mit V. 25 geht Hiobs Anklage wiederum in die Klage über. In
der Klage redet er Gott als »du« an, kehrt aber bald (V. 32ff.) wieder
zum »er« zurück, um erst in Kap. 10 konsequent bei der direkten Anrede zu bleiben. Die Klage bringt noch einmal die Ausweglosigkeit zur
Sprache, die Hiob empfindet. Er sieht sich durch einen übermächtigen
Gegner zum *rāšā'* (zum Frevler, Verbrecher) gemacht und empfindet
diese Rollenzuweisung als unausweichlich. Damit ist für ihn jedes Tun
belanglos geworden. Denn (V. 30f. in einem Bild) er könnte sich so
»rein waschen«, wie es nur denkbar ist, Gott würde ihn immer wieder
»unrein« machen.

32ff.:   Ein Gerichtsverfahren zwischen Gott und Hiob kann es nicht
geben. Da Gott Gott und kein Mensch ist, ist niemand denkbar, der
zwischen Gott und Hiob als Schlichter, als Mittler auftreten könnte,
niemand, dessen Schiedsspruch sich beide unterwerfen könnten.
    Die Septuaginta übersetzt in V. 33 aus der hebr. Formulierung *lō'*
ješ-bēnēnū mōkī^{a}ḥ (die grammatikalisch ungewöhnlich, aber nicht
unmöglich ist, vgl. Horst, BK gegen die, die Textänderungen für nötig
halten) das *bēnēnū* (zwischen uns) mit Hilfe des griechischen Wortes
»*mesites*« (Mittler). Dasselbe Wort wird im Neuen Testament auf
Christus bezogen. So kann man eine Stelle wie 1Tim 2,5 (»Einer ist
Gott / Einer ist auch der Mittler [*mesites*] zwischen Gott und den
Menschen: / der Mensch Christus Jesus«) als christologische Antwort
auf die für Hiob nicht beantwortbare Frage lesen, zumal die Fortsetzung 1Tim 2,6 (»der sich selbst für alle als Lösegeld [»*antilytron*«] gab
/ zum Zeugnis zur festgesetzten Zeit«) auf die in Hi 19,25 formulierte
Hoffnung auf den »Löser« (s.u. zur Stelle) bezogen werden kann.
    Gäbe es einen solchen Mittler, Schlichter, so könnte Hiob auf »Lö-
sung« hoffen. So aber steht es nicht, so steht Hiob nicht vor und mit
Gott da. Mit diesem Ausdruck der Ausweglosigkeit endet das Kapitel,
doch nicht die Hiobrede.

10,1-7:   Wenn es keine Instanz zwischen (oder gar über) Gott und
Hiob gibt, dann ist Gott selbst für Hiob die einzige Instanz, an die er

sich wenden kann. Deshalb tritt im ganzen Kap. 10 zum »Ich« Hiobs das »Du« Gottes. Erst jetzt wird die Klage zum Gebet. Seine Inhalte in V. 1-7 sind durchweg die der vorausgehenden Anklage. Kaum ein neues Thema zeichnet diesen Abschnitt der großen Hiobrede Kap. 9f. aus, um so mehr ein neuer Ton.

Dadurch, daß Aussagen von Kap. 9 am Anfang von Kap. 10 in der Form von Fragen und Bitten erscheinen, wird wieder zur offenen Frage *an* Gott, was auf der Ebene der Aussagen *über* Gott erledigt schien. So wird die in 9,29 festgeschriebene Rolle Hiobs als *rāšāʻ* in der Bitte von 10,2 in Frage gestellt. Die Unvergleichlichkeit von Gott und Mensch, die am Ende von Kap. 9 die Unmöglichkeit eines Prozesses mit Gott aufwies, wird im Gebet an Gott zur Basis der Bitte, Gott möge von der Verfolgung Hiobs ablassen (10,4ff.). Hiob nimmt bei alledem nichts zurück. Indem er aber vor Gott als direkten Adressaten (»du«) bringt, was er zuvor in erster Linie über Gott konstatiert hatte, kann er neue Worte finden und muß nicht die Ausweglosigkeit des Endes von Kap. 9 als letztes Wort stehenlassen.

8-11: Mit dem beschriebenen Wechsel des Tons ist ein Aspektwechsel auch im Blick auf Gott als Schöpfer verbunden. Stand in der hymnischen Doxologie in 9,5ff. Gott als machtvoller Weltschöpfer und Herr der Elemente im Zentrum, so redet 10,8ff. von Schöpfung in ganz anderer Weise. Hier geht es um die Menschenschöpfung (ein Thema, das in der altorientalischen und alttestamentlichen Religionsgeschichte zunächst unabhängig vom Thema »Weltschöpfung« tradiert wird und erst später mit diesem zusammenwächst; dazu R. Albertz, Weltschöpfung und Menschenschöpfung, 1974). Es geht jetzt um die Erschaffung Hiobs. Gott hat diesen einen Hiob erschaffen, hat ihn gemacht aus Lehm, hat aus Flüssigem (Samen?) Festes werden lassen (wie Milch zu Käse gerinnt), hat ihn wie ein Weber und Lederarbeiter bereitet (dazu im einzelnen Albertz, bes. 132ff.; J. Ebach, Kassandra und Jona, 1987, 48ff.).

12-22: Leben und Solidarität (*ḥäsäd*) hat Gott seinem Geschöpf Hiob gewährt, hat über ihm gewacht, ihm seine Obhut angedeihen lassen (V. 12f.). Aber warum und zu welchem Ende hat Gott das alles an ihm getan? (Ein Thema von Hi 3 klingt wieder an). Aus den folgenden Abschnitten der Rede bis zu ihrem Ende wird deutlich, daß Hiobs Fragen als direkte Fragen an Gott nichts von ihrer Schärfe verloren haben, wie Hiob selbst nichts von seiner Bitterkeit verloren hat. Denn nun nennt Hiob das Ziel, das er in seiner Erschaffung erkannt hat. Gott hatte von jeher den zunächst verborgenen, jetzt aber offen zutage liegenden (V. 13) Plan, Hiob wie einen Feind zu be-

kämpfen. Das Wachen über Hiob hat sich als Überwachung manifestiert, die Obhut zeigt sich als Verfolgung. Daß Gott Hiob verschlingen
wolle (wie es schon in V. 8 heißt, und zwar mit demselben Verb *blʿ*, das
bereits in 2,3 im Vorwurf Gottes an den Satan erschien, er habe Gott
gereizt, Hiob zu verschlingen), zeigt sich im Lichte von V. 13ff. deshalb
nicht nur in Hiobs gegenwärtiger Lage, sondern war, so Hiobs Folge-
rung, Gottes Absicht vom Beginn der Erschaffung Hiobs an.

Bis zum Ende der Rede kommen nun – anders als in Kap. 3 und konsequenter als in Kap. 6f. und Kap. 9 in *direkter* Anrede Gottes als
Adressaten – Themen und Motive zur Sprache, die bereits in den früheren Hiobreden begegneten, vor allem in 9,14ff. und in Kap. 3. Gott
verfolgt ihn, ganz gleich, ob Hiob frevelt (das Verb *ršʿ*) oder recht handelt (das Verb *ṣdq*). So bleibt ihm, dem es verwehrt war, eine Fehlgeburt zu sein oder gleich nach der Geburt zu sterben (Hi 3), die Gewißheit des jetzt nahen Todes und der Wunsch, vor dem endgültigen Gang
ins Dunkel der Unterwelt noch ein wenig aufatmen zu dürfen. Abermals bittet Hiob Gott, dessen Zuwendung ihm nur Qual bereitet, sich
von ihm abzuwenden.

Der Wechsel zur direkten Anrede Gottes, die in diesem 10. Kapitel
durchgehalten ist, bedeutet nicht – das zeigt sich am Ende dieser Rede
–, daß auch nur eine der Fragen Hiobs einer Antwort näher gekommen
ist. Es bedarf vieler Wiederholungen – im Gespräch Hiobs und der
Freunde und in Hiobs Reden vor, an und gegen Gott –, bis Hiob Antwort zuteil wird.

Hiob 11,1-20   Zofars Rede
»Willst du den Urgrund Gottes aufspüren?«

11

1   Da hub Zofar an, der Naamatiter, und sprach:
2   »Soll die Fülle der Worte ohne Antwort bleiben,
     oder soll der Zungenfertige Recht behalten?
3   Soll dein Reden die Leute zum Schweigen bringen,
     sollst du spotten (dürfen), und keiner darf das als Schande er-
     weisen?
4   Du sprachst: ›Rein ist meine Lehre,
     lauter bin ich gewesen in deinen Augen.‹
5   Wer gäbe es endlich, daß Gott redete,

daß er seine Lippen öffnete gegen dich,

6 daß er dir meldete die Verborgenheiten der Weisheit,
daß sie wie Wunder zu begreifen sind!
Erkenne doch, daß Gott dir von (manchem) deiner Schuld
(sein) Vergessen gewährt!

7 Willst du den Urgrund Gottes aufspüren
oder bis zur Höhe des Allmächtigen finden?

8 Die Höhe des Himmels – was willst du da ausrichten,
tiefer als die Unterwelt – was weißt du davon?

9 Länger als die Erde an Maß
und breiter als das Meer!

10 Wenn er vorüberzieht und einsperrt,
und wenn er einberuft, wer wollte ihn zurückwenden?

11 Ja, er kennt die Leute des Trugs,
und er sieht Arges und schaut es sich nicht lange an.

12 Doch ein hohler Kopf bekommt Verstand,
und als Eselhengst wird ein Mensch geboren.

13 Wenn du selbst dein Herz fest machst
und deine Hände zu ihm ausbreitest

14 – was Arges an deinen Händen ist, entferne es,
und laß kein Falsch in deinen Zelten wohnen! –,

15 ja, dann kannst du dein Antlitz heben ohne Fehl
und stehst fest da und fürchtest nichts.

16 Ja, dann wirst du das Unheil vergessen,
wie an Wasser, die verflossen sind, wirst du daran denken.

17 Heller als der Mittag wird das Leben sein,
und was dunkel ist, wird wie der Morgen sein.

18 Du kannst Vertrauen haben, denn es gibt Hoffnung,
du findest einen Ort, wo du sicher ruhst;

19 wo du lagerst, ist keiner, der dich aufstört;
die dir Schmeicheleien sagen, sind viele.

20 Aber die Augen der Frevler verlöschen,
die Zuflucht schwindet ihnen,
und ihre Hoffnung ist, die Seele auszuhauchen.«

Die erste Rede Zofars ähnelt in Aufbau und Inhalt den beiden vorausgegangenen Freundesreden. In der Abfolge von Schelte, Belehrung, Ratschlag und Ausmalung zukünftigen Glücks für Hiob, wenn er Belehrung und Rat annehme, gleicht sie insbesondere der Bildadrede (Kap. 8). Wie Hi 8 beginnt Kap. 11 mit einer Frage als Ausdruck des Unwillens und schließt mit der Schilderung des Endes der Frevler als Kontrapunkt für die jeweils vorausgegangenen Redeschlüsse Hiobs, in denen er sein nahes und böses Ende als unausweichlich ansieht.

Im Unterschied zu den zuvor redenden Freunden argumentiert Zofar weder (wie Elifas) mit einer ihm zugekommenen besonderen Offenbarung noch (wie Bildad) mit der Weisheit der Väter, vielmehr könnte man das besondere Profil seiner Rede in der noch größeren Bedeutung sehen, die für Zofar Lehre und Verstand haben.

Da die meisten Worte und Bilder dieser Zofarrede unmittelbar verständlich sind, soll die Kommentierung sich auf einige Hinweise zu neuen Aspekten im Dialog Hiobs und der Freunde und zum textlich umstrittenen V. 12 beschränken.

2-4: Wie Bildad (8,2) beginnt auch Zofar mit einer Zurechtweisung in Frageform. Hatte Bildad Hiobs Reden als gewaltigen Wind, als »stürmisch« und »windig« bezeichnet, so unterstellt Zofar in ähnlicher Weise, Hiob wolle mit der Länge und Zungenfertigkeit seiner Reden statt mit Argumenten beeindrucken. Zofar will deshalb sogleich auf den Kernpunkt der Behauptungen Hiobs kommen und »zitiert« (V. 4) einen Satz Hiobs. Zwar findet sich in den Hiobreden dieser Satz nicht wörtlich, doch mag er als eine Art Extrakt aus Hiobs Klagen und Beteuerungen zu akzeptieren sein. Nicht, daß Zofar »falsch zitiert« ist ihm vorzuwerfen, um so mehr, daß er Hiobs Worte als dessen »Lehre« zitiert (das hebr. Wort *läqaḥ* bezeichnet »das, was man sich an Weisheit oder Lehre zu eigen hat machen können und daher weiterzugeben in der Lage ist«; so H. Seebaß, in: ThWAT, Bd. IV, 594). Indem er Zofar von Hiobs »Lehre« sprechen läßt, bringt der Hiobdichter zum Ausdruck, wie dieser Freund Hiobs Worte hört, nämlich als aufgenommenes, weitergebbares, lehrbares Wissen, als »doctrina«, Doktrin. Damit zeigt Zofar, daß und wie er Hiobs Worte mißversteht. Die Klage hört er als Lehre, den Ausdruck der Verzweiflung als Argumentation, den Schrei vor Gott als »Theologie«.

5-11: Gegen Hiobs »Lehre« soll, so will es Zofar, Gott endlich authentisch reden. Dieser Wunsch wird in Erfüllung gehen, wenngleich nicht so, wie Zofar und die anderen Freunde es sich denken mögen. Denn in den Gottesreden gegen Ende des Hiobbuches wird jeder Lehre, jeder Doktrin der Boden entzogen werden.

Zofar weist wie zuvor Bildad Hiobs Beschuldigung zurück, Gott verfolge ihn zu Unrecht. Doch geht er noch weiter. Im Gegenteil, so dürfte der letzte Teil von V. 6 zu verstehen sein: Wenn Gott nicht wenigstens einen Teil seiner Schuld vergeben und vergessen würde (zur Grammatik des Satzes Horst, BK), dann müßte es Hiob noch viel ärger ergehen.

E. Eppler hat in einer Andacht (1977, abgedruckt in: ders., Das Schwerste ist die Glaubwürdigkeit, 1978) diese Worte Zofars als berechtigte Kritik an Selbstgerechtigkeit und Selbstmitleid interpretiert. Daran zeigt sich, daß Zofars Aussagen kritisch werden können, nämlich dann, wenn eine Hörerin oder ein Leser (wie Eppler es tut) sie selbstkritisch aufnimmt. Lediglich zitiert oder gegen andere gewendet. gehören solche Sätze zur Armatur dünkelhafter Pseudo-Demut, die mit dem Gestus »beamteter Tröster« (s.o. S. 29) oft zusammengeht.

Der folgende Abschnitt nimmt ein Thema auf, das sowohl in den Freundes- wie auch in den Hiobreden schon mehrfach vorkam. Es geht um Gottes Größe in sämtlichen Dimensionen (Tiefe, Höhe, Länge und Breite, V. 8f.) und um ihre in jeder Hinsicht bestehende Unerreichbarkeit für Hiob. Wie Hiob spricht auch Zofar von der Unbezwinglichkeit Gottes und seines Tuns (das Verb »vorüberziehen« in V. 10 mag 9,11 aufnehmen). Während aber Hiob den so beschriebenen Gott als Feind erlebt, zieht Zofar aus der Beschreibung Gottes einen anderen Schluß und wiederholt den Rat des Elifas und des Bildad, Hiob möge sich ganz Gott anvertrauen.

13-20: Zofar fordert Hiob auf, seine Hände zu Gott auszubreiten und das Böse von den Händen und den Zelten (d.h. von Person und Lebenswelt) zu entfernen (V. 13f.). Dann, so verheißt Zofar (V. 15ff.), werde Hiob sein Unglück bald vergessen können, und künftiges Glück sei ihm gewiß. Nicht ihm, sondern den Frevlern, Verbrechern sei dann ein böses Ende bestimmt.

12: *Zwischen* dem Verweis auf die Größe Gottes und dem Rat an Hiob steht mit V. 12 ein Satz, dessen Text, Übersetzung und Interpretation in der Forschung umstritten sind. Der sprachliche Ausdruck des Satzes macht es wahrscheinlich, daß es sich um eine geprägte Formulierung, vielleicht ein Sprichwort handelt, denn der Satz – *w^e'iš nābūb jillābeb / w^e'ajir pärä''ādām jiwwāled* – weist wortspielartige Assonanzen auf. Zahlreiche Vorschläge zur Übersetzung und zur Änderung des überlieferten hebräischen Textes liegen vor; vgl. Driver/Gray, ICC; Horst, BK 163; Fohrer, KAT. So übersetzt Horst: »Nur kommt ein hohler Mann so zur Besinnung, als käm' ein Eselhengst als Mensch zur Welt« (d.h. ein Hohlkopf kann auf keinen Fall etwas begreifen, und Hiob muß aufpassen, daß er sich nicht als Hohlkopf erweist . . .). Ähnlich, doch mit stärkerer Textänderung, Hartley, NICOT, 195: »An empty-headed man may become intelligent as a wild ass can be born a donkey« (Ein hohlköpfiger Mann kann so intelligent werden, wie ein Wildesel als Hausesel geboren werden kann«), d.h. überhaupt nicht. Anders Fohrer, KAT, 220: »So müßte selbst ein Hohlkopf verständig und ein Zebrahengst gelehrig werden« (d.h. selbst der Dümmste müßte begreifen, daß Gottes Vergeltung gerecht ist).

Die oben gegebene Verdeutschung versucht, den überlieferten Text ohne Änderungen zu verstehen und folgt im syntaktischen Verständnis Bubers Verdeutschung (»Doch auch ein hohler Mann kann herzhaft werden, wird ja als Wildeselfüllen jeder Mensch geboren«). Der Sinn wäre dann ein ganz anderer als in den zuvor zitierten Übersetzungen. Verwiesen wäre gerade nicht auf die festgeschriebene Rolle (Esel bleibt Esel), sondern umgekehrt auf die Lernfähigkeit. Auch wer nichts im Kopf hat, kann noch verständig werden (das hebr. Verb *lbb* hängt mit dem Wort »Herz«, *leb, lebāb*, zusammen, und im Herzen sitzt nach hebräischer Anthropologie das Verstehen-Können, s.o. S. 80f.), denn bei der Geburt ist ja jeder Mensch ein Esel. So verwiese Zofar den Freund (wenngleich in wenig charmanter Weise) auf seine Lernfähigkeit. Zwischen dem Tadel und der Einschärfung der Größe Gottes auf der einen und dem Ratschlag auf der anderen Seite wäre eine solche Sentenz gut plaziert. Sie wäre jedenfalls »gut gemeint« wie alle Belehrungen der Freunde bisher und zeigte doch, wie konsequent auch dieser Freund Hiobs Lage und Hiobs Worte auf eine Frage der Lehre, der Doktrin verkürzt. Die Freunde, die alles wissen, verstehen nichts.

Hiob 12,1-14,22   **Hiobs Rede**
                      »Wollt ihr für Gott Verkehrtes reden?«

12

1   Da hub Hiob an und sprach:
2   »Wahrhaftig, ihr seid die Leute –
      mit euch stürbe die Weisheit aus!
3   Auch ich kann soviel verstehen wie ihr,
      ich falle nicht ab gegen euch –
      und wem ginge das nicht so?
4   Ein Gelächter seinem eigenen Freund – das bin ich,
      einer, der zu Gott ruft, daß er antworte.
      Ein Gelächter (ist) der Gerechte und Untadelige!
5   Dem Unglück gebührt Geringschätzung – das meint, wer in Sicherheit ist –,
      ein Stoß noch denen, deren Fuß wankt.
6   Fest stehen die Zelte der Gewalttäter,
      und in Sicherheit sind, die Gott erzürnen.

Ja, wer die Gottheit in seine Hand gebracht hat ...

7   Aber frage doch das Vieh, daß es dich unterweise,
und die Vögel des Himmels, daß sie's dir erzählten!

8   Oder Gesträuch am Erdboden, daß es dich unterweise,
und daß es dir hererzählten die Fische des Meeres.

9   Wer unter ihnen allen wüßte es nicht,
daß die Hand Jhwhs das alles gemacht hat,

10   er, in dessen Hand alles ist, was lebt,
und der Atem von jedem Menschenleib?

11   Muß nicht das Ohr die Worte prüfen,
wie der Gaumen die Speise kostet?

12   Ist bei den Graugewordenen Weisheit
und bei dem mit langem Leben Einsicht?

13   Bei *ihm* sind Weisheit und Stärke,
er hat Rat und Einsicht!

14   Schau, er reißt nieder, und es wird nicht wieder aufgebaut;
er schließt hinter einem Mann zu, und es wird nicht wieder aufgemacht.

15   Schau, er dämmt die Wasser ein, und sie versiegen,
er läßt sie los, und sie bringen eine Katastrophe über das Land.

16   Bei ihm sind Kraft und Gelingen,
sein ist, wer irrt und wer irreführt.

17   Er läßt Ratsherren ausgezogen gehen,
und Richter stellt er als Narren hin.

18   Die Zucht der Könige löst er
und legt ihnen einen Gurt um die Hüften.

19   Er läßt Priester ausgezogen gehen,
und Alteingesessene macht er verächtlich.

20   Er fesselt die Zunge von Bewährten
und nimmt Alten den Verstand.

21   Er gießt Verachtung über Edle
und lockert den Gürtel der Starken.

22   Er deckt Geheimnisse aus der Finsternis auf
und hebt ans Licht die Dunkelheit.

23   Er läßt Völker gedeihen und bringt sie wieder zum Verschwinden,
er schafft Völkern Raum und wischt sie wieder hinweg.

24   Er entzieht den Häuptern des Landadels den Verstand
und läßt sie in der pfadlosen Öde umherlaufen.

25   Sie tappen in Finsternis und nicht im Licht,
er läßt sie wie betrunken umherlaufen.

13

1   Schau, alles hat mein Auge gesehen,
      mein Ohr hat es gehört und vermerkt.

2   Was ihr wißt, das weiß ich auch,
      ich falle nicht ab gegen euch.

3   Doch ich – zum Allmächtigen will ich reden,
      Gott zu zeigen, was recht ist, das ist mein Begehren.

4   Doch ihr, ihr seid Lügenkleisterer,
      Götzenärzte seid ihr allesamt.

5   Wer gäbe es, daß ihr endlich den Mund hieltet
      und daß das eure Weisheit wäre!

6   Hört doch meine Zurechtweisung,
      und vernehmt die Prozeßreden meiner Lippen!

7   Wollt ihr für Gott Verkehrtes reden
      und zu seinen Gunsten Trug vorbringen?

8   Wollt ihr *sein* Gesicht heben
      oder an Gottes Stelle den Prozeß führen?

9   Wäre es gut, wenn er *euch* erforschte,
      oder meint ihr, ihr könntet ihn täuschen, wie man einen Menschen täuschen kann?

10   Euch, ja euch wird er zeigen, was recht ist,
      wenn ihr insgeheim das Gesicht hoch tragt.

11   Wird es euch nicht erbeben lassen, wenn er sich erhebt,
      und wird nicht sein Schrecken auf euch fallen?

12   Eure Merksätze sind Schutthaufensprüche,
      ja tönerne Sockel sind eure Sockel.

13   Schweigt mir gegenüber, dann will ich reden,
      was immer über mich kommen mag,

14   was immer!
      Ich will mein Fleisch in meine Zähne nehmen,
      und mein Leben will ich auf meine Hand legen.

15   Schau, er wird mich töten, ich will nicht darauf warten,
      doch meinen Lebensweg will ich vor seinem Angesicht zur Verhandlung bringen.

16   Auch das ist mir schon eine Befreiung,
      denn kein Heuchler kommt vor sein Angesicht.

17   Hört doch endlich mein Wort,
      meine Aussage dringe in euer Ohr.

18   Sieh doch, ich bin zum Rechtsfall gerüstet,
      ich weiß, daß ich im Recht bin.

19   Wen gibt es, der mir das streitig machen will? –

Dann wollte ich verstummen und verscheiden!
20 Nur zweierlei tu mir nicht an,
dann will ich mich nicht vor deinem Angesicht verbergen:
21 Deine Hand nimm von mir weg,
und dein Schrecken möge mich nicht ängstigen!
22 Dann rufe, und ich will entgegnen,
oder laß mich reden, und du wirst mir erwidern!
23 Wie viele sind meine Verschuldungen und Verfehlungen?
Meine Sünde und meine Verfehlung laß mich wissen!
24 Warum versteckst du dein Angesicht
und erachtest mich als deinen Feind?
25 Willst du ein wehendes Blatt verfolgen
oder verdorrtes Stroh jagen?
26 Denn du schreibst mir Bitternisse an
und präsentierst mir Verfehlungen meiner Jugend,
27 du legst meine Füße in den Block
und überwachst alle meine Wege,
du verzeichnest meine Fußspuren.
28 Und er, er zerfällt wie Moder,
und wie ein Kleid, das die Motte gefressen hat.

14

1 Der Mensch, geboren vom Weibe,
kurz an Tagen und satt an Unrast.
2 Wie eine Blume geht er auf und welkt,
er flieht wie ein Schatten und hat keinen Bestand.
3 Doch noch über den hältst du deine Augen auf,
und mich bringst du ins Gericht mit dir.
4 Wer gäbe es, daß rein aus unrein kommt,
nicht eins!
5 Wenn seine Tage fest beschlossen sind,
liegt die Zahl seiner Monate bei dir;
du hast seine Markierungen gemacht, und er überschreitet sie
nicht.
6 Blicke weg von ihm, und er könnte aussetzen,
daß er wie ein Tagelöhner sich seines Tages freuen kann.
7 Ja, für einen Baum gäbe es Hoffnung;
wenn er abgehauen ist, kann er wieder ausschlagen,
und seine Triebe setzen nicht aus.
8 Wenn auch seine Wurzel in der Erde alt wird

	und sein Stumpf im Erdstaub abstirbt,
9	so läßt er doch vom Duft des Wassers wieder sprossen, bringt einen Zweig hervor als ein junges Reis.
10	Doch stirbt ein Mann, liegt er kraftlos da, scheidet hin ein Mensch – wo ist er dann?
11	Mögen Wasser aus dem Meer verschwinden, und mag auch ein Fluß versiegen und vertrocknen,
12	aber ein Mann liegt und steht nicht wieder auf, bis der Himmel nicht mehr existiert, erwachen die nicht und rütteln sich nicht auf aus ihrem Schlaf.
13	Wer gäbe es, daß du mich in der Unterwelt verborgen hieltest, mich verstecktest, bis dein Wutschnauben sich wendet, daß du mir eine Markierung setztest und meiner gedächtest!
14	Wenn ein Mann stirbt, lebt er dann wieder auf? Alle Tage harrte ich meiner Fron, bis meine Ablösung käme.
15	Du riefest, und ich würde dir antworten, nach dem Werk deiner Hände trügest du Verlangen.
16	Ja, jetzt zähltest du meine Schritte, wachtest nicht über meine Verfehlung,
17	versiegelt wäre im Beutel meine Sünde, und zugekittet hättest du meine Verschuldung!
18	Doch ein Berg stürzt in sich zusammen, und ein Felsen rückt weg von seinem Platz,
19	Steine zerreibt das Wasser, und seine Fluten schwemmen das Erdreich weg, und die Hoffnung des Menschen machst du zunichte.
20	Du bezwingst ihn für immer, und er geht dahin, mit entstelltem Gesicht schickst du ihn fort.
21	Kommen seine Söhne zu gewichtigem Ansehen – er weiß es nicht; leben sie in engen Verhältnissen – er merkt es nicht.
22	Schmerz fühlt sein Leib nur für sich selbst, und seine Kehle trauert nur für sich allein.«

Diese drei Kapitel umfassende Hiobrede ist die bisher längste im Dialog mit den Freunden. Je nachdem, ob man die drei Redegänge zwischen Hiob und den Freunden Elifas, Bildad und Zofar (zu denen später Elihu als vierter hinzutreten wird) jeweils mit einer Hiob- oder jeweils mit einer Elifasrede beginnen läßt (im ersten Fall eröffnete Hiob mit Kap. 3 die Dialoge, im zweiten wäre Hi 3 ein monologischer Auftakt, auf den hin Elifas [Kap. 4f.] die Redegänge begönne), bildet diese lange Hiobrede den Abschluß des ersten oder die Eröffnung des zwei-

ten Redegangs. Man wird in diesen beiden Möglichkeiten keine strenge Alternative sehen müssen, zumal dann nicht, wenn man die drei Redegänge weder als in sich geschlossene nebeneinanderstehende noch
als konzentrische Kreise ansieht, sondern einer Spirale vergleicht, die
sich nach außen hin öffnet bzw. im ungeordneten dritten Redegang
(Kap. 22ff.) sich verliert.

Die Hiobrede Kap. 12-14 läßt sich *thematisch* in *drei*, im Blick auf
die/den *Adressaten* in *zwei* Hauptteile gliedern. In 12,1-13,17 sind die
Freunde angeredet; in 13,18-14,22 wendet Hiob sich an Gott. In dieser
Rede setzen sich die bereits beobachteten »Abschiedsversuche« gegenüber den Freunden fort. Hiob erkennt (immer wieder und immer
neu), daß er von den Freunden keine »Lösung« erwarten kann, und
wendet sich Gott zu. Dieser Adressatenwechsel wird in den Hiobreden
mehrfach vollzogen. Daß er *notwendig* ist, ergibt sich (immer wieder
und immer neu) aus der Unmöglichkeit eines mehr als die Worte be-
treffenden Dialogs mit den Freunden. Daß er *möglich* ist und daß Hiob
von Gott Antwort und Lösung erwarten kann, muß gegen die von
Hiob selbst konstatierte Unmöglichkeit (z.B. 9,32f.) beschworen werden. Die vielfachen Brüche, Wiederholungen und Neuansätze in den
Reden des Hiobbuches erweisen sich auch in dieser Hinsicht als kom-
positorisches Prinzip. Es ist die Form, die dem Inhalt angemessen ist.

Teilt sich die Hiobrede im Blick auf die bzw. den Adressaten in zwei
Teile, so enthält sie quer zu den Anredeformen drei thematische
Hauptteile, die im wesentlichen den drei Kapiteln entsprechen. In einem ersten Abschnitt (12,1-13,2) geht es um die Weisheit – die Weisheit der Freunde und Hiobs und die Weisheit Gottes. Wie sich Gottes
Pläne zu denen der Menschen verhalten, wird im Blick auf die Natur
(12,7ff.) und auf die sozialen Verhältnisse (12,14ff.) »durchdekliniert«.

In einem zweiten thematischen Hauptteil (13,3-27) geht es um das
Gottesverhältnis der Freunde und das Hiobs. Ein drittes Thema
kommt (beginnend in 13,28) in Kap. 14 zur Sprache, einer »Elegie«
(Horst, BK) über das Menschenleben, die »conditio humana«. Gegenüber Kap. 7, in dem es vor allem um die Mühe und das Elend des
menschlichen Lebens ging, liegt in diesem 14. Kapitel das Hauptge-
wicht auf dessen Vergänglichkeit. Auch diese Klage ist wiederum
gleichzeitig Frage und Anklage.

12,1-6: Hiobs Rede beginnt mit einer sarkastischen Bemerkung
über die Weisheit der Freunde. Das Thema: Weisheit, Wissen, Verstehen (in V. 3 wieder mit dem Wort »Herz« bezeichnet, s.o. S. 30f.106,
dazu eine ganze Reihe von Verben und Nomina der intellektuellen und
affektiven Wahrnehmung in 12,2f.7ff.11ff.; 13,1f.) steht im Zentrum

des ersten Teils dieser Hiobrede. Sie knüpft damit an die voraufgehende Zofarrede an, doch sind wieder alle drei Freunde angesprochen. Hiob nennt die Freunde ironisch ʿam. Das hebr. Wort, das ursprünglich den Onkel väterlicherseits bezeichnet, bedeutet »Volk« (d.h. die durch väterliche Verwandtschaft miteinander Verbundenen), und zwar in einer ähnlich großen Bandbreite wie das deutsche Wort Volk. Es kann das Volk Israel bezeichnen, ein Volk neben anderen meinen, kann aber auch »viele Leute« bedeuten. Die Bezeichnung »Volk« für die Freunde Hiobs bezeichnet sie entweder despektierlich als »Leute« (wie man im Deutschen sagt: Ihr seid mir welche) oder soll ironisch unterstellen, daß das ganze Volk der Weisheit nur aus diesen drei Exemplaren bestehe, mit ihnen also ausstürbe. Der ganze Satz jedenfalls trieft vor Ironie, ebenso die Fortsetzung in V. 3 (so schlau wie ihr bin ich auch) und besonders dessen Schlußpointe (zu verstehen im Sinne von: Das ist im übrigen auch keine Kunst). Allerdings ist die Übersetzung dieser letzten Formulierung von V. 3 nicht ganz sicher; vertreten wird von den meisten Auslegern eine etwas andere Übersetzung (etwa: »Wer wüßte das nicht?«).

Hiobs aggressive Attacke setzt sich in V. 4 in einer sarkastisch-bitteren Selbstbeschreibung fort: Er ist / ich bin ein Gelächter. . . Der hebräische Satz beginnt syntaktisch als Aussage über eine 3. Person und endet mit einer Verbform der 1. Person. Man sollte diese Inkongruenz nicht im Interesse einer »sauberen« Grammatik auflösen, sondern als Spiegelung der Situation Hiobs lesen, nämlich als Schwanken zwischen Distanzierungs- und Objektivierungsversuchen (*der* Mensch) und dem immer wieder unvermittelten Einbrechen des »Ich« Hiobs. Hinter der Formulierung von V. 4 steht die verunsichernde Frage: Wie kann es zugehen, daß der, der Gott anruft, dem eigenen Freund lächerlich ist? Oder – eine andere Möglichkeit, den Satz zu verstehen – der Gedanke ist etwa folgender: Da ich den Freunden Gegenstand des Spotts bin, muß ich Gott anrufen.

Der letzte Satz in V. 4 ist wieder in 3. Person formuliert und leitet über zu der in V. 5 ausgedrückten Erfahrung.

Für die Erfahrung, daß der, der Unglück leidet, auch noch verachtet wird, gibt es bekannte Sprichworte verschiedener Kulturkreise. »Wer den Schaden hat, braucht für den Spott nicht zu sorgen«, gehört ebenso dazu wie die umgekehrte Sentenz, derzufolge jeder seines Glückes Schmied sei (sie geht auf Sallust zurück [De re publica ordinanda I,1] und enthält als impliziertes Pendant die Meinung, jeder sei auch an seinem Unglück selbst schuld).

Die dahinterstehende Logik ist die eines umgekehrten Tun-Ergehen-Zusammenhangs: Man schließt vom Geschick eines Menschen auf sein Tun, auf seinen Charakter. Unglück wird zur Charaktereigenschaft, Mißerfolg zum Persönlichkeitsmerkmal. Das Bemerkenswerte an Hiobs Aufweis dieser Logik ist die Decouvrierung der *Position*, aus der eine solche Haltung entspringt: Es ist die Position der Sicherheit, die Ideologie der Etablierten. Hiob sieht (anders als die Freunde), wie sehr die Lage das Denken, wie sehr das Interesse die Erkenntnis bestimmt. Solange man selbst gesichert lebt, erscheint auch die Welt als ganze gut geordnet. Erst die eigene Krise läßt die Risse im Gefüge der sozialen Ordnung erkennen; erst die Erfahrung eigener Diskriminierung befähigt zum Zweifel an der gerechten Relation zwischen dem Verhalten und dem Geschick anderer. Aus der Position der Erfolgreichen erscheint der Erfolg als Resultat vor allem der eigenen Leistung, und deshalb soll auch das Unglück die Folge des Versagens sein. Der, dessen Fuß wankt (V. 5), verdient daher, daß man ihm gänzlich den Boden unter den Füßen wegzieht. Wer den Versager zu Fall bringt, beschleunigt ja nur, was ihm ohnehin bestimmt ist. Nichts ist so erfolgreich wie der Erfolg (wie der Blick auf Politikerkarrieren und deren bisweilen abrupter Fall, sobald Mißerfolg zu ihrem Markenzeichen zu werden droht, oder auch der Blick auf Börsenkurse und Hitparaden zeigt); und nichts ist so erfolglos wie der Mißerfolg.

Dieser Mechanismus wird zum ethischen Maßstab erhoben, wenn die andere Gleichung gilt, derzufolge Unglück die Folge des Versagens sei, mithin Glück und Unglück gerecht verteilt seien. Daß es so sei, schärfen Hiobs Freunde immer wieder ein. Allenfalls gestehen sie zu, daß diese gerechte Relation einmal kurzzeitig gestört sein könne oder gestört scheine. Solche Mißverhältnisse aber würden, so die Position der Freunde, von Gott auf die Länge der Zeit ins Lot gebracht. Glück habe jedenfalls auf die Dauer nur der Tüchtige, könnten sie sagen (ein Satz, der als Formulierung des Generals Moltke ins deutsche Spruchgut eingegangen ist).

Hiobs Erfahrung, die er zuerst am eigenen Leibe machen muß, um sie auch außerhalb der eigenen Biographie wahrzunehmen, zeigt das Gegenteil: Die Sicheren sind die Gewalttäter (V. 6). Die Position der Freunde fungiert als ethische und religiöse Legitimation von Gewalt. Hiob geht noch weiter, indem er erklärt, diese erfolgreichen Gewalttäter hätten Gott in ihre Hand gebracht. In ihrer Bedeutung ist diese Formulierung verständlich. Schwer zu entscheiden ist, ob sie von vornherein im übertragenen Sinne gemeint ist oder ob dahinter ein konkretes Bild steht. So hat man an kleine Götterfiguren (Idole) gedacht, die man in magischer Absicht in der Hand tragen kann. Erhellend könnte auch die manchmal zu dieser Hiobstelle herangezogene »Parallele« sein, die sich in Vergils Aeneis findet. Dort sagt ein Kämpfer (X,773): »dextra mihi deus et telum« (meine Rechte ist mir Gott und das Geschoß). In dem einen Fall ginge es darum, Gott bzw. Gottes Hilfe in die

Hand zu bekommen (»Hilf dir selbst, dann hilft dir Gott« oder »Gott ist immer mit den stärksten Bataillonen«); im anderen Fall ginge es darum, daß die eigene Macht zum Gott wird.

Hiobs Bemerkung bezieht ihre große Schärfe daraus, daß sie den Versuch, auf diese Weise Gott in die eigene Hand zu bringen, nicht sogleich als blinden Aberglauben oder trügerische Idolatrie verwirft, sondern darauf beharrt, daß solches Verfahren »funktioniert«. Er kommt zu diesem zynischen Schluß, weil er in seiner Lebenswelt die Macht bei den Gewalttätern sieht.

Diese Wahrnehmung geht über Hiobs persönliches Geschick, wie es im Prolog des Hiobbuches geschildert ist, hinaus. Hiobs Erfahrung der Unstimmigkeit zwischen seiner Lebenspraxis und seinem Ergehen wird ihm zum Anlaß, kritisch die sozialen Verhältnisse seiner Lebenswelt zu betrachten. Es hat den Anschein, als zeichne der Hiobdichter aus Hiobs Blickwinkel Verhältnisse, die durch das Aufkommen neuer Machteliten und das Sinken des Einflusses der alten Eliten gekennzeichnet ist. Dieser Eindruck verstärkt sich im weiteren Text (s.u. zu V. 12-25).

7-11:   Hiobs Anklage, die in der Beschuldigung gipfelt, Gott lasse sich zum Werkzeug von Gewalttätern machen, wird in der unmittelbaren Fortsetzung nicht weitergeführt. Statt dessen handeln die folgenden Verse (7-10) von einer Lehre über das Wirken Gottes (in V. 9 singulär in den Reden des Hiobbuches mit seinem Eigennamen Jhwh genannt), die die *Tiere* erteilen können. So ist es verständlich, daß die meisten Kommentatoren diesen Abschnitt (und auch den folgenden in V. 12-25) für eine spätere Ergänzung halten. Diese Hypothese vermag sowohl die ungewöhnliche Gottesbezeichnung erklären als auch die Unterbrechung des Gedankengangs und die im Munde Hiobs überraschend klingende »Theologie der Tiere«, die in ihrem Lob der Schöpfung Gottes eher in eine Freundesrede zu passen scheint. Erwogen wurde auch (vor allem von Tur-Sinai), daß diese Passagen als »Zitat« der Freundesmeinungen aufzufassen seien (zur Diskussion vgl. Gordis, Job, 523f. [Special Note 13]). Mit diesen Erklärungsmöglichkeiten verbinden sich methodologische Grundprobleme der Exegese. Deshalb seien an dieser Stelle einige Kriterien der hier vorgelegten Auslegung zusammengefaßt.

1.   Gegenstand der Auslegung ist der jetzt vorliegende Text. Auch da, wo er wahrscheinlich (über Hypothesen kommt man in diesen Fragen ohnehin nicht hinaus) aus heterogenen Teilen zusammengesetzt ist, d.h. Abschnitte verschiedener Herkunft, verschiedenen Alters und möglicherweise ursprünglich verschiedener Intentionen enthält, soll die Auslegung den auf diese Weise entstandenen, zusammengewach-

senen oder bewußt komponierten Text zu verstehen helfen.
2. Gedankensprünge, Brüche, Widersprüche sind zunächst daraufhin zu befragen, ob sie mit dem Inhalt vermittelt sind. Gerade in
den Hiobreden zeigen sich solche Sprünge (z.B. von einem objektivie-
renden Er-Stil zum Ich-Stil, von einer existentiellen Ebene zu Fragen
der Lehre, von Bekundungen der Rebellion zum Eingeständnis der
Schwäche) als die den Inhalten entsprechend gestaltete Form.
3. Die Neigung vieler Kommentatoren, als spätere Hinzufügung
zu deklarieren, was nicht in den Zusammenhang passe, unterstellt, daß
Ergänzer ohne Beachtung von Zusammenhängen und Gedankengängen gearbeitet hätten. Was als Ergänzung einen Sinn ergibt, könnte
auch in der Komposition eines Textes einen Sinn ergeben.

Was bedeutet die Anwendung dieser Kriterien für die Einschätzung
des Abschnitts 12,7-11?

Die Verse unterbrechen tatsächlich den Gedankengang, der in
V. 13ff. wieder aufgenommen wird. Die singuläre Verwendung des
Jhwh-Namens in V. 9 bedarf der Erklärung (wenn man ihn nicht wie
einige Exegeten für einen Schreibfehler hält). Der Satz, in dem er steht,
könnte eine Entlehnung aus Jes 41,20 sein (vgl. auch Ps 109,27). Auch
die übrigen Sätze über die Lehre der Tiere könnten in dem Sinne ein
Zitat sein, daß es sich um geprägte Formulierungen, um ein geläufiges
Traditionselement handeln könnte. Die Sätze, die zwischen V. 7-10
und der Reihe von Beispielen des Machterweises Gottes (V. 13-25)
stehen, nämlich V. 11f., fordern zu einer Prüfung der tradierten Worte
und der tradierten Wertinstanzen auf. Deshalb ist es die wahrschein-
lichste Annahme, daß mit V. 7ff. eine Lehre genannt (»zitiert«) wird,
die im folgenden auf den Prüfstand gestellt wird. Was soll sie lehren?
Was lehrt sie wirklich?

Liest man den Abschnitt V. 7-10 für sich (wie er einmal an anderem
Ort für sich stehen mochte), so ist er vom Ende her zu verstehen: Die
Hand Jhwhs hat das alles gemacht, von ihm lebt alles menschliche und
außermenschliche Leben. Das lehrt, so V. 7f., die Welt der Tiere in ihrer
Vieldimensionalität. Aufgeführt werden Landtiere, als erstes wird $b^e he$-
$m\bar{o}t$ genannt (schwer zu entscheiden ist, ob es sich um einen Plural mit
singularischer Bedeutung handelt – »Vieh« – oder ob bereits hier »das
Vieh«, *der* Behemoth, nämlich das mythische Riesenvieh gemeint ist,
von dem 40,15ff. handelt, s.u. z. St.). Dann kommen Vögel und Kriech-
tiere in den Blick (sie dürften, obwohl der Text auch andere Möglichkeiten zuläßt, mit dem Gesträuch des Erdbodens als ihrem Lebensraum bezeichnet sein), schließlich Fische. Wie in Gen 1 werden die Tiere nach ihrem Lebensraum unterschieden; die Gesamtheit der Lebensräume
»Land, Luft, Erdboden, Wasser« bezeichnet das Ganze der Lebenswelt.
Die »Theologie der Tiere« verweist auf ihren Schöpfer und Erhalter.

So mag man auch außerhalb des Hiobzusammenhangs von der Schöpfung gesungen haben, man kann etwa an die Darstellung der bunten (aber nicht widerspruchsfreien) Welt in Ps 104 denken. Im Kontext der Hiobrede gerät nun diese »Theologie der Tiere« auf den Prüfstand, wie V. 11 ankündigt. Wie liest sich die »Theologie der Tiere« von den vorangehenden Versen 5f. her? Zeigt der Blick auf die Tiere nicht auch, daß sich unter ihnen in den jeweiligen Lebensräumen und zwischen ihnen jeweils die stärkeren durchsetzen? Die Tiere, deren Lehre Hiob lauschen kann, sind »nicht mehr« die vegetarisch lebenden von Gen 1 und »noch nicht« die im friedlichen Miteinander lebenden von Jes 11 (dazu J. Ebach, Ursprung und Ziel, 1986, bes. 16ff.75ff.). Wo aber die »großen Vögel« die »kleinen Vögel« fressen (man sehe Pier Paolo Pasolinis freundliche und doch entlarvende Kritik am Heiligen Franziskus in »Uccellacci uccellini«), wo die großen Fische die kleinen Fische fressen (für Herbert Marcuse muß die wirkliche Utopie das Aufhören dieses Fressens denken können), da ist das Schöpferlob der Tiere nicht von der Empirie der sich durchsetzenden Gewalt zu trennen, die in der menschlichen Gesellschaft so erschreckend ist.

12,7-10 von 12,5f. her zu lesen läßt die Frage stellen, wie die Erfahrung des Kampfes in der Natur mit Gottes Schöpfer- und Herr-Sein zusammengeht. Auch das wird ein Thema der Gottesreden am Ende des Hiobbuches sein.

Woher also auch immer jene »Theologie der Tiere« in V. 7-10 entnommen sein mag – im Kontext der Hiobrede gewinnt dieses Traditionselement eine kritische Potenz, nicht zuletzt darin, daß der Blick auf die Natur nicht den auf die Gesellschaft ersetzt, sondern daß beide Bereiche – und mit ihnen als dritter das individuelle Leben und Leiden, von dem Hiob ausgehen muß – denselben Fragen unterzogen werden. Indem die Tiere von V. 7f. aber nicht allein bezeugen, daß ist, was ist und wie es ist, sondern von ihrem Schöpfer und Herrn künden, enthält auch ihre Lehre die bedrängende Frage nach dem Maßstab und den Regeln der göttlichen Welterhaltung. Diese Frage bindet den Abschnitt in die Komposition von Hi 12 ein. Mit ihr hat auch die Fortsetzung über V. 11-13 hinaus in V. 14ff. zu tun.

12f: Thema der folgenden Verse bis zum Abschluß des Kapitels sind die Machterweise Gottes in der Gesellschaft und ihren Hierarchien, in politischer, sozialer und kultischer Hinsicht. Der Hauptakzent liegt dabei erstaunlicherweise (jedenfalls gegen die in der Neuzeit geläufigere Weise, von Gottes Größe zu sprechen) nicht in der *Stabilisierung* und Erhaltung von Strukturen, sondern in ihrer Destruktion und *Destabilisierung.* Bevor aber von *Gottes* Weisheit, Stärke, Rat und Einsicht (die Attribute *ḥåkmā, gᵉbūrā, ᶜeṣā, tᵉbūnā* begegnen auch in Jes 11,2 in der Charakterisierung des erwarteten »messianischen« Herrschers als dem, auf dem diese Gaben Gottes ruhen) in einer Beispielsreihe die Rede ist, befragt (getreu der Mahnung von V. 11) V. 12 zunächst die etablierte Weisheit (*ḥåkmā, tᵉbūnā*) der *Alten*. Mit dieser (formal offenbleibenden, doch tendenziell verneinten) Anfrage nimmt Hiob das Thema vor allem Bildads auf und weist es zugleich ab bzw. transferiert es auf die einzige Ebene, auf der wirkliche Weisheit zu finden ist. Wiederum zeigt sich das Ineinander von Anknüpfung und Umwendung der Fragestellung als das Prinzip der Abfolge der Reden.

14-25: Wie zeigt sich Gottes überlegene Kraft und Weisheit? Die Beispiele betreffen zum kleineren Teil Naturgewalten, haben aber vor allem politische und gesellschaftliche Machtstrukturen im Blick. In den beiden ersten Versen (14f.) geht es um die Unbezwinglichkeit des göttlichen Machthandelns. Bereits in diesen Sätzen überwiegt ein Handeln, das sich für die Menschen zerstörerisch zeigt. Das Verb *hpk,* das am Ende von V. 15 die vernichtende Kraft des von Gott »losgelassenen« Wassers bezeichnet und »umstülpen«, »umstürzen« bedeutet (die griechische Übersetzung gebraucht hier das Verb, von dem das Wort »Katastrophe« abgeleitet ist), wird sowohl beim Untergang von Sodom und Gomorrha (Gen 19,21.25.29) als auch beim (angedrohten) Untergang Ninives (Jon 3,4) benutzt und bezeichnet Hag 2,22 u.ö. den politischen Umsturz.

V. 16 ergänzt die Reihe der Gottesprädikate von V. 13 um zwei weitere Dimensionen: Kraft und Gelingen (*ᶜoz, tūšijjā*). Mit diesen Machtmitteln ist Gott der Herr sowohl der Irrenden als auch der Irreführenden. Abermals verbindet sich in dieser Aussage das Lob der Größe Gottes mit dem Verweis auf die Widersprüchlichkeit der von ihm regierten Welt. Sie ist durchwaltet von Irrtümern, Fehlleistungen und Fehlleitungen von Menschen. Gott hat sie alle – Opfer und Täter, Betrogene und Betrüger, die, die Irrtümer begehen, und die, die ihre Irrtümer zur Norm erheben – in der Hand. Gott ist der Herr einer sozialen Welt, die keine stabile, geschweige denn eine »heile Welt« ist.

Von V. 17 an dominieren Beispiele eines destabilisierenden Eingreifens Gottes in die politischen, sozialen und kultischen Hierarchien. Ratsherren (Ratgeber, hier wohl als Amtsbezeichnung gebraucht) und Richter (V. 17), Priester und Angehörige alteingesessener (Priester-) Geschlechter (V. 19) entkleidet er (d.h. beraubt sie ihrer Würde). Die Züchtigungsmaßnahmen, die Könige ergreifen (so der überlieferte Text in V. 18; viele Bearbeiter plädieren dafür, das Wort *mūsar,* das Zucht bedeutet, aber auch Zuchtmaßnahmen bis hin zu Körperstrafen meinen kann, in ein Wort für »Gürtel« zu ändern; zur Interpretation

Hartley, NICOT), macht er rückgängig und legt seinerseits den Königen einen Gurt an, d.h. bezwingt sie (V. 18). Er nimmt den angesehenen Alten und Weisen den Verstand und den Starken die Kraft (V. 20f.), hebt ans Licht, was man im Verborgenen halten wollte (V. 22), läßt ganze Völker erstehen und wieder verschwinden (V. 23), entzieht den Notablen den Verstand und läßt sie in der *tohū* (Wüste, Nichtiges, vgl. Gen 1,2 und zur ökonomisch-politisch-religiösen Dimension Jes 44,9) und im Finstern umhertappen und wie betrunken herumlaufen (V. 24f.).

Diese Beispielreihe für Gottes überlegene Macht zeigt ihn gerade nicht als Garanten stabiler Verhältnisse, sondern als deren permanenten Zerstörer, auf den eine Umwertung der Werte, geradezu der Umsturz, zurückgeht. Wiederum stellt sich die Frage, ob Hiob hier ein Lob oder eine Klage ausspricht, und wiederum hängt die Antwort an der Lage, in der jemand ist, der solches Handeln Gottes wahrnimmt.

Das Brüchig-Werden etablierter, gar ehrwürdiger Strukturen, der Umsturz der Machtverhältnisse, die »Amtsentkleidung« der Mächtigen in Gesellschaft und Religion muß für die eine Katastrophe sein, die von der Beibehaltung der bestehenden Strukturen profitieren. Denen, die die Opfer der bestehenden Machtstrukturen sind, können diese Eingriffe als Unterpfand der Hoffnung erscheinen.

Aus welcher Position redet Hiob? Ist er der etablierte, reiche, angesehene Mann vom Anfang des Buches? Ist er als Leidender auf der Seite aller Opfer? Hat er, der hier redet, beide »Rollen« inne, und läßt sich deshalb die Frage: »Furcht oder Hoffnung?«, »Verlust oder Erwartung?« nicht einlinig beantworten?

Ein Seitenblick auf Dan 2,20f.; 4,31f. mit teilweise ähnlichen Formulierungen kann zeigen, daß dieselben Texte, von verschiedenen Menschen und Zeiten unter verschiedenen Befürchtungen und Erwartungen rezipiert, ganz unterschiedlich gelesen werden konnten. Standen sie in der Zeit der Abfassung des Danielbuches für die Macht Gottes *gegen* die Gewalt der Imperien, so konnten dieselben Danieltexte später als machtvolle *Legitimation* des römischen Imperiums und seiner Rechtsnachfolger verstanden werden! Wenn Gott als der bekannt wird, der Könige absetzt und Könige einsetzt – Dan 2,21 –, dann kann man das je nach Betonung als subversive Drohung gegen die Könige oder als Garantie der geregelten und garantierten Sukzession verstehen. (Wie man lesen *will*, darüber entscheidet die jeweilige Lage und das jeweilige Interesse – wie man lesen *soll*, darüber entscheidet die jeweilige Macht.)

Welcher »Ton« in Hiobs Schilderung des destabilisierenden Handelns Gottes auch überwiegen mag, es zeigt sich deutlich, daß Hiobs Fragen über die nach dem Grund für sein persönliches Geschick hinausgehen. Die Antwort, die Hiob von Gott erwartet, muß deshalb mehr enthalten als den Grund für Hiobs Leiden. Die Antwort, die Gott am Ende des Buches geben wird, *wird* mehr enthalten als der Grund des Leidens des einen Hiob.

Der immer wieder geäußerte Eindruck, Gott *antworte* am Ende des Buches gar nicht wirklich auf Hiobs Fragen, kommt zustande, wo man Hiobs Fragen verkürzt vernimmt. Diese Verkürzung wird auch dadurch möglich, daß man immer wieder ganze Passagen, die sich nicht auf den ersten Blick in Hiobs (unterstellte) Fragen einordnen lassen, als Nachträge, Ergänzungen, Glossen, als »sekundär« betrachtet und aus dem Zusammenhang ausscheidet.

13,1-3: Die Freunde Hiobs haben auf all diese Fragen, so scheint es Hiob, nichts zu antworten. Das bringen die beiden Verse am Anfang von Kap. 13 zum Ausdruck (sie nehmen 12,2f. z.T. wörtlich auf und rahmen damit die ganze bisherige Rede). Deshalb bekundet Hiob (ein weiteres Mal), sich nun an Gott selbst wenden zu wollen. Zuvor aber attackiert er die Freunde noch einmal.

4-13: Ihnen wirft er vor, mit Lügen etwas zu verkleistern. Das Verb *tpl*, etwa: kleistern, kleben, tünchen, bezeichnet in Ez 13,10ff. das Vortäuschen der Festigkeit einer Wand durch ihre Übertünchung. Hiob nennt die Freunde zudem »Heiler der Nichtigkeit« bzw. »des Götzen«. Hiob wünscht sich sehnlichst, sie möchten doch (*wieder*, vgl. 2,13) schweigen und ihre Weisheit in ihrem Schweigen bestehen lassen. Wie um sie zum Schweigen zu bringen, kündigt er seinerseits eine Anklagerede an (V. 6). Er klagt sie an, Trug für Gott vorbringen zu wollen. Dieser Vorwurf interpretiert die Bilder von V. 4. Übertünchen täuscht Festigkeit nur vor, und das Zukleben von Wunden sollte nicht als deren Heilung ausgegeben werden. Brüchig geworden ist *Gottes* Stellung; *sein* Verhalten weist eine offene Wunde auf. Was bedeutet nun Hiobs Unterstellung, die Freunde brächten Trug für Gott vor?

Hiob und seine Freunde stimmen darin überein, daß Gott der Herr der Welt, der Lenker der persönlichen und sozialen Verhältnisse der Menschen und Völker, aber auch der außermenschlichen Natur ist. Hiob leugnet Gottes Größe und Macht keineswegs, ja er betont sie noch konsequenter als die Freunde. Anders als die Freunde verbindet Hiob die Anerkennung der Herrschaft Gottes aber mit einem realistischen Blick auf die ihn umgebende Wirklichkeit, die gerade nicht von Gerechtigkeit und Stimmigkeit beherrscht ist, sondern von Irrtümern, Destabilisierungen, Ansehensverlusten der alten Eliten und Machtergreifungen von Emporkömmlingen, ja von der Herrschaft von Gewalttätern. Für Hiobs Freunde dagegen bedeutet die Anerkennung

der Herrschaft Gottes die Anerkennung des weisen und gerechten
Weltregiments, die Behauptung der Stimmigkeit zwischen dem Verhalten und dem Geschick der Menschen, kurz: die Wahrnehmung gerechter Verhältnisse, in denen Gute und Böse das ihnen je zukommen-
de Geschick erhalten und Gott kurzfristige Störungen jener Stimmigkeit beseitigt.

Daß die Freunde, um Gottes Größe und Güte zu retten, die Stimmigkeit und Gerechtigkeit der Weltordnung behaupten, daß sie sich
und anderen verbieten wahrzunehmen, daß die Welt nicht heil und gerecht ist, das nennt Hiob »Trug für Gott vorbringen«. Die Freunde
wollen, so bezeichnet es Hiob, »Gottes Gesicht heben« (*nsͨ pānīm*),
V. 8.

Jemandes Gesicht heben (vgl. Gen 32,21) bedeutet, jemandem einen Freundschafts- bzw. Gunsterweis gewähren. Was die Freunde für
Gott tun wollen, wird (42,8) Gott mit Hiob tun, indem er um Hiobs
willen, der im Unterschied zu den Freunden gerecht, angemessen von
Gott geredet habe, die Freunde nicht straft. (Diese wichtige Relation
zwischen 13,8 und 42,8 verweist abermals auf die Beziehungen zwischen der »Rahmenerzählung« und den Reden des Hiobbuches.) Die
scheinbare Demut der Freunde (ihr Verzicht auf kritische Fragen an
Gott) ist in Hiobs Augen in Wahrheit ein kaum zu überbietender
Hochmut, nämlich die Anmaßung, sich als Anwälte, Rechtfertigungs-
instanz und Prozeßführer Gottes aufzuspielen.

Hiobs Kritik geht über die Situation des Dialogs mit den drei Freunden hinaus und ist eine Anfrage an jede Theologie, an jedes Reden
über Gott.

Wer sich in Weisheit und Moral stark genug fühlt, an Gottes Stelle
den Prozeß zu führen, muß sich zudem die Gegenfrage gefallen lassen,
die Hiob in V. 9 stellt. Wie sähe es aus, wenn Gott, statt sich von den
Freunden Hiobs vertreten zu lassen, die selbsternannten Bevollmäch-
tigten ihrerseits prüfen würde? Denn Gott läßt sich über Menschen
nicht so leicht täuschen, wie man Menschen (auch über Gott) täuschen
kann (V. 9). Wenn Gott die Freunde erforschte, wenn er aufdeckte,
daß sie »ihr Gesicht hoch tragen« (das eigene Gesicht hochtragen, *nsͨ
pānīm*, bedeutet: ein gutes Gewissen zeigen), so müßten sie erbeben,
wenn er sich erhebt (zum dritten Mal das Verb *nsͨ*!).

Deshalb fordert Hiob die Freunde zum Schweigen auf. Sie sollen
den Dialog, auf den Hiob immer wieder, immer neu und immer konsequenter zusteuert, den Dialog *mit* Gott, nicht weiterhin durch ihr Reden *über* Gott stören. Eine einstweilen letzte Charakterisierung der
Freundesreden geht dem Schweigegebot voraus. Hiob nennt ihre
Merksätze (*zikkārōn*, etwa: Mahnungen über das, was zu be- und zu
gedenken ist; vgl. Schottroff, Gedenken [s.o. S. 78], zu Hi 13,12 bes.

328f.) »Sprüche für den Schutthaufen«. Der Ausdruck, der das vorgeblich Beständige und Dauerhafte als Müll abtut, enthält im Kontext einer *Hiob*rede einen böse-zynischen Nebensinn. Denn nach Hi 2,8 sitzt der hier redende Hiob auf einem ebensolchen Schutthaufen. Hiob weiß sich ungerechtfertigt an diesem Ort, an den er die Sprüche und Merkverse verweisen möchte, die unterstellen, alles gehe mit rechten Dingen zu, und so sei es wohl auch recht, daß Hiob dort sitzt, wo er sitzt, und so dasitzt, wie er dasitzt.

Die Freunde sind sich ihrer Sache und ihrer Lehre sicher, doch Hiob bezeichnet ihre Sicherheit als »tönern«. Das meint das Bild im zweiten Teil von V. 12. Kaum eindeutig zu klären ist die Frage, welchen Gegenstand hier das Wort *gab* bezeichnet. Es könnte sich um Buckel, nämlich um Verstärkungen von Schilden handeln, die, wenn aus Lehm statt aus Metall, unbrauchbar sind (vgl. 15,26). Nach der Parallele Ez 43,13 könnten aber auch Sockel gemeint sein, was das Bild einleuchtender erscheinen ließe: Der Sockel aus Ton (man denke an Dan 2, den Koloß auf tönernen Füßen) ist keine so feste Basis, wie es der gern hätte, der sich auf einem solchen Sockel postiert hat.

Damit ist Hiob (wieder einmal) mit den Freunden fertig. Hiobs wirkliches Reden (die Formulierung *wa'ᵃdabbᵉrā 'ānī* in V. 13 betont: »Ich will reden, *ich*!«) beginnt erst.

14-16: Der lange Auftakt der Rede Hiobs an Gott beginnt in V. 14 mit zwei Formulierungen, die als Ausdruck des unbedingten Willens Hiobs zu verstehen sind, auch in seiner verzweifelten Lage mit aller ihm noch zu Gebote stehenden Lebenskraft, mit dem ganzen Leben einzustehen. Das zweite Bild (das Leben / die Kehle [s.o. S. 80] auf die Handfläche legen) wird auch sonst im Alten Testament gebraucht (Ri 12,3; 1Sam 19,5; 28,21; vgl. Ps 119,109). Für die erste Metapher fehlt eine Parallele, doch drückt die Formulierung »mein Fleisch will ich zwischen die Zähne nehmen« Hiobs Lage und Entschlossenheit eindrucksvoll aus, zumal das hebr. Wort für »Fleisch« (*bāśār*) vor allem die schwache, hinfällige Kreatur meint (dazu Wolff, Anthropologie, 49ff.). Es geht jedenfalls um mehr, als »auf die Zähne zu beißen« (s. auch u. zu Hi 19,26).

Hiob ist gewiß, daß Gott ihn töten wird (V. 15). Die unmittelbare Fortsetzung ist textlich nicht eindeutig. Der überlieferte Text der (den deutschen wissenschaftlichen Ausgaben der Hebräischen Bibel zugrundeliegenden) Leningrader Handschrift enthält die Verbform *'ᵃjahel* (»ich werde/will warten/harren«) mit der Verneinung *lō'*. Diesem Text folgt die oben gegebene Verdeutschung. Doch empfehlen bereits die alten jüdischen Tradenten – und mit ihnen einige hebräische Handschriften und die alten Übersetzungen –, statt *lō' lō* (statt der

Konsonanten *l* also *lw*) zu lesen, womit sich als Übersetzung ergäbe:
»ich will *auf ihn* (Gott) warten / seiner harren«.

Schwer zu entscheiden ist, welcher Text die härtere Aussage enthiel-
te. Denn im Kontext dieser Hiobrede hieße »auf Gott warten« nichts
anderes als auf seinen Todesstoß zu warten. Hiob erwartet keine Rettung; doch er fordert um so dringlicher, seinen Fall vorbringen zu können, Gott wenigstens befragen zu können, wie sich in Hiobs (Lebens-)
Weg (*däräk*, V. 15) Tun und Ergehen, Lebensführung und Lebenslauf
zueinander verhalten bzw. wie es zu einem so himmelschreienden Miß-
verhältnis kommen kann. Hiob will seinen Lebensweg vor Gott und
gegen Gott »zur Verhandlung bringen« – das ist hier die Bedeutung
des in Hi 13 mehrfach (V. 3.10.15, s. auch o. zu 9,33) gebrauchten
Verbs *jkh*. Gelänge es Hiob, seine Sache vor Gott zu bringen, so wäre
ihm das schon eine Befreiung (V. 16). Diese Aussage ist weniger im
psychologischen Sinne zu verstehen (wie es befreiend sein kann, sich
einmal richtig aussprechen zu können, auch wenn dieses Sprechen-
Können nicht unbedingt zu einer Lösung führt). Vielmehr wäre die
von Hiob geforderte Verhandlung deshalb ein »Erfolg«, weil Hiob damit gewürdigt würde, vor Gottes Angesicht zu erscheinen.

17-19: Die Verse 17ff. enthalten Formeln und Formulierungen, die
einen öffentlichen Rechtsstreit in Gang bringen. Dabei wendet sich
V. 17 an eine Mehrzahl. Wenn die Freunde angeredet sind, so zeigt
sich, daß sie jetzt nicht mehr als Dialogpartner, sondern nur noch als
»Publikum« fungieren sollen. Der Adressat der Rede ist in V. 18 das
singularische »du«, Gott selbst. Selbstbewußt erklärt Hiob sich für den
Prozeß gerüstet, zeigt sich gewiß, im Recht zu sein. Er erklärt das geradezu zum Ausgangspunkt des Verfahrens. Wenn auch nur eine Be-
streitung des Anspruchs laut würde, wollte er schweigen und sterben.
Über die besondere Situation Hiobs hinaus handelt es sich in diesen
Sätzen offenbar um übliche Formeln vor einem Prozeßbeginn, wie sie
ähnlich im Altertum vor jedem Zweikampf gewechselt werden – zuweilen scheinen diese Reden gewichtiger als die Prozesse und Kämpfe
selbst. In Hi 13 wirken diese Worte des Klägers Hiob so erstaunlich,
weil es sich um nichts Geringeres als einen Prozeß mit Gott handelt.

20-22: Hiob stellt eine Vorbedingung (V. 20f.). Wenigstens für die
Dauer des Prozesses will er von Gottes furchtbarem Zugriff befreit
sein. Redet hier ein Hiob, der sich kaum rühren kann, so klingt sein Ton
bereits im folgenden Satz (V. 22) fast dreist. Ließe Gott ihn für die Ver-
fahrensdauer frei, so möge er sich aussuchen, wie die »Rollen« in der
Verhandlungsführung verteilt werden sollen, wer mit der Befragung
beginnen und wer antworten soll. Wie wenn Gott die Rolle des Ant-

wortenden für sich gewählt hätte, beginnt Hiob aber sogleich mit seinem »Verhör«.

23-27:   Hiob setzt mit einer Reihe von Fragen ein, die zugleich Klagen und Anklagen sind. Zum ersten besteht er darauf zu erfahren, was Gott ihm vorwirft. Warum betrachtet er ihn als Feind (*'ōjeb* - vielleicht ein Wortspiel: Wenn der Name Hiob - *'ijjōb* »durcheinandergebracht« wird, kommt das Wort für »Feind« heraus)? Rasch schlägt der fordernde Ton wieder um in die Bekundung der Schwäche. Hiob vergleicht sich einem fliegenden Blatt, dürrem Stroh. Warum verfolgt Gott ein so unbedeutendes Objekt?

In Hiobs Worten überwiegt der Ausdruck der Schwäche. Doch läßt das Wort vom »fliegenden Blatt« auch andere Akzente zu. In Lev 26,36 ist es das, wovor der Feige erzittert. In der Jona-Vorlesung von 1526 bemerkt Luther: »Bei schlechtem Gewissen fürchtet man sich auch vor einem rauschenden Blatt« (WA 19, 211). Ein wieder anderer Akzent liegt auf J.G. Hamanns Rekurs auf Hi 13,25, wenn er für einen von Herder geplanten Band von Schriften Hamanns als einen Titelvorschlag »Fliegende Blätter« nennt. Am Ende der Schrift »Ein fliegender Brief« (2. Fassung, in der Ausgabe von A. Nadler, Bd. III, 399) bezieht sich Hamann ausdrücklich auf die Hiobstelle in ihrer Luther-Übersetzung (»Willst du wider ein fliegend Blatt so ernst sein und einen dürren Halm verfolgen?«). Das fliegende Blatt, mit dem Hiob sich vergleicht und das Hamann zur Charakterisierung seiner Arbeiten wählt - als »Flugblatt« seit den Bauernkriegen bis heute vor allem Medium der Gegenöffentlichkeit -, bezeichnet Vergängliches, Taumelndes ebenso wie Mobiles, Nicht-Verfestigtes. Wer ein fliegendes Blatt so ernst nimmt, wie es Hiob von Gott erfährt, beansprucht Gewalt noch über das Vereinzelte. Herrschaft wäre dennoch erst da total, wo das Vereinzelte nicht mehr ernstgenommen wäre, wo Systemen sich Entziehendem, fliegenden Blättern etwa, kein Argument und keine Aufmerksamkeit mehr gälte. Solange an einem fliegenden Blatt die Herrschaft des Ganzen, solange an Hiobs einzelnem Geschick die Stimmigkeit der Welt und die Gerechtigkeit ihres Herrn noch zur Debatte steht, solange an einem einzelnen Wort die Geltung von Denksystemen und Dogmen noch fraglich werden kann, ist Herrschaft noch nicht total. Doch ist es schon für uns schwer, so ist es vollends für Hiob eine arge Zumutung, noch darin, daß er als fliegendes Blatt und verdorrtes Stroh verfolgt wird, ein Element noch bestehenden Widerstandspotentials und damit eine Hoffnung gegen die Hoffnung (spes contra spem) zu erkennen (zum Thema »Hoffnung« s. auch o. S. 76ff.).

Hiob kann sich die in seinen Augen ungerechtfertigte Feindschaft Gottes nur damit erklären, daß er ihm »Jugendsünden« (der Ausdruck

stammt von Ps 25,7 und dieser Hiobstelle her) nachträgt. Dieser Gott
ist für Hiob ein unnachsichtiger Rächer, mehr noch: ein kriminalisti-
scher Spurensucher und gnadenloser Verfolger (V. 27).

28: Der Vers, der das Kapitel abschließt, wirkt grammatikalisch (3.
Person) merkwürdig deplaziert. Die meisten Ausleger nehmen daher
an, daß er ursprünglich an anderer Stelle (etwa hinter 14,2) seinen Ort
hatte. Die »Er-Form« führt jedenfalls über das persönliche Geschick
Hiobs hinaus und gehört mit dem Bild von der Hinfälligkeit des Menschen (vgl. Jes 50,9; Hos 5,12; Ps 39,12 u.ö.) zum Thema des folgenden 14. Kapitels.

14,*1-6:* Wie das 7., so handelt auch das 14. Kapitel vom Los des
Menschenlebens. Der Akzent liegt jetzt auf seiner Kürze und Unrast
(V. 1). Es ist dem kurzen Leben einer Blume und der Flüchtigkeit eines
Schattens ähnlich. In der Eingangsformulierung, der Mensch sei von
einer Frau geboren, ist die gemeinsame Voraussetzung jedes Menschenlebens bezeichnet (vgl. 15,14; 25,4; Sir 10,18, aber auch Mt
11,11; Lk 7,28). Auch diese Formulierung kann in anderem Kontext
eine kritisch-subversive Kraft freisetzen, so im Zitat von Hi 14,1 (als
»Auffüllung« des Leittexts Ps 143,3) in der zweiten Strophe des Kir-
chenlieds »Lobe den Herrn, meine Seele«, in der der Vorrang von
Menschen über Menschen mit den Worten bestritten wird: »Fürsten
sind Menschen, vom Weibe geboren . . .«

Warum, so fragt Hiob (ähnlich wie in 13,25, hier zunächst auf *den*
Menschen bezogen, doch mitten in V. 3 wieder auf das persönliche
Geschick gewendet), widmet Gott diesem schwachen Wesen seine
Aufmerksamkeit und seine Strenge? Warum bringt er ihn ins Gericht?
Hiob beklagt plötzlich, was er zuvor so eindringlich forderte. Abermals
zeigt sich in den Formulierungen und ihrem ständigen Schwanken zwi-
schen Klage und Anklage die Zerrissenheit der Position Hiobs, die der
Zerrissenheit seiner Lage entspricht und entspringt.

Nach dem am Ende von V. 3 kurz aufblitzenden »Ich« geht von V. 4
an der Blick wieder auf das allgemein Menschliche. Wie aber ist die
Aussage von V. 4 zu verstehen? Liegt eine Art kultischer Erbsünden-
lehre zugrunde? Macht die Geburt eines Menschen (nach der laut Lev
12,2ff. die Mutter längere Zeit unrein ist – und zwar in sexistischer Diskriminierung nach der Geburt eines Mädchens doppelt so lange wie
nach der eines Knaben) alle Menschen unrein? Oder sind alle Menschen unrein, weil sie (V. 1) von einer *Frau* geboren wurden? Ist es die
Unreinheit, die einen Menschen zum sterblichen Wesen macht, dessen
Todesdatum Gott mit der Geburt setzt (V. 5)?

Die Sätze in Hi 14 sind zu knapp und bleiben zu sehr in den zeitgenössischen Lesern offenbar bekannten Andeutungen stehen, als daß sie von einem heutigen Ausleger noch zweifelsfrei zu entschlüsseln wären. Deutlich ist immerhin, daß das menschliche Leben vom ersten Tag an als unter der Gewißheit des Todes stehend angesehen wird. Kein Mensch kann diesem Geschick entgehen; die einzige Freude ist, ab und zu (nämlich wenn Gott »wegschaut«, vgl. 7,1f.19; 9,34; 13,21) einmal ausruhen, »aussetzen« zu können wie ein Tagelöhner am Abend nach seiner Plackerei. Hier schließt die Vergänglichkeitsklage, die in diesem Kapitel überwiegt, die in Hi 7 dominierende Klage über das Elend des Lebens ein.

7-12: Der über den Menschen verhängte Tod ist unausweichlich. Während ein Baum, der abgehauen wird, in neuen Trieben und Seitenzweigen seiner Wurzel weiterleben kann (Hoffnungstexte der Hebräischen Bibel gehen von diesem Baumbild aus, vgl. Jes 6,13, aber vor allem Jes 11 als Fortsetzung von 10,33f.), so gibt es für den Menschen solche Hoffnung nicht. Ein Mensch, der stirbt, steht nicht wieder auf. Mehrfach und mit bildreichen Bekräftigungen wird diese Gewißheit in Hi 14, aber auch sonst im Hiobbuch ausgedrückt. Sie wurde später als problematisch empfunden, denn in den spätesten Texten des Alten Testaments, dann in zwischentestamentlichen Zeugnissen und vollends im pharisäischen und rabbinischen Judentum setzte sich allmählich die Auffassung von der Auferstehung der Toten durch (zur Vielfalt der Bilder und Theorien B. Lang / C. McDannell, Der Himmel. Eine Kulturgeschichte des ewigen Lebens, 1990).

Damit dürfte es zusammenhängen, daß die griechische Übersetzung in Hi 14 die harten Aussagen durch Auslassungen abmildert, während die aramäische Übersetzung (Targum) den hier beschriebenen endgültigen Tod nur für die Bösen gelten lassen will. In der Fassung des hebräischen Hiobbuches scheint der Gedanke eines Lebens nach dem Tod ausgeschlossen.

13-17: Ein um so größeres Verstehensproblem stellen deshalb die Verse 13ff. Hiob formuliert (soviel wird man als gemeinsame Auffassung der Ausleger festhalten können, obwohl gerade in dieser Hinsicht die hebräische Sprache nicht eindeutig ist) einen *irrealen Wunsch.* Umstritten ist, bis wohin diese Wunschpassage reicht. Umfaßt sie auch V. 16f., oder bricht mit V. 16 wieder die Realität ein? Hiob entwirft zunächst die Möglichkeit einer Generalpause, eines Refugiums vor Gottes Feindschaft. Er stellt sich vor, Gott könnte von ihm ablassen, sein »Opfer« für eine Weile vergessen und erst später – und nun heilvoll – seiner gedenken (V. 13). Als mögliches Versteck nennt er in V. 13 die Unterwelt. Ist das innerhalb der irrealen Passage gleichwohl »real« zu

verstehen? Dann wäre diese Stelle des Hiobbuches immerhin noch als
eine (und sei es in einer irrealen Wunschpassage formulierte) Hoffnung, mindestens eine Denkmöglichkeit zu verstehen, mit dem Gang
in die Unterwelt wäre womöglich nicht das letzte Wort über das Leben
gesprochen. Oder muß man die Rede von der Unterwelt innerhalb der
»Traumpassage« noch einmal metaphorisch verstehen, nämlich als
Ausdruck der Ferne, die ein solches erdachtes Versteck haben müßte?
In beiden Fällen bliebe die Spannung zu den vorausgegangenen Aussagen Hiobs, in denen gerade die Unwiderruflichkeit des Gangs ins
Land ohne Wiederkehr (z.B. in Kap. 14, aber auch 7,9f.21; 10,21f. und
u. 16,22) betont war.

Deutlicher zu fassen, weil mit biblischen Parallelen versehen, ist der
Gedanke, Gott könne in seinem Zerstörungshandeln Menschen vergessen und sich dann später ihrer erinnern. So gedenkt Gott des Noah
(Gen 8,1) und verbindet den Bundesschluß mit Noah mit dem Zeichen
des Bogens als Unterpfand seines eigenen Gedenkens (Gen 9,15f.).
Diese Belege zeigen in Verbindung mit der Hiobstelle, daß das biblische »Gedenken« ein Moment von »Rettung« enthält.

Hiobs »Traum« bricht ab; die Realität meldet sich wieder zu Wort.
Schwer zu entscheiden ist, an welcher Stelle sich Hiob wieder in seiner
faktischen Lage vorfindet. Davon hängt nämlich ab, wie die Worte und
Bilder in V. 16f. aufzufassen sind. Gehören diese beiden Verse noch
zur irrealen Wunschpassage, dann dürften sie aufzufassen sein, wie es
die oben gegebene Übersetzung nahelegt. Gott würde einen »Hiob im
Versteck« gerade in diesem Augenblick behüten, würde ihm seine Verfehlungen nicht nachtragen, sondern sie tief im Beutel verbergen und
verkleben. Man kann die beiden Verse aber auch als Realität auffassen.
Dann bekämen die Verben und Metaphern plötzlich einen ganz ande-
ren Klang: Gott überwacht jeden seiner Schritte, behütet ihn nicht vor
Verfehlungen und legt ein »Dossier« an, in dem gut gesichert all seine
Sünden festgehalten und auf ewig bewahrt sind. Für beide Verstehens-
möglichkeiten lassen sich grammatikalische Argumente anführen, die
Sprachbilder kommen in beiden möglichen Richtungen vor (mit dem
Ziel der Begründung der zweiten Möglichkeit aufgeführt bei Fohrer,
KAT). Übersetzung und Kommentierung bleiben daher in diesem Fall
mehr noch als sonst hypothetisch.

18-22:   Spätestens mit V. 17 ist Hiobs »Traum« beendet. Die Erfahrung sagte ihm, daß es beim irrealen Wunsch bleiben wird. Nicht einmal das Festeste (Berge, Felsen, Steine, Erde) hält auf Dauer (V. 18f.),
und so macht Gott auch die Hoffnungen der Menschen zunichte. Wieder spricht Hiob von »Hoffnung« strikt negativ. Der Tod ist endgültig
(V. 20), der Tote ist abgeschnitten von der Welt der Lebenden; weder

am Glück noch am Unglück seiner Nachkommen hat er Anteil – jeder
stirbt für sich allein.
Das sind die letzten Worte dieser großen Hiobrede. Vergessen
scheint die Kraft, mit der Hiob Gott den Prozeß machen wollte. Am
Ende stehen Resignation und Vereinzelung. So wird auch diese gewaltige Anklage zur Klage, doch die Klage bleibt Anfrage und Anklage.

Hiob 15,1-35 Elifas' Rede
»Du zerbrichst die Gottesfurcht«

15

1	Da hub Elifas an, der Temaniter, und sprach:
2	»Ein Weiser, entgegnet der denn mit windigem Wissen,
	füllt er seinen Bauch mit Ostwind,
3	weist er zurecht mit einem Wort, das nichts einbringt,
	und mit Wörtern, mit denen er niemandem nützt?
4	Aber du, du zerbrichst die (Gottes-)Furcht
	und zerstörst die Andacht vor Gott.
5	Ja, deine Verschuldung übt dein Mund ein,
	und die Sprache der Schlauen wählst du.
6	Schuldig spricht dich dein eigener Mund – nicht ich,
	deine (eigenen) Lippen entgegnen dir.
7	Bist du denn etwa als erster Mensch geboren,
	oder bist du vor den Hügeln zur Welt gebracht?
8	Hast du in der Ratsversammlung Gottes zugehört
	und dir da (eine Scheibe) Weisheit abgeschnitten?
9	Was weißt du, was wir nicht wissen,
	wo hast du eine Einsicht, die nicht auch bei uns ist?
10	Auch bei uns sind Ergraute und Alte,
	gewichtiger an Tagen als dein Vater.
11	Sind die Tröstungen Gottes dir zu wenig
	und ein Wort, das leise mit dir war?
12	Warum geht dein Verstand mit dir durch,
	warum kneifen sich deine Augen zusammen,
13	daß du deinen Wind gegen Gott wendest
	und deinem Mund Wörter entfahren läßt?
14	Was ist der Mensch, daß er rein sein könnte,
	daß gerecht dastehen könnte der vom Weibe Geborene?

15 Schau, an seinen Heiligen macht er (Gott) sich schon nicht fest,
    nicht einmal die Himmel sind rein in seinen Augen.
16 Wie sollte es da der Abscheuliche, der Angefaulte sein,
    der Mann, der Trug wie Wasser trinkt?
17 Ich sag's dir, höre mir zu,
    was ich geschaut habe, will ich dir erzählen,
18 was Weise verkündet haben
    und als das, was sie von ihren Vätern hatten, nicht verhehlten,
19 sie, denen allein das Land anvertraut war,
    in deren Mitte sich nicht ein Außenstehender befand:
20 Alle Tage windet sich der Frevler,
    die ganze Zahl der Jahre, die dem Gewalttäter zugedacht ist,
21 gellen ihm Schreckensstimmen im Ohr,
    zur Genüge kommt über ihn der Verheerer.
22 Er kann sich nicht daran festmachen, der Finsternis zu ent-
    kommen,
    ausersehen ist er für das Schwert;
23 er schweift umher nach Brot – doch wo soll er's finden,
    er weiß, daß durch seine Hand feststeht der Tag der Finsternis.
24 Es ängstigen ihn Enge und Bedrängnis,
    sie überwältigen ihn wie ein König,
    der zum Sturmangriff gerüstet ist.
25 Denn gegen Gott hat er seine Hand erhoben,
    und gegen den Allmächtigen hat er sich stark gebärdet,
26 rannte gegen ihn an mit hartem Nacken
    mit der Dicke der Buckel seiner Schilde.
27 Ja, bedeckt ist sein Gesicht mit Fett,
    und einen Schmerbauch hat er angesetzt.
28 Er nahm Wohnung in zerstörten Städten,
    in Häusern, in denen keiner mehr wohnt,
    deren Bestimmung es war, zu Trümmern zu werden.
29 Er bleibt nicht reich, sein Gut hat keinen Bestand,
    und seine Ähren (?) neigen sich nicht zur Erde.
30 Er kann der Finsternis nicht entweichen,
    seinen Schößling dörrt die Glut aus,
    und vom Winde verweht ist sein Mund.
31 Er soll sich nicht festmachen am Trug, er wäre enttäuscht,
    denn Trug ist, was er eintauscht.
32 Vor seiner Zeit ist es erfüllt,
    sein Sproß wird nicht grün.
33 Er stößt wie der Weinstock seine unreife Traube ab,
    er wirft wie der Ölbaum seine Blüte ab.
34 Denn die Versammlung der Heuchler bleibt unfruchtbar,

und Feuer frißt die Zelte der Bestechung.
35 Schwanger gehen sie mit Mühsal, und sie gebären Arges,
ihr Schoß bringt nur Selbstbetrug.«

Mit Hi 15 beginnt ein zweiter Zyklus von Freundesreden, den wiederum eine Elifasrede eröffnet. Der zweite Kreis der Freundesreden ähnelt in vielem dem ersten, doch er ist im ganzen kürzer, zeigt größere Ungeduld und ist schärfer formuliert. Von den je vorausgegangenen Reden der drei Freunde sind die zweiten weniger durch neue Argumente als durch eine verfestigte »Frontstellung« unterschieden. Was für die Freundesreden insgesamt gilt, zeigt sich auch im Vergleich der Elifasrede in Kap. 15 mit der in 4; 5. Manche Motive und Argumente kehren wieder (so nimmt 15,14-16 z.T. wörtlich 4,17-19 auf), die Rede ist kürzer als die erste und zeigt einen gereizteren Ton.

Die wichtigste Differenz zwischen beiden Elifasreden zeigt sich im thematischen Aufbau. Von den drei Hauptelementen der ersten Rede (und auch anderer Freundesreden), der Zurückweisung der Argumente Hiobs, der Schilderung des Geschicks des Bösen und der In-Aussicht-Stellung des guten kommenden Geschicks Hiobs, sind die beiden ersten Elemente auch in der zweiten Elifasrede enthalten. Das dritte fehlt. Elifas schließt mit der ausführlichen Darstellung, wie es dem Frevler und gewalttätigen Verbrecher ergeht. Die in den bisherigen Freundesreden übliche Gegenüberstellung der Frommen und der Bösen fehlt hier ganz, und für Hiob hat Elifas keine Prophezeiungen dereinstigen Glücks. Schon formal zeigt sich also der Wandel der Position. Ging es in den Freundesreden bisher darum, Hiob zu vergewissern, daß es ihm, weil es in der von Gott gelenkten Welt mit rechten Dingen zugehe, gut ergehen werde, so bahnt sich nun an, daß die Freunde Hiobs schlechtes Ergehen für das seinem Verhalten angemessene Geschick halten. Es geht ihnen nicht mehr um die zu erwartende Gerechtigkeit für Hiob, sondern um den Aufweis der jetzt realisierten. Zwar wird es in der Elifasrede nicht ausgesprochen, doch legt der Aufbau und Inhalt es nahe: Der Frevler, dem es so übel ergeht, ist tendenziell Hiob selbst. Noch kann man die Rede als Warnung hören, doch überwiegt bereits die neue Festschreibung.

2-4: Der erste Teil der Rede hat nach der stereotypen Einleitung die Zurückweisung Hiobs zum Thema (V. 2-16). Das Stichwort, um das es gehen wird, ist das exponierte Wort des (wie in allen Freundesreden bisher) in Frageform gekleideten ersten Satzes: Es geht um den Weisen und die Weisheit. Weisheit ist Thema wie Kriterium der Auseinandersetzung. Was Hiob sagt, wird am Maßstab der Weisheit und am Verhaltenskodex der Weisen gemessen. Elifas versteht nicht, daß diese Ebene der Auseinandersetzung Hiob nicht erreichen kann, weil es ihm längst nicht mehr um die Anwendung dieses Maßstabs geht, sondern um die Geltung des Maßstabs selbst. Nicht die Frage, wer nach dem Maßstab der überlieferten Weisheit zu den Weisen zu rechnen ist, steht in Hiobs Fragen und Klage zur Debatte, sondern ob die tradierte Weisheit mit ihren Lehren und Überzeugungen wahr ist oder ob sie an der Erfahrung der Realität zerbricht. Elifas aber bleibt bei seinen Kriterien. Er hält Hiob vor, wer so rede wie er (das harte und hier und besonders in V. 13 vermutlich bewußt mit einem unflätigen Nebensinn versehene Wort vom »Wind« nimmt 8,2 auf und verstärkt Bildads Worte; doch s. auch 16,3), der könne sich nicht länger zu den Weisen zählen.

Hiob hat nach der Auffassung des Elifas aber nicht nur den Anspruch verwirkt, zu den Weisen zu zählen, er hat sich, so kann man die Formulierungen in V. 4 »übersetzen«, eines Angriffs auf die Religion schuldig gemacht. Die Funktion der *jirʾā*, der Furcht, hier Abkürzung für Gottesfurcht, kann als »Religion« bezeichnet werden. Dazu gehört die Bindung an Gott bzw. die Götter ebenso wie ihre angemessene Pflege und ebenso die Beachtung der geltenden moralischen Normen. Im Lehrgebäude der älteren Weisheit, sichtbar im Sprüchebuch (Proverbien), können die Begriffe Gottesfurcht und Weisheit nahezu zusammenfallen. Für die Bedeutung der Gottesfurcht für die Weisheit spricht u.a., daß die Relation beider im Rahmen des Sprüchebuchs formuliert (Spr 1,7; 31,30) und darüber hinaus oft in den Proverbien erwähnt wird. Diese enge Beziehung zwischen Weisheit und Gottesfurcht gerät im Hiobbuch in eine Krise. Hiob wird zu Beginn »gottesfürchtig« genannt (1,1; 2,3), doch steht seine Gottesfurcht in seinem Geschick ebenso zur Debatte wie die Relation zwischen seiner Frömmigkeit und seinem Geschick.

Es ist vielleicht nicht zufällig, daß Elifas (4,6; 22,4 und hier in 15,4) die Kurzform »Furcht« gebraucht, ohne einen Gottesnamen oder eine Gottesbezeichnung hinzuzusetzen. Auch wenn die Benutzung dieser Kategorien anachronistisch ist, könnte man diesen Sprachgebrauch dem bürgerlichen Religionsbegriff vergleichen, in dem es so etwas wie »Religion an sich« gibt, unabhängig vom Glauben an einen bestimmten Gott. Unter den verschiedenen literarischen Gattungen der Hebräischen Bibel ist es die der älteren Weisheit, die der Rede von Jhwh am wenigsten bedarf. Wo Jhwh-Furcht und Weisheit als Einsicht in die Weltordnung nahezu zusammenfallen, muß von Jhwh nicht besonders gesprochen werden. Die Gleichung von Weisheit und Gottesfurcht gerät im Hiobbuch in eine Krise, weil die »Weisheit« und ihre Zuständigkeit für das Denken und die Moral in eine Krise gerät. Um die Kategorie der Gottesfurcht theologisch zu »retten«, bedurfte es in der späteren israelitisch-jüdischen Theologie der Neubegründung. Sie bezog

sich entweder auf das Plädoyer für eine von der »Weisheit« getrennte
Gottesfurcht, die allein als Norm bleibe, wenn sich alles Denken und
Handeln als unbegründbar und letztlich sinnlos erweise – so im Buch
des Predigers (Kohelet) –, oder sie mündet in eine neue Verbindung
ein, in der – so in späten Psalmen und in der pharisäisch-rabbinischen
Theologie – die Gottesfurcht mit der Tora (der Weisung der Mosebü-
cher) verknüpft wird. Sowohl von der Weisheit als auch von der Gottesfurcht ist im Hiobbuch (s.u. zu Hi 28 und zu den Gottesreden) noch
dezidiert die Rede. Die von Elifas behauptete doppelte Gleichung,
nach der Weisheit das etablierte Wissen der Väter sei, das durch die so-
ziologisch faßbare Gruppe der Weisen vermittelt werde, und daß Weisheit mit (Gottes-)Furcht (= Religion) gleichzusetzen sei, wird dabei
auf mehrfache Weise kritisiert. Elifas aber vertritt diese Gleichungen
mit allem Nachdruck.

5f.: Elifas wirft Hiob vor, sich einer schlauen Sprache zu bedienen
(das Wort ʿārūm [klug, schlau] erinnert an das Prädikat der [männli-
chen] Schlange der Paradiesgeschichte, hat also mindestens eine negative Konnotation). Die Schlauheit aber nützt Hiob in den Augen des
Elifas wenig, denn (V. 5a.6) seine eigenen Worte überführen ihn. Die
Argumentation des Elifas erinnert durchaus ihrerseits an die »Beweis-
führung« der Paradiesschlange. Auf perfide Weise sagt Elifas nämlich
nichts anderes als Hiob selbst (9,20). Hiob hatte geargwöhnt, er habe
vor und gegen Gott auch dann keine Chance, wenn er im Recht wäre,
denn allein der ungeheuerliche Vorwurf, den er zu erheben habe (daß
Gott die Welt mit Unrecht beherrsche), müßte ihn als schuldig erscheinen lassen. Elifas verdreht diesen Ausdruck der Verzweiflung zu einem
(Pseudo-)Argument. Für Hiob wird die Usurpation der eigenen Worte
durch Elifas zur Falle, aus der es kein Entrinnen gibt. Denn Elifas erklärt die Worte Hiobs zum Indikator der Schuld. Die Möglichkeit, daß
Hiobs Worte recht sein könnten (gar recht von Gott reden könnten,
wie es am Ende des Hiobbuches aus Gottes eigenem Munde erklingt!),
ist im Kategoriensystem des Elifas nicht vorgesehen – der Fall kann
deshalb nicht einmal theoretisch eintreten.

7f.: In der Sicht des Elifas bestreitet Hiob die Prämissen der Weisheit. Woher, so fragt er ihn ironisch, nimmt er dazu die Weisheit? Ist er
vor den Hügeln zur Welt gekommen (vgl. Ps 90,2) und damit so alt wie
die Weisheit selbst (vgl. Spr 8,22; s.u. zu Hi 28)? Ist er als erster Adam,
als erster der Menschen (ʾādām heißt Mensch) geboren? Entweder ist
hier an die Auffassung gedacht, daß Adam wegen seiner Sünde dazu
verurteilt sei, aller folgenden Menschengeschichte zuzuschauen (also
alle menschliche Erfahrung zu überblicken), oder die Formulierung

»erster Adam« meint den mythologischen Urmenschen (vgl. Ez
28,11ff.; Sir 49,1ff.), der – so lehrt es bereits Philo von Alexandrien;
zahlreiche Belege für den Urmenschmythos finden sich in rabbinischen und vor allem in späteren kabbalistischen Schriften – als »himm-
lischer Adam« als Vorbild und Modell des »irdischen Adam« erschaffen wurde. Elifas fragt also ironisch, ob Hiob vielleicht dieser Ur-
mensch sei, daß er über eine überlegene Weisheit verfüge, ob er (V. 8)
in der himmlischen Ratsversammlung Gottes gesessen und Weisheit
aus erster Hand bezogen habe.

Wie die Rede von den »Sprüchen für den Müllhaufen« (s.o. zu
13,12) hat auch diese Formulierung in Relation zum erzählenden Beginn des Hiobbuches einen fast zynischen Nebensinn. Während nämlich die von Elifas gemeinte Antwort die rhetorische Frage nach Hiob
und der Ratsversammlung Gottes nur »nein« lauten könnte, müßte eine Antwort der LeserInnen des Hiobbuches lauten: Hiob hat nicht in
der Ratsversammlung Gottes gesessen, so daß er von seinem geheimen
Wissen her eure Weisheit aushebeln könnte. Allerdings sind in der
Ratsversammlung Gottes (nach Hi 1 und 2) Dinge geschehen, die dazu
führten, daß am Geschick Hiobs eure Weisheit zerbricht. Was in den
Worten des Elifas als unmöglich vorausgesetzt ist und was die LeserInnen des Hiobbuches seinen (menschlichen) Akteuren voraushaben,
nämlich in diesem Fall die Beschlüsse einer himmlischen Ratsversammlung zu kennen, wird in anderen alttestamentlichen Traditionen
durchaus nicht als unmöglich angesehen. So ist es in 1 Kön 22 der Vorrang des wahren Propheten, einen Blick in eine solche Versammlung
zu tun, und auch nach Am 3,8 bezieht Gott seine Propheten in die Beschlüsse seines Rates ein (die kritischen Fragen im innerprophetischen
Streitgespräch von Jer 23, bes. V. 18.22, haben ihren Ort gleichsam
zwischen der Frage des Elifas und der Gewißheit des Amos).

9f.:   Da Elifas Hiob keinen »mythischen« Vorsprung an Wissen zu-
erkennen und ihm ebensowenig einen aus seiner Leidenserfahrung er-
wachsenen Verstehensvorsprung zubilligen kann, mißt er – innerhalb
seines Kategoriensystems konsequent – Hiobs Wissen an den tradierten Normen.

Eine dieser Normen ist das Alter der Weisen und der von ihnen ver-
mittelten Lehren. Was das angeht, so hat Hiob keinen Vorsprung, gibt
es doch in der Gruppe der Weisen (hier muß nicht an die drei Freunde
allein gedacht sein) viel ältere. Kurz: Hiob kann nichts wissen, was
nicht auch sie wissen – und deshalb kann sein Reden nicht weise sein.
Typisch für die Ebene der Auseinandersetzungen zwischen Hiob und
den Freunden ist, daß beide Parteien sich diese Redefigur gegenseitig
vorhalten (man vergleiche mit diesen Elifasworten z.B. Hiobs Worte in

12,3). Auf dieser Ebene kann es kein gegenseitiges Verstehen geben. Beide Parteien sagen das gleiche, und daran zeigt sich gerade keine Übereinstimmung, vielmehr wird deutlich, wiewenig in so verschiedener Lage gleiche Worte bedeuten.

11-13: Elifas wird noch schärfer im Ton. Hat Hiob nicht genug an Gottes Tröstungen? (Welchen Tröstungen, wird Hiob in seiner Lage fragen.) War es ihm nicht genug, daß man (Gott und die Freunde) leise mit ihm redete? Hat er denn jede Weisheit und jedes Maß verloren? Regiert noch sein Herz, sein Verstand oder nur noch sein Zorn? Das Verb *rzm*, mit dem in V. 12 bezeichnet wird, was Hiobs Augen tun, ist nicht eindeutig zu verstehen. Nach einer arabischen Parallele könnte ein Blinzeln, ein Zusammenkneifen der Augen gemeint sein. Ist das ein Ausdruck der Wut, oder kann man daran denken, hier einen Gegensatz zu dem zu sehen, was in einem sumerischen Lehnwort im Babylonischen als *en.galgalutim*, als »Weisheit«, bezeichnet wird (*en.gal.gal* heißt sumerisch: sehr großes Auge)? Ist das »große Auge« Zeichen der Weisheit, so wäre ein klein gemachtes Auge Merkmal der verminderten Wahrnehmung, der Dummheit. Solange die genaue Bedeutung des Verbs *rzm* nicht zu ermitteln ist, muß es bei Hypothesen bleiben. Die Intention der Verse insgesamt ist dennoch recht deutlich. Elifas wirft Hiob vor, sich zu etwas hinreißen zu lassen, was mit Weisheit nichts zu tun hat, ja was (s.o. zu V. 2) einer unflätigen Handlung gleicht.

14-16: Abermals nimmt Elifas ein Hiobwort auf (14,1) und verbindet es mit seinen eigenen Ausführungen von 4,17-19. Wenn sich Gott schon nicht an den Engeln festmacht, wenn er schon dem Bereich des Himmlischen nicht das Prädikat »rein« zuerkennt, wie sollte er da einen Menschen als rein erkennen? Auf überraschende Weise bezeichnet nun Elifas *den* Menschen als Greuel, Verabscheuungswürdiges und als Verdorbenes (der in V. 16 auf den Menschen bezogene Ausdruck *nä*ʾ*ᵃlāḥ* wird in semitischen Sprachen für saure Milch gebraucht). Meint Elifas wirklich *den* Menschen? Wie könnte er sich da seiner und der (anderen) Weisen zukommenden Position so gewiß sein? Deshalb kann man die Denunzierung des Menschen in diesen Worten schon als eine Disqualifikation lesen, die Hiob gelten soll.

17-19: In einer Überleitung zum zweiten thematischen Teil seiner Rede fordert Elifas erneut Aufmerksamkeit. Die eigene Schau (wie bereits in seiner ersten Rede) will er vortragen und mit der Weisheit der Väter (im ersten Redegang vor allem Thema des Bildad) verbinden. Die Weisheit der Väter ist deshalb so vertrauenswürdig, weil sie 1. von

Männern stammt, denen die Leitung des ganzen Landes anvertraut
war, und 2. aus einer Zeit stammt, in der es noch nichts Fremdes im
Lande gab. Der bzw. das Fremde, hebr. *zār*, ist im allgemeinen Sinne
das andere, das Außenstehende, Abweichende (s. auch u. zu 19,26).
Ein *zār* kann ein Ausländer sein (auf dieser Ebene hörte man in Israel
nach vielen leidvollen historisch-politischen Erfahrungen bei *zār* die
Bedeutung »Zerstörer« mit); *zār* kann aber auch den »Laien« im Gegensatz zum (geweihten) Priester bezeichnen. In Hi 15,19 ist wohl weniger an eine konkrete geographische Dimension (das Land, von dem
Elifas spricht, ist weder mit seinem Heimatland Teman zu identifizieren noch etwa mit Israel) und auch kaum an eine bestimmte historische
Situation (etwa der »Überfremdung« Israels in nachexilischer Zeit)
gedacht. Vielmehr dürfte es sich um einen Ausdruck einer Mentalität
handeln. Als es noch niemanden gab, der außenstehend war, als man
noch »unter sich« war, war die Weisheit am größten. Deshalb vertraut
Elifas auf die »guten alten Zeiten« und ihrem Vorrat an Lehren und
Normen. Was teilt Elifas nun aus eigener Schau und aus der Weisheit
der Alten mit?

20-35:   Elifas entwirft bis zum Ende des Kapitels eine Art Szenario.
Die Biographie eines Gewalttäters, eines Schuldigen und Verbrechers,
geradezu *des* Frevlers wird entworfen. In diesem Teil der Rede sind etliche Worte und ganze Versteile textlich und deshalb auch interpretato-
risch besonders unsicher. (Für Einzelheiten sei auf die ausführlichen
Darstellungen und Diskussion der Probleme in den Kommentaren von
Horst, BK und Fohrer, KAT verwiesen.)
    »Alle Tage windet sich der Frevler«. So beginnt das Szenario. Die
damit anklingende und im weiteren ausgeführte These, die diesen Teil
der Elifasrede von Passagen früherer Freundesreden nebst seiner eigenen unterscheidet, besagt, daß der Schuldige nicht erst am Ende seines
Lebens für seine Untaten werde zahlen müssen, daß sich vielmehr in
seinem ganzen Leben die Auswirkungen seiner bösen Taten an ihm
selbst manifestieren. Es handelt sich um eine besonders konsequente
und geradezu mechanistisch durchgeführte Spielart der Lehre vom
Tun-Ergehen-Zusammenhang. Gottes Handeln spielt in den Worten
des Elifas in diesem Abschnitt keine besondere Rolle. Der Verbrecher,
so Elifas, bereitet sich selbst ein übles Leben. Wo er äußerlich Erfolg zu
haben scheint, leidet er doch unter den Schreckensstimmen seiner Opfer (oder seiner eigenen Taten), die ihm immerfort im Ohr gellen
(V. 21). Zur Genüge (*baššālōm* – man kann auch verdeutschen: »[mit-
ten] im Frieden«, d.h. wenn er es nicht ahnt; zur Wurzel *šlm* s.o. S. 87f.)
kommt über ihn der Verheerer (das Wort *šōded* hängt für das hebräische Hören mit dem im Hiobbuch oft gebrauchten Gottesnamen

šaddaj zusammen) (V. 21). Er wird mit Gewißheit umkommen (V. 22) – und er weiß es (V. 23).

Die Formulierung »er schweift umher nach Brot – doch wo soll er's finden« gibt möglichst genau den überlieferten hebräischen Text wieder. Die meisten Ausleger denken hier an einen ursprünglich anderen Text und vermuten etwa »er ist ein Fraß des Habichts« als ursprüngliche Bedeutung. Doch gibt auch der überlieferte Text mehr Sinn als allgemein angenommen, trifft er doch den Ton der Ruhe- und Rastlosigkeit, mit dem das Geschick des Bösen geschildert wird, zumal das Partizip *noded* (schweifend, unstet sein) an das Geschick Kains (Gen 4,16) denken läßt, dessen Gewalttat die wurzellose Unruhe zur Folge hatte. Er hat Tatsache und Zeit seines Untergangs selbst bestimmt (V. 23); er ist voller Angst und steht immer schon einem übermächtigen Gegner gegenüber (V. 24), denn er hat sich gegen Gott empört (V. 25). Mag er auch alle Anzeichen der Kraft und Virilität zeigen (dafür steht im Altertum das Fett), mag er ein »fetter Wanst« sein (so übersetzte Luther in V. 27; daher stammt der Ausdruck »Fettwanst«), mag er sich trutzig bewaffnet haben (V. 26), mag er in Trümmerstädten zu wohnen sich nicht scheuen (während solche Orte von anderen Menschen gemieden werden; dazu Dtn 13,13ff.; 1Kön 9,8; Jes 13, 20ff.; 19,8) (V. 28) – das alles wird ihm nichts nützen: Er bleibt nicht erfolgreich, seine Ähren (das ist eine der vielen Vermutungen für das in V. 29 verwendete Wort, das offenbar einen Teil seines Besitzes oder Ertrags meint) biegen sich nicht in voller Reife zur Erde, seine Pflanzen (hier für seinen ganzen Besitz stehend) reifen nicht, tragen nicht (V. 33), er – wieder ein »geflügeltes Wort«, das aus diesem Hiobkapitel stammt – »kommt auf keinen grünen Zweig« (V. 32), denn er hat auf Trug gebaut (V. 31).

So geht es allen Bösen, denn der Untergang ist ebenso die notwendige Folge der Bosheit, wie nur geboren werden kann, was in der Schwangerschaft schon da ist (V. 34f.).

So geht es dem Frevler – die Logik der Warnung an Hiob, die zugleich ein Spiegel für Hiob sein soll, zielt nicht auf den Bösen allgemein. Ihr Ziel ist Hiob selbst. Deshalb wird nicht etwa dem Geschick des Bösen nun ein Rat für Hiob und eine bessere Aussicht für ihn gegenüber gestellt. Indem die Elifasrede so endet, wie sie endet, war bereits von Hiob die Rede. Hatte nicht Hiob selbst von seiner Ruhelosigkeit, seinen Ängsten gesprochen? Nun – Elifas kennt den Grund. Nach dieser Rede stimmt sein Weltbild wieder – und es stimmt, nicht obwohl es Hiob so schlecht ergeht, sondern weil es ihm so schlecht ergeht.

Der »Trug für Gott« wird zur Keule für Hiob.

Hiob 16,1-17,16   Hiobs Rede
»Erde bedecke mein Blut nicht!«

16

1   Da hub Hiob an und sprach:
2   »Solcherlei habe ich viel gehört,
      Tröster, die Mühsal bereiten, seid ihr alle.
3   Ein Ziel für windige Worte –
      oder was reizt dich sonst, daß du erwiderst?
4   Auch ich könnte reden wie ihr,
      wenn euer Leben anstelle meines Lebens wäre;
      ich könnte kunstvolle Worte machen euch gegenüber
      und meinen Kopf über euch schütteln.
5   Ich könnte euch stärken mit meinem Mund,
      und die Bewegung meiner Lippen hielte euch zurück.
6   Wenn ich reden wollte, würde mein Schmerz nicht unter-
      drückt,
      und wenn ich's ließe – was ginge von mir aus?
7   Doch jetzt hat er mich erschöpft –
      du hast meinen ganzen Umkreis verödet.
8   Du hast mich gepackt; zum Zeugen wurde
      und erhob sich gegen mich mein Siechtum – es spricht gegen
      mich.
9   Sein Wutschnauben ist es, das zerriß; er befeindete mich.
      Er knirschte mit den Zähnen gegen mich;
      mein Bedränger schärfte seine Augen gegen mich.
10   Sie sperren gegen mich das Maul auf,
      mit Hohn schlagen sie auf meine Backen;
      gemeinsam scharen sie sich gegen mich zusammen.
11   Gott hat mich ausgeliefert an einen Buben;
      in die Hände von Frevlern hat er mich gestürzt.
12   Ruhig lebte ich, da hat er mich durchgeschüttelt,
      er hat mich im Genick gepackt und mich zerstückelt.
      Er hat mich für sich zur Zielscheibe hingestellt,
13   es umringen mich seine Pfeile,
      er spaltet meine Nieren und verschont nicht,
      er gießt zur Erde aus meine Galle;
14   er zerreißt mich, Riß auf Riß,
      er rennt gegen mich an wie ein Kriegsheld.
15   Einen Sack habe ich um die Haut mir genäht

und mein Horn in den Staub gesenkt.

16 Mein Gesicht ist ganz rot geworden vom Weinen,
und auf meinen Wimpern liegt schwarzer Schatten.

17 Doch keine Gewalttat klebt an meinen Händen,
und mein Gebet ist lauter.

18 Erde bedecke mein Blut nicht,
und ohne Ort sei mein Schreien!

19 Jetzt aber, siehe: Im Himmel ist mein Zeuge
und mein Bürge in der Höhe.

20 Sind meine Spötter meine Freunde,
so blickt mein Auge schlaflos zu Gott,

21 daß er entscheide zwischen dem Mann und Gott
(wie) zwischen einem Menschen und seinem Freund.

22 Denn nur noch wenige Jahre werden kommen,
dann gehe ich den Weg ohne Wiederkehr.

17

1 Mein Lebensgeist ist gebrochen, meine Tage sind verloschen,
mein ist das Gräberfeld.

2 Ist es nicht so: Gespött ist um mich herum,
mit ihrem Gezänk verbringt mein Auge die Nacht?

3 Setze doch fest, leiste Bürgschaft für mich bei dir!
Wer sonst würde sich durch Handschlag für mich verbürgen?

4 Ja, ihren Verstand hast du ferngehalten von Einsicht,
darum wirst du sie nicht erhöhen.

5 ›Vom Erbanteil erzählt er Freunden,
aber die Augen seiner Söhne verschmachten!‹

6 Er hat mich so gestellt, daß die Leute einen Spottvers sagen:
einer, dem man ins Gesicht spuckt – das bin ich.

7 Ermattet ist mein Auge vor Unmut,
und meine Glieder sind wie Schatten alle.

8 Aufrechte entsetzen sich darüber,
und der Unschuldige regt sich über den Heuchler auf.

9 Doch der Gerechte hält an seinem Weg fest,
und wer reine Hände hat, bleibt weiter stark.

10 Dagegen ihr allesamt: Kehrt um und kommt wieder,
doch ich werde (auch dann) keine Weisen bei euch finden.

11 Meine Tage sind vorübergegangen, meine Pläne zunichte,
meine Herzenswünsche.

12 Sie setzen (mir) die Nacht zum Tag:

>Licht kommt vom Dunklen her.‹
13   Wenn ich etwas hoffe, (so ist es) die Unterwelt als mein Haus,
        in der Finsternis breite ich mein Lager aus.
14   Zur Grube rufe ich: ›Mein Vater bist du!‹
        ›Meine Mutter und meine Schwester!‹ (rufe ich) zur Made.
15   Und wo ist denn meine Hoffnung (sonst),
        meine Hoffnung, wer kann sie sehen?
16   Stücke von mir – sie steigen hinab in die Unterwelt,
        wenn fürs Ganze auf dem Staub Ruhe ist.«

16,2-5: Abermals antwortet Hiob auf die vorausgegangene Freundesrede so, daß in der Antwort die Fortsetzung wie die Unmöglichkeit
eines verstehenden Gesprächs zwischen den in so verschiedener Lage
Befindlichen deutlich wird. Der Ton hat sich gegenüber den vorausgehenden Redegängen noch verschärft. In polemischen Worten werden
die Freunde insgesamt (V. 2.4ff.) und Elifas (er hatte zuletzt geredet)
im besonderen (V. 3) abqualifiziert. Und doch enthalten Hiobs Worte
wiederum präzise Anknüpfungen an die vorausgehenden Freundesreden. Hatte Elifas mit der kaum verhohlen als Vorwurf an Hiob formulierten Beteuerung geendet, daß sich die Bösen ihre Mühsal (*'āmāl*)
selbst erzeugen (15,35 als Abschluß einer längeren Passage), so repliziert Hiob, Mühsal (*'āmāl*) für den Betroffenen produzieren vielmehr
die Freunde mit ihrem (falschen) Trost.
    Den Vorwurf, mit Worten Wind zu machen, hatten die Freunde zu-
vor gegen Hiob erhoben (8,2; 15,2). Hiob gibt (V. 3) diesen Vorwurf
an Elifas zurück, begnügt sich aber nicht mit der »Retourkutsche«,
sondern benennt den Grund dafür, daß die Gesprächspartner einander als Zeichen des permanenten Einander-nicht-Verstehens diesen
Vorwurf hin und her geben können. Wäre Hiob in der Lage der Freunde, so könnte er so reden wie sie. Wärt ihr an meiner Stelle . . . (wörtlich: Wäre euer Leben anstelle meines Lebens) – die Formulierung
verbindet sich im Kontext der Hebräischen Bibel mit der »Talionsfor-
mel«: Leben für Leben (*näfäš taḥat näfäš* und in der Fortsetzung: *'ajin
taḥat 'ajin* [Auge um/anstelle von Auge], Ex 21,24f.; zum sozialge-
schichtlichen Hintergrund F. Crüsemann, »Auge um Auge«, EvTh 47
[1987] 411ff.). Das Wort *taḥat* (anstelle von) bezeichnet eine äquiva-
lente Entsprechung. Wären die Lebenssituationen Hiobs und der
Freunde äquivalent, so könnten sie miteinander reden. Da das nicht
der Fall ist, gibt es keine angemessene Relation, sondern nur wechsel-
seitiges Mißverstehen, gerade da, wo der »Dialog« im wechselseitigen
Austausch gleichklingender Vorwürfe besteht.
    Wäre Hiob in der Lage der Freunde, so könnte auch er, wie in V. 4f.
im einzelnen ausgeführt wird, kunstvolle (d.h. kunstreiche wie künstli-

che) Worte machen (oder, wie man bei einer anderen Ableitung des Verbs *ḥābar* übersetzen kann: könnte auch er mit Worten eine Verbindung herstellen / auf der Ebene von Worten sich verbindlich zeigen). Wäre Hiob in der Lage der Freunde, so könnte auch er den Kopf über sie schütteln. Diese Redewendung ist nicht so eindeutig negativ besetzt, wie es der deutsche Sprachgebrauch nahelegt. Zwar bezeichnet das Schütteln (*nwʿ*) des Kopfes in 2Kön 19,21; Ps 22,8 ebenso wie die mit dem bedeutungsähnlichen Verb *nwd* (beide Worte zusammen in Gen 4,14) gebildete Formulierung in Jer 18,16 eine geringschätzige, verächtliche, verspottende Geste, doch meint die Geste des Zunickens (*nwd*) in Hi 2,11 keine verspottende, sondern eine ermutigende, teilnehmende Geste. So ist letztlich nicht zu entscheiden, ob Hiob zum Ausdruck bringt, es wäre ihm ein Leichtes, die Freunde (gesetzt, die Rollen wären vertauscht) zu verspotten, oder, es wäre ihm ein Leichtes, wäre er in ihrer und sie in seiner Lage, ihnen mit Gesten der Teilnahme zu begegnen. Darf man über die Konstatierung der Zweideutigkeit der Formulierung noch einen Schritt hinausgehen und eben in der Mehrdeutigkeit der Formulierung mitlesen, daß aus der Lage der Nichtbetroffenen die Differenz zwischen Teilnahme und Verächtlichmachung verschwinden kann, daß nicht nur die Worte für die Gesten, sondern die Gesten selbst zweideutig werden? Der Vorsatz der Freunde, Hiob tröstend zuzunicken (2,11), schlug um in ein Kopfschütteln – nicht weil sie sich verändert hätten, sondern weil sie sich gerade nicht veränderen.

5: Der Vers führt das sarkastische Spiel mit den vertauschten Rollen weiter. Wäre Hiob anstelle der Freunde, so könnte er sie – ebenso leicht und ebenso bedeutungslos – ermutigen oder (mit dem Bewegen – *njd*, sprachlich eng verwandt mit dem im Zusammenhang des vorangehenden Verses genannten *nwd* – der Lippen) in Schach halten.

6: Nicht leicht zu verstehen ist V. 6. Geht der imaginierte Rollentausch hier weiter, oder drückt Hiob in diesem Vers seine tatsächliche Lage aus? Führt V. 6 die vorausgehende Passage weiter, so könnte man ihn etwa so verstehen: Wäre ich an eurer Stelle, so hätte ich leicht reden, müßte ich doch meinen Schmerz nicht unterdrücken; ich könnte dann genausogut aber auch schweigen, denn was bedeuteten meine Worte schon. Redet Hiob jedoch von V. 6 an von seiner realen gegenwärtigen Lage (dagegen spricht, daß erst mit der Einleitung von V. 7 – »doch jetzt« – ein Einschnitt und Aspektwechsel gesetzt ist), dann könnte man den Vers in folgendem Sinn lesen: Da ich aber nicht in einer Lage bin, müßte ich gegen meinen Schmerz reden und könnte ihn doch nicht unterdrücken; spräche ich aber nicht, wie könnte ich mich ausdrücken? Wie in manchen ähnlichen Fällen im Hiobbuch kann nur

die alternative Auslegungsmöglichkeit konstatiert werden (für weitere
Varianten und Nuancen sei auf die Diskussion in Fohrers Hiobkommentar [KAT, zur Stelle] verwiesen). Aufgabe der Auslegung ist es,
auf mehrere Möglichkeiten zu verweisen und den Text gerade in seiner
Vielschichtigkeit darzustellen.

7-14:   Mit V. 7 kommt ein neuer Aspekt ins Spiel. War in V. 2-6 von
der Relation zwischen Hiob und den Freunden die Rede, so ist das
Hauptthema der folgenden Verse das Handeln Gottes an Hiob. Doch
wen redet Hiob an? Die bis zu Ungereimtheiten reichende sprachliche
Vielfalt der Subjekte in diesen Sätzen (in V. 7a ein »er«, in 7b ein »du«,
»du« auch in 8, in 9 ein »er«, in 10 pluralisches »sie«) zeigt an, daß der
Autor abermals seinen Hiob nach dem wirklichen Adressaten suchen
läßt.

In den sprunghaften grammatikalischen Subjektwechseln erweist
sich weder literarisches Ungeschick eines Autors, noch sollte man daraus schließen, daß der Text aus verschiedenen Stücken zusammengesetzt und durch Nachträge ergänzt sei. Mögen einzelne Wendungen
und Motive (etwa aus der Sprache der Psalmen) entlehnt oder auch zitiert sein, so hat der Autor sie entlehnt oder zitiert, um der ausweglos
scheinenden Problematik Hiobs und seinen immer neuen Anläufen,
dennoch Ausweg und Lösung zu suchen, den sprachlich angemessenen Ausdruck zu geben.

Wen redet Hiob an? In V. 7-14 ist insgesamt vom Handeln Gottes
die Rede, der teils direkt, teils mit »Hilfstruppen« Hiob angreift. Als
solche »Hilfstruppen« erscheinen in V. 9f. Menschen, die Hiob als
»Bedränger« bezeichnet; in V. 8 ist es die Krankheit selbst, die wie ein
eigenes Subjekt gegen Hiob auftritt. In V. 11-14 kommt Gott nur noch
als unmittelbar gegen Hiob anrennender Feind in den Blick. Die grammatischen Subjekte entsprechen in dieser Abfolge nicht durchweg den
inhaltlichen. In V. 7f. redet Hiob von seinem Feind = Gott als einem
»Du«, doch kehrt er (wie wenn er nur für einen Augenblick zu dieser
direkten Attacke fähig wäre) in den folgenden Versen wieder zum »er«
zurück.

Hiob erlebt seinen Schmerz in verschiedenen Relationen. Er ist an
seinem Leib getroffen *und* (bereits in V. 7 steht beides zusammen) erfährt sein Leiden als soziale Deklassierung. Er erlebt seine Krankheit
darüber hinaus wie etwas, das sich ihm (ihn im Innersten treffend und
doch fremd) entgegenstellt. Die Krankheit legt Zeugnis ab von Hiobs
Schuld.

Das ist, wie hier deutlich wird, nicht allein die sich immer mehr ver-
härtende Position der Freunde (und mit ihnen der allgemeinen Meinung) – es ist eine Auffassung, gegen deren Überzeugungskraft Hiob

auch für seine eigene Sicht kaum ankommt. Denn um ihr eine Alternative entgegenzusetzen, muß Hiob einen hohen Preis zahlen. Wenn die Krankheit kein Zeugnis einer objektiven Schuld sein soll, dann kann sie nur Werkzeug eines nicht mit Hiobs Tun verbundenen, in diesem Sinne ungerechten Angriffs Gottes sein. Gott selbst befeindet Hiob, knirscht gegen ihn – wie es in der Sprache der Psalmen die Feinde gegen den Gerechten tun – mit den Zähnen (V. 9), liefert ihn der Feindschaft und dem Spott feindseliger Mitmenschen aus (V. 10f. – sind es die Freunde?), ja rennt selbst gegen ihn wie ein feindlicher Kriegsheld an (V. 14). Die Pfeile dieses Feindes haben Hiob im Innersten getroffen und zerstört (die Nieren sind in der Hebräischen Bibel Sitz der tiefsten Empfindungen). Gott hat ihn mitten im friedlichen ruhigen Leben (V. 12) durchgeschüttelt und zerstückelt (die beiden hebräischen Verbformen *waj⁰parp⁰renî/waj⁰pasp⁰senî* bringen in ihrer Iterativform und ihrem Gleichklang einen militärischen Dauerbeschuß zum Ausdruck).

15-17: Als Opfer des göttlichen Dauerbeschusses ist Hiob wie einer, dem der »Sack« (*śaq*), das Trauergewand (vgl. Gen 37,34; Jon 3,5) zur zweiten Haut geworden ist. Er trägt nicht Trauer, er *ist* Trauer und Lebensverlust (V. 15). Hiob ist in Tränen zerflossen (abermals eine reduplizierende Iterativform), Todesschatten liegen auf seinen Wimpern (V. 16). Ist das hochgereckte Horn des Stiers oder Widders in der Bibel Sinnbild der Kraft (1Sam 2,1.10; Ps 75,5f. u.ö. in der Psalmensprache, aber auch in Offb 5,6f.; 12,3; 13,1), so steht das Bild vom gesenkten Horn in V. 16 für Ohnmacht, Niederlage und Demütigung.

In dieser Lage formuliert Hiob (V. 17) sein Unschuldsbekenntnis. Er spricht Worte, wie sie der aussprechen muß, der in einer Wallfahrt den Tempel erreicht und nun die Tore des Heiligtums durchschreiten will (vgl. Ps 15; 24). In Hiobs Mund ist diese Unschuldsbeteuerung Protest gegen das Geschick, das ihn getroffen, und mehr noch gegen den Herrn, der es gesandt hat.

18: Der Protest, den Hiob erhebt, indem er auf den schreienden Widerspruch zwischen seinem Tun und seinem Ergehen beharrt, wird hier noch verschärft. Schreien soll dieser Widerspruch über jeden Ort und über jede Zeit hinaus. Hiob bittet (an dieser Stelle) nicht um das Ende seines Leidens. Seine Wunden erscheinen ihm nicht mehr heilbar. Darum bittet er geradezu umgekehrt darum, daß die Wunden offen bleiben mögen, daß die Zeit sie nicht heilen möge. Wenn er beschwörend heischt, die Erde möge sein Blut nicht bedecken, d.h. über die an ihm verübte Gewalttat möge kein Gras wachsen, dann klingt in diesen Worten die Bedeutung des Blutes als geheiligte Substanz des

Lebens (besonders deutlich betont in Gen 9) ebenso an wie die Institution der Blutrache (zur Bedeutung des Blutes in der Hebräischen Bibel insgesamt vgl. K. Koch, Der Spruch »Sein Blut bleibe auf seinem Haupt« und die israelitische Auffassung vom vergossenen Blut, 1962, in: ders., Hrsg., Um das Prinzip der Vergeltung in Religion und Recht des Alten Testaments, 1972, 432ff.). Im besonderen verweist Hiobs Satz auf Gen 4,10 (das Blut Abels schreit zum Himmel). Das Blut des Opfers schreit zu Gott, auf daß der Mörder nicht endgültig über das unschuldige Opfer triumphiert habe. Doch wie wären die »Rollen« von Hi 16,18 her verteilt, wenn Hiobs Blut nicht verdeckt und Hiobs Schrei nicht »verortet« werden soll? Was bedeutet der Schrei des Opfers, wenn der Täter und der Adressat des Schreies derselbe ist?

19-22: »Jetzt aber, siehe« – so beginnt der letzte Abschnitt des Kapitels, wie wenn Hiob sich aufraffen wollte, um die Konsequenz der Frage zu erfassen, die in V. 18 steckt. »Nemo contra Deum, nisi Deus ipse« (»Niemand gegen Gott außer Gott selbst«). Diesen »ungeheuren Spruch« (letztlich unbekannter Herkunft) bedenkt Goethe im 20. Buch von »Dichtung und Wahrheit« und setzt ihn als Motto über den gesamten vierten Teil (zu den verschiedenen Lesarten und Schreibweisen dieses Spruchs: deum/deus [ein Gott] oder Deum/Deus [Gott], nemo [niemand] oder nihil [nichts] und zur Bedeutung vgl. H. Blumenberg, Arbeit am Mythos, 1979, 567ff.). Der »ungeheure Spruch« kann als Quintessenz dieser Hiobpassage (und der ähnlichen in 19,25ff.) gelesen werden. Gegen einen Angriff, der von Gott selbst ausgeht, kann nur Gott selbst als Bürge, als Anwalt, als Richter, als Rächer angerufen werden. Weil Hiob (V. 20) die Freunde nur noch als Spötter erfährt (wie gut gemeint ihre Tröstungen auch sein mögen), kann Hilfe nur von Gott selbst kommen. Niemand als Gott selbst kann (gegen die Reden der Freunde, gegen das scheinbar objektive Zeugnis der Krankheit) der Zeuge sein, der Hiobs Recht erweist (V. 19); niemand kann gegen Gott für Hiob bürgen als Gott allein (V. 19); niemand kann zwischen Hiob und Gott entscheiden (V. 21) als Gott allein. Der ungeheure Gedanke, Gott als Angeklagten, als Zeugen, als Bürgen und als Richter zugleich denken zu müssen, wenn es denn einen Angeklagten, einen Zeugen, einen Bürgen, einen Richter im »Fall Hiob« geben soll, und dabei diesen »Fall« nicht im höheren Ratschluß Gottes aufgehoben sein zu lassen, sondern ihn aufzurollen, bricht in Hi 16 so abrupt ab, wie er eingesetzt hat. Nicht der Inhalt des Rechtsstreits ist Thema der Fortsetzung, sondern die Dringlichkeit (V. 22). Denn bald wird es für Hiob nur noch die Möglichkeit geben, die V. 18 nannte. So bekommt von V. 22 her das »jetzt aber« in V. 19 noch einen anderen Ton, einen drängenden zeitlichen Aspekt. Wenn nicht jetzt, wenn nicht bald, dann nie mehr! Hiobs Klage läßt keine Vertröstung auf ein »Jenseits« zu. Der Weg, der ihm gewiß scheint, ist (wie schon in 7,9f. beschworen) ein Weg ohne Wiederkehr.

17,*1*-*16*: Das Thema des nahen Todes setzt sich in Kap. 17 fort, und doch beginnt ein neuer Abschnitt. Hiob redet von seiner gegenwärtigen Lage. Abermals sind es keine logisch aufeinander folgenden, abgewogenen Gedanken, sondern kurze Sätze, Satzfetzen, womöglich Zitate und Anspielungen auf Sprüche, die in abrupter Folge das ganze 17. Kapitel durchziehen.

Zur Sprache kommen: Hiobs Lage (V. 1), die Reaktion der Umgebung (V. 2), dann in Aufnahme von 16,19 in V. 3 die Bitte, Gott möge für Hiob bürgen. In V. 4 kommen wieder die Freunde in den Blick (fast hätte man vergessen können, daß Hiob noch immer seine Dialoge mit ihnen als den ersten, doch längst nicht mehr den wirklichen Adressaten führt). V. 5 zitiert vermutlich ein Sprichwort (der Vers fällt im Sprachrhythmus aus dem Rahmen), in V. 6f. kommt wieder Hiobs Lage in den Blick (abermals mit Aufnahme geprägter Wendungen in V. 8f.). Von den Freunden redet V. 10, von Hiobs Lage V. 11, abermals von den Freunden und ihren Sentenzen V. 12. Schließlich ist von V. 13 an bis zum Ende des Kapitels von Hiobs negativer Hoffnung die Rede, von der Erwartung des Todes. Trotz der vielfachen Aspektwechsel und dem geradezu gehetzten Ton des ganzen Kapitels bedarf es kaum einer fortlaufenden Auslegung. Die Bilder sind durchweg verständlich. Nur wenige Erläuterungen seien deshalb zu diesem 17. Kapitel gegeben.

3: Der Vers ist (in Aufnahme des Themas von 16,18ff.) in der Terminologie des Bürgschafts- bzw. Pfandrechts formuliert. Mit dem Handschlag, mit dem der Bürge symbolisch den Schuldner aus der Hand des Gläubigers reißt (Horst, BK), tritt der Bürge für den Schuldner ein. Gegenüber Hiob soll Gott als Bürge und als Gläubiger (Bürgschaftsempfänger) zugleich auftreten (»leiste Bürgschaft für mich bei dir«). Horst, ein großer Kenner des altisraelitischen Rechtslebens, erklärt das in seinem Kommentar (BK, 258) für »befremdlich und juristisch ein Unding«. Juristisch wäre es tatsächlich ein Unding, doch sprengen der »Fall Hiob« und die Person seines »Gegners« das juristisch Plausible und das in juristischen Kategorien Erfaßbare. Wer sonst sollte Hiobs Bürge sein, hat doch Gott den Freunden Einsicht verwehrt (V. 4)? Auch hinter der Verhärtung der Freunde sieht Hiob also Gottes Handeln – immer mehr spitzen sich Hiobs Fragen als Fragen nach und an Gott zu.

5: Der Vers dürfte (s.o.) ein Sprichwort zitieren. Es redet von einem Menschen, der Freunden gegenüber mit seinem Besitz und Erbe groß-

tut, für seine Söhne aber (buchstäblich) nichts übrig hat. Ist der Sinn
des Spruches einigermaßen deutlich, so fällt es um so schwerer, ihn auf
den Kontext dieser Hiobrede zu beziehen. Sind solchermaßen die
Freunde als »Hochstapler« erkannt? Wenden sie sich Fernerstehen-
den zu und vergessen den ihnen Nahestehenden (Hiob)? Oder steckt
in diesem Satz ein Vorwurf an Gott selbst, der seine eigenen Söhne
(»seinen Knecht Hiob«) zu kurz kommen läßt? Dem hebräischen Leser dürften solche Sprichworte wie ihr Gebrauch in verschiedenen
Kontexten so vertraut gewesen sein, daß er auch in diesem Fall kaum
raten mußte, worin hier die Pointe des Zitats liegt. Für LeserInnen des
20. Jahrhunderts (legitime, aber sekundäre AdressatInnen) bleibt es
bei Annäherungen und (allenfalls) wahrscheinlich richtigem Verstehen.

8:   Auch in diesem Vers mögen geprägte Wendungen aus weis-
heitlichem Spruchgut aufgenommen sein. Sie sind aber nicht als Nachträge aus dem Text herauszulösen, sondern als Elemente einer geplanten Komposition anzusehen, die von vornherein mit Zitaten und Anspielungen arbeitet. Im vorliegenden Kontext geht es um verschiedene
Reaktionen auf Hiobs Ergehen und womöglich um Hiobs eigene Haltung. Den Freunden kann er nur den bitterbösen Rat geben, nach Hause zu gehen, wobei er, den Sarkasmus auf die Spitze treibend, ein
»Wiederkommen zwecklos« hinzufügt. Was sie zu bieten hatten, war
falsche Vertröstung. Ihre Sprüche, wie der in V. 12b zitierte (nach dem
Muster eines »per aspera ad astra« [über rauhe Pfade zu den Sternen]
oder eines »durch Nacht zum Licht«) kann Hiob nur als Trug hören.
Sie gaukeln ihm die Nacht als Tag vor. Hiobs Nacht dagegen läßt nur
die ewige Nacht als Hoffnung zu (zu dieser negativen Hoffnung s.o. S.
77f.). So sind ihm Grab und Wurm Familienangehörige. Das Kapitel
schließt in größter Finsternis.

Diese Rede Hiobs läßt von ihrem Ende her keine Hoffnung auf Wiederherstellung erkennen. Die Erwartung der Bürgschaft Gottes für
Hiob bei Gott klingt allenfalls wie eine Hoffnung auf Aufschub, nicht
wie eine Hoffnung auf Restitution. Bei alledem hält Hiob an seinem
Recht fest. Annäherungsweise könnte man sagen: In der Theorie be-
harrt Hiob auf seinem Recht, in der Praxis erwartet er nichts mehr für
sein Leben. Fallen damit das »Hiobproblem« und der existentielle
»Fall Hiob« auseinander? Von dieser Frage her werden die beiden
Ebenen des Hiobschlusses entscheidend, in dem am Ende von der
Antwort auf Hiobs Fragen *und* von der Wiederherstellung von Hiobs
Leben erzählt wird.

Hiob 18,1-21   Bildads Rede
»Soll sich deinetwegen die Erde entvölkern?«

18

1   Da hub Bildad an, der Schuachiter, und sprach:
2   »Bis wann wollt ihr den Worten eine Grenze setzen?
    Nehmt Verstand an, danach wollen wir reden!
3   Warum werden wir wie Vieh erachtet
    und sind unrein in euren Augen?
4   Du, der sich selbst in seinem Wutschnauben zerreißt –
    soll sich deinetwegen die Erde entvölkern
    und ein Fels von seinem Platz wegrücken?
5   Auch erlischt das Licht der Frevler,
    und die Flamme seines Feuers strahlt nicht auf.
6   Das Licht verfinstert sich in seinem Zelt,
    und seine Lampe über ihm erlischt.
7   Eng werden seine kräftigen Schritte,
    und sein eigener Plan wirft ihn hin.
8   Ja, er wird ins Netz geschickt von seinen eigenen Füßen,
    auf dem Flechtwerk über der Fallgrube geht er hin und her.
9   Es ergreift ihn an der Ferse das Klappnetz,
    die Schlinge (?) klammert sich um ihn fest.
10 Verborgen am Boden liegt sein Fangstrick
    und die Falle für ihn auf dem Pfad.
11 Von allen Seiten ängstigen ihn Schrecken
    und hetzen ihn, (sind) ihm auf den Fersen.
12 Hungrig nach ihm ist sein Unheil,
    und das Verderben steht bereit für seinen Sturz.
13 Es frißt Stücke seiner Haut,
    es frißt seine Stücke der Erstgeborene des Todes.
14 Er wird abgetrennt von seinem Zelt, von seiner Sicherheit;
    es treibt ihn zum König der Schrecken.
15 Es wohnt in seinem Zelt, was nichts mit ihm zu tun hat,
    auf seine Aue wird Schwefel gestreut.
16 Von unten verdorrt seine Wurzel,
    und von oben welkt sein Zweig.
17 Die Erinnerung an ihn schwindet aus dem Land,
    und er hat keinen Namen mehr auf der Straße.
18 Sie stoßen ihn vom Licht in die Finsternis
    und verjagen ihn vom Erdkreis.

19   Kein Sproß, kein Nachkomme bleibt ihm in seinem Volk,
        und kein Entronnener ist da, wo er einst lebte.
20   Über seinen Tag erschauern die später Lebenden,
        und die Früheren rühren an das Grausen.
21   Ja, so sind die Wohnstätten des Niederträchtigen,
        das ist der Ort dessen, der Gott nicht kennt.«

Zum zweiten Mal ergreift Bildad das Wort. Wie in seiner ersten Rede
beginnt er mit einem ungeduldigen »Bis wann?« und kommt rasch auf
den Punkt (vgl. 8,3 mit 18,4). Diese zweite Bildadrede besteht aus zwei
klar voneinander abgesetzten Teilen. Auf eine direkte Anrede, geradezu eine Attacke auf Hiob, dessen Position und dessen Anspruch Bildad
schroff zurückweist (V. 2-4), folgt eine aus einer Kette von Bildern bestehende typisierende, doch kaum verhohlen auf Hiob bezogene Schilderung des Geschicks, das unweigerlich den Frevler trifft (V. 5-21).
Diese beiden Teile wies auch schon Bildads erste Rede auf. Deren drittes Element – Bildad stellte Hiob eine glänzende Zukunft in Aussicht
(8,6f.21f.) – hat in der zweiten Bildadrede keine Entsprechung. Wie
zuvor Elifas verzichtet im zweiten Redegang auch Bildad darauf,
Hiobs Zukunft ausdrücklich zu schildern, erst recht, sie positiv zu schildern. Der Grund ist der, der bereits für die zweite Elifasrede gilt: Das
Geschick des Frevlers dient nicht mehr als *Gegenbild* zu dem, das Hiob
sich erhoffen darf, sondern ist zum *Modell* für Hiob selbst geworden.
So zeigt sich die Verhärtung der Position der Freunde im zweiten Redegang nicht allein und nicht einmal in erster Linie in dem, was sie sagen, sondern mehr noch in dem, was sie nicht (mehr) sagen.

2-4: In Bildads ungeduldig-ärgerlicher Einleitung, die der von 8,2
(bei geringfügiger Differenz des hebr. Ausdrucks) entspricht und die
Hiob seinerseits mit 19,2 zurückgeben wird, ist eine Mehrzahl (»wollt
ihr«) angeredet. Man könnte darin eine Aufforderung an die Freunde
sehen, den in Bildads Augen in der bisherigen Form nutzlosen Dialog
zum Abschluß zu bringen. Im Blick auf den Plural in V. 3 (»in euren
Augen«), der sich (s.u.) auf Hiob und Elifas beziehen dürfte, könnte
aber auch eine unmittelbare Reaktion auf den letzten Redegang zwischen diesen beiden vorliegen. Auf Hiob und Elifas (oder auf Hiob
und die Freunde insgesamt) wäre dann auch die Aufforderung im
zweiten Teil von V. 2 zu beziehen. Hiob hatte (17,4 der Sache nach,
wenn auch mit anderen Begriffen als Bildad in 18,2) den Freunden den
Verstand aberkannt. Bildad nimmt den Vorwurf auf und stimmt ihm in
gewisser Weise sogar zu. Wenigstens im letzten Redegang zwischen
Elifas und Hiob ist nach seinem Urteil die Einsicht verlorengegangen.
Ja, die Freunde haben sich selbst zu Dummköpfen gemacht, sich selbst

als Unreine dargestellt. Daß *der* Mensch unrein sei, hatten Elifas und Hiob in ähnlich klingenden Worten, wenn auch mit entgegengesetzten Konsequenzen, übereinstimmend konstatiert (vgl. 14,4 mit 15,14). Bezieht man V. 3 formal (im Blick auf den doppelten Plural) und inhaltlich auf den vorausgehenden Wortwechsel zwischen Elifas und Hiob, so lösen sich mehrere Probleme auf, die in den Kommentaren seit alters diskutiert und z.T. durch Textänderungen beseitigt werden. Man muß weder den Plural (»in *euren* Augen«) auf imaginäre Zuschauer oder Parteigänger Hiobs beziehen noch das Wort »unrein« als hier sachlich nicht passend in »verstopft/verdummt« ändern (so allerdings schon der große jüdische Exeget Raschi). Bildad rügt, daß sich im Disput mit Hiob auch die Freunde verächtlich machen ließen und selbst gemacht haben.

Er will (anders als Elifas) nicht von der Unreinheit aller Menschen ausgehen, beansprucht er doch für sich und seine Position die »reine Lehre«. Vollends läßt er keinen Zweifel an der Stimmigkeit der Weltordnung und der Gerechtigkeit Gottes (beides ist für ihn das gleiche) aufkommen.

Hatte er zu Beginn seiner ersten Rede kategorial in Abrede gestellt, es sei auch nur denkbar, daß Gott das Recht krümme (8,3), so erklärt er in 18,4 ebenso entschieden, wenn jemand Hiob »zerreiße«, dann sei es Hiob selbst. Mit diesem Satz knüpft er unmittelbar an Hiobs Aussage an, Gott zerreiße/zerfleische ihn (16,9 mit demselben Verb *ṭāraf*). Bildad gibt diesen in seinen Augen ungeheuren Vorwurf mit Nachdruck an Hiob zurück. *Er* sei es, der sich mit seinem Verhalten sein böses Geschick selbst bereite, er sei es, der sich selbst vernichte.

So ist auch diese Rede, die geradezu mit der Aufkündigung der Dialogbereitschaft einsetzt, gleichwohl die Fortsetzung des Dialogs, indem sie an zentrale Stichworte der vorausgehenden Hiobrede anknüpft. Die Überzeugung, die Bildad ausspricht, kann geradezu als Musterfall der Auffassung vom Tun-Ergehen-Zusammenhang verstanden werden. Jeder bereitet sich sein Geschick letztlich selbst! Dieser Grundsatz wird im zweiten Teil der Rede im Blick auf den Frevler durchdekliniert. Mehr noch: Bildad erklärt diese Doktrin geradezu zur *Voraussetzung* sinnvollen Redens (V. 2b). Er muß so urteilen, denn die Überzeugung, daß nicht sein könne, was nicht sein dürfe, bleibt für ihn grundlegend. In V. 4 wird mit der Abweisung Hiobs die Zumutung deutlich, die für Bildads Ohren bereits mit Hiobs Anspruch verbunden ist. Hätte Hiob recht, dann müßte sich ja für ihn die ganze Welt(ordnung) ändern, anders gesagt: Sie müßte (ein einziges Gegenbeispiel reicht aus, eine Behauptung zu falsifizieren) anders *sein*, als Bildad *wissen wollen muß.*

Bildad läßt Hiobs Anspruch und Einspruch also gar nicht erst zu.

Ihn zuzulassen bedeutete jedoch nicht, ihn anzuerkennen. Tatsächlich
hatte Hiob bereits in seiner ersten Rede (Kap. 3) nichts weniger gefor-
dert, als daß um seines gegenwärtigen Geschicks willen die Weltzeit
geändert werde. So ist Bildads Anfrage an Hiob nicht unberechtigt;
doch Hiob kann eine *Antwort* erwarten, statt nur die Anmaßung seiner
Frage und Forderung bescheinigt zu bekommen. Diese Antwort wird
er aber erst von Gott selbst erhalten.

Im zweiten, längeren Teil seiner Rede stellt Bildad das Geschick des
Frevlers vor Hiobs Augen – nicht mehr als Gegen-, sondern als Spie-
gelbild Hiobs. Bildad reiht verschiedene Bilder aneinander, die ineinander übergehen.

5-21: Abfolge und Zusammenhang der Passage lassen sich etwa so
beschreiben: Der Frevler ist wie einer, dem das Licht schwindet
(V. 5f.). Ohne Licht kann er nicht ausschreiten, tappt herum (V. 7).
Bild und Vers leiten über zur folgenden Passage (V. 8-10), in der in
verschiedenen Wendungen von den Fallen die Rede ist, in die der Böse
tappt, obwohl, genauer: *weil* er selbst sie gelegt hat.

Das Bild des gejagten Jägers wird in V. 11 verallgemeinert und leitet
über zum nächsten Abschnitt (V. 12f.), der schildert, wie der Frevler
von den (von ihm selbst bewirkten) Schrecken, von Unheil und Krankheit, verfolgt wird. In V. 14 wird dieses Motiv modifiziert und in ein
neues Bild transformiert, indem nun (V. 15f.) davon die Rede ist, daß
der Böse seinen Ort und darüber hinaus jede Verwurzelung verliert. In
V. 17-19 wird die den Frevler unweigerlich treffende Vernichtung noch
gesteigert. Sie trifft nicht allein sein Leben, sondern über den Tod hinaus jede Erinnerung an ihn, der ohne jeden Nachkommen und ohne jedes Gedenken sein wird. So wird er (V. 20) zum bösen Exempel für jede Zeit und jeden Ort (s.u.). V. 21 bringt abschließend das Resümee:
So ergeht es dem Niederträchtigen, dem Frevler dem, der nichts von
Gott weiß.

Einige Hinweise zu dieser Abfolge sollen die Zusammenhänge und
die Variationen in Bildads »Musterbiographie eines Frevlers« verdeutlichen:

Das Bild vom Licht (V. 5f.) ist vor allem in der Weisheit oft belegt
(vgl. Spr 4,18; 13,9; 20,20; 24,20). Das Licht der Lampe im Zelt, der
Schein des Feuers stehen für das ruhige, friedliche Leben des Gerechten, die verlöschende Lampe für das finstere Geschick des Bösen. In
ähnlichen Bildern und Gegenbildern kann man den Lebensweg in den
Schritten eines Menschen abgebildet sehen. Dem Gerechten schafft
Gott weiten Raum, den er mit festem Schritt durchmessen kann (Ps
18,37; das Motiv des Lichts zusammen mit dem des weiten oder engen
Wegs in Spr 4,10ff.); dem Bösen werden auf Dauer die Wege eng, auch

wenn er - so Hi 18,7 - mit kräftigen Schritten auszuschreiten beginnt.
Es sind die eigenen Pläne, die eigenen Ränke, die ihn in die Enge trei-
ben. Bildads Bilder sind Varianten der in der Weisheit immer wieder
und immer wieder in neuen Sprachbildern beteuerten (vor allem aber
erhofften) Erfahrung, daß, wer andern eine Grube gräbt, selbst hinein-
falle (z.B. Spr 28,10, vgl. auch Ps 5,11; 64,9). Fallen solcher Art gibt es
manche, wie in V. 8ff. mit dem Bild der in großer Vielfalt aufgeführten
Fanggeräte aus dem Jagdbereich dargestellt wird. Da ist das Netz, das
man auslegt (der Frevler, der es auslegt, tritt selbst hinein); da ist die
Fallgrube, in die er (die Fortsetzung ist in V. 8b angelegt) bald hinein-
stürzen *wird.* Da gibt es das Klappnetz, das in der Vogeljagd verwendet
wird (es wird am Boden ausgelegt, springt, sobald der Vogel es berührt,
nach oben und schnappt zu); da gibt es (V. 9b) ein weiteres Fanggerät,
das (die genaue Bedeutung des hebr. Wortes ist unbekannt) eine
Schlinge sein dürfte; da gibt es weitere Fallen und Fangstricke.

Die Häufung der Bilder und Begriffe läßt anschaulich den Jäger als
Gejagten erscheinen. Dieses Motiv führen V. 11 und V. 12ff. weiter.
Der Frevler erscheint noch mehr als Gejagter, als Gehetzter. Er wird
verfolgt von den Schrecken, die wie personenhafte Mächte in den Blick
kommen. (Man fühlt sich an die römischen Furien als personifizierte
Schrecken erinnert.) Spricht Bildad im ganzen in der Sprache weisheitlicher Mahn- und Lehrsätze und ihrer Typologie (*der* Gerechte, *der*
Frevler), so daß von Hiob die Rede ist, ohne daß sein spezifisches Geschick zur Sprache kommen muß, so ist V. 13 unverstellt auf Hiob ge-
münzt. Die Krankheit, die Stücke von der Haut frißt, ist Hiobs Krankheit. Deren Existenz bezeugt, wie Hiob selbst empfand (16,8), in den
Augen Bildads, daß Hiob zum Typus »Frevler« gehört, daß auf ihn all
das zutrifft, was Bildad über den Lebensweg des Frevlers weiß.

Die Krankheit (in V. 13b heißt sie mytho-poetisch »Erstgeborener
des Todes«) treibt Hiob zum Gipfel (»König«) des Schreckens. Sie ist
damit logisches Subjekt auch in V. 14b, doch mag das im Deutschen
mögliche unpersönliche »es« als grammatisches Subjekt andeuten,
daß der Frevler ebenso Objekt wie Subjekt seines Geschicks ist: Es
treibt ihn . . .

Mit V. 15ff. geht der Blick über den Tod des einzelnen Frevlers hinaus. In seinem Zelt wohnt später nichts, was mit ihm zu tun hat (so ist
der überlieferte hebräische Text verstehbar, ohne daß man - mit Fohrer, Hesse und einigen älteren Kommentatoren - zu einer Textänderung greifen und statt *mibbᵉlī-lō* den Namen eines weiblichen Dämons
»Lilit« lesen müßte (geschweige denn Erwägungen über die hier verwendete Mythologie an einer vermuteten Textänderung festmachen
sollte). Nichts von ihm, d.h. nichts, das auch nur an ihn erinnern könnte, wird vom Bösen bleiben. In einer Gesellschaft und Religion, in der

das Weiterleben eines Menschen als Weiterleben in den Kindern und
Enkeln und in der Erinnerung der späteren Generationen gedacht, gehofft und praktiziert werden kann, einer Welt, in der Erinnerung Lebenspraxis ist, ist das Vergessen die schlimmste Drohung. Ohne Erinnerung, ohne Namen (man denke z.B. an den Brauch der Leviratsehe
(Schwagerehe), mit dem gesichert sein soll, daß der *Name* eines kin-
derlos Verstorbenen nicht erlöschen soll, Dtn 25,5ff.), ohne Nachkommen zu bleiben bedeutet, nicht gelebt zu haben. Niemand wird entrinnen (so daß er, s.o. S. 20ff., als Entronnener erzählen könnte).

Dennoch wird (V. 20) das Geschick des Frevlers zum Exempel. Die
verwendeten Worte für die, denen es zum erschreckenden Beispiel
wird, ʾahˈronīm und qadmonīm, wörtlich: die »hinteren« und die »vor-
deren«, haben einen lokalen und einen temporalen Aspekt. »Hinten«
bezeichnet im Hebräischen sowohl die Zukunft als auch den Westen
(beides mit dem Lauf der Sonne verbunden, wie ja auch im Deutschen
»Sonnenaufgang« eine Zeit- und eine Ortsangabe [Osten, mit griech.
Fremdwort: Anatolien oder lat.: Orient] meinen kann). Die alten
Übersetzungen entscheiden sich in der Wiedergabe der hebräischen
Worte für den Zeitaspekt (so auch die hier gegebene Verdeutschung).
In den neueren Kommentaren überwiegt die lokale Lesart (»die im
Westen« / »die im Osten«). Für beides gibt es Argumente und biblische Belegstellen. Kann man hier entscheiden? Wäre eine Entschei-
dung überhaupt richtig? Die hebräischen Worte meinen eben beides
und stellen gerade keine Alternative. Das Geschick des Frevlers wird
als Rühren an das Grausige verstanden werden, und zwar (örtlich *und*
zeitlich) allerorts und jederzeit.

So ergeht es den Frevlern, den Niederträchtigen (das Wort ʿawwāl in
V. 21 kommt dem häufigeren rāšāʿ in der Bedeutung sehr nahe). Davon ist Bildad überzeugt. Und auf die Frage nach dem Kriterium, das
den Bösen, den Frevler, den Niederträchtigen ausmacht, könnte er
(mit V. 21b) sagen: Er kennt Gott nicht.

Gott zu kennen (jādaʿ), mit Gott vertraut zu sein (jādaʿ bezeichnet
jede Form der sinnlichen Wahrnehmung, das Kognitive ebenso wie das
Emotive, ja kann sogar die körperliche Intimität bezeichnen) wäre
demnach Kriterium des Gerechten. Die (Er)Kenntnis (daʿat, von dem
Verb jādaʿ) Gottes wird in den weiteren Reden des Hiobbuches eine
große Rolle spielen, vor allem in den Elihureden, dann aber auch in
den Gottesreden am Ende des Buches. Die weitere Auslegung muß
zeigen, ob Bildads oder Hiobs daʿat Gottes ins Recht gesetzt werden –
oder ob auf verschiedene Weise beide nicht Recht behalten.

Hiob 19,1-29   **Hiobs Rede**
                    »Ich weiß, daß mein Löser lebt«

19

1   Da hub Hiob an und sprach:
2   »Bis wann wollt ihr meine Seele quälen
    und mich mit Worten zermalmen?
3   Zum zehnten Mal beschimpft ihr mich jetzt schon
    und schämt euch nicht, mich zu mißhandeln.
4   Habe ich wirklich geirrt,
    bleibt der Irrtum auf mir sitzen.
5   Könnt ihr denn wirklich gegen mich groß tun
    und gegen mich meine Schande zur Verhandlung bringen?
6   So nehmt denn zur Kenntnis, daß Gott mich gekrümmt
    und sein Fangnetz mich umschlossen hat.
7   Schau: Ich schreie ›Gewalttat‹ und bekomme keine Antwort,
    ich schreie um Hilfe und bekomme kein Recht.
8   Meinen Weg hat er vermauert, ich komme nicht hinüber,
    auf meine Pfade legt er Finsternis.
9   Meine Ehre hat er mir geschunden,
    die Krone meines Hauptes abgezogen.
10 Er reißt mich nieder von allen Seiten, daß ich dahingehe,
    er reißt mich aus wie einen Baum,
11 er läßt gegen mich sein Wutschnauben entbrennen,
    er läßt mich für sich gelten wie seine Gegner.
12 Mitsammen kommen seine Rotten,
    schütten gegen mich ihren Weg auf
    und lagern sich rings um mein Zelt.
13 Meine Brüder hat er von mir entfernt,
    und meine Vertrauten sind mir fremd geworden.
14 Es bleiben aus, die mir nah sind,
    und meine Bekannten vergessen mich.
15 Die Schutzbefohlenen meines Hauses und meine Mägde halten mich für einen Fremden,
    ein Ausländer bin ich geworden in ihren Augen.
16 Meinen Knecht rufe ich, und er antwortet nicht,
    mit meinem Mund muß ich ihn anflehen.
17 Mein Atem ist widerlich geworden meiner Frau,
    und den Söhnen des Leibes meiner Mutter ekelt es vor mir.
18 Sogar Buben weisen mich zurück; ich erhebe mich, und sie reden über mich.

19   Es verabscheuen mich die Männer meines Vertrauenskreises;
      die ich geliebt habe, sind vor mir ganz umgewandelt.
20   An meiner Haut und meinem Fleisch kleben meine Knochen,
      und ich bin entronnen mit der Haut meiner Zähne.
21   Erbarmt euch meiner, erbarmt euch meiner, ihr meine Freun-
      de,
      denn die Hand Gottes ist es, die mich getroffen hat!
22   Warum verfolgt ihr mich so wie Gott
      und werdet von meinem Fleisch nicht satt?!
23   Wer gäbe es doch – und meine Worte würden aufgeschrieben.
      Wer gäbe es in der Schrift – und sie würden eingeprägt,
24   mit eisernem Griffel und Blei,
      auf Dauer in Felsen würden sie eingehauen!?
25   Ich weiß, daß mein Löser lebt
      und sich zuletzt auf dem Staub erhebt.
26   Nachdem meine Haut so geschunden ist
      und von meinem (bloßen) Fleisch, werde ich Gott sehen,
27   ich bin es, der ich ihn für mich sehen werde,
      mit meinen Augen werde ich sehen – und nicht als Fremder;
      verzehrt (danach) sind die Nieren in meinem Leibe.
28   Wenn ihr sprecht: ›Wie verfolgen wir ihn?‹ (und meint,)
      die Wurzel der Sache sei in mir zu finden,
29   so schreckt für euch selbst vor dem Schwert zurück,
      denn Wüten (zieht nach sich) Strafen des Schwertes,
      auf daß ihr wißt, daß es einen Richter gibt!«

Die Hiobrede in Kap. 19 beginnt mit denselben Worten wie die
Bildadrede in Kap. 18 (»Bis wann?«). Die Parallelität des Einsatzes
markiert um so deutlicher den Gegensatz der Positionen. Es ist wiederum eine Opposition mit dem Mittel der Imitation. Hiobs Opposition zu Bildad wird vor allem in 19,6 deutlich (im einzelnen s.u.). Dem
geht ein Abschnitt voraus, der die rhetorische Auseinandersetzung
zwischen Hiob und den Freunden fortsetzt. Ein weiteres Mal werden
Vorwürfe formuliert, zurückgegeben, wiederholt (V. 2-5).

Gegen Bildad formuliert Hiob von V. 6 an noch einmal seine Ge-
generfahrung: Gott handelt an ihm als Feind! Gottes Feindhandeln ist
Thema der folgenden Abschnitte, in denen zunächst von Gottes direkten Attacken (V. 7-12), dann von deren Auswirkungen auf das Verhalten der Hiob isolierenden Mitmenschen (V. 13-20) die Rede ist.

Von V. 21 an wechseln Themen und Aspekte der Klage Hiobs in ra-
scher, geradezu gehetzt wirkender Folge. Nach einer flehentlichen Bitte an die Freunde, wenigstens sie möchten ihn doch nicht verfolgen
(V. 21f.), formuliert Hiob in V. 23f. (in Aufnahme des Wunsches von

16,18) die Hoffnung, seine Worte möchten dauerhafter sein als sein Leben. Nicht die Lösung, sondern die ewige Klage scheint hier Hiobs allein noch mögliche Erwartung.

Ganz anders beschwört er jedoch in den unmittelbar anschließenden Sätzen (25-27) die Erwartung von Lösung und Erlösung. Diese Verse gehören – vor allem in der Rezeption der lateinischen Bibel und der Luther-Übersetzung (»Ich weiß, daß mein Erlöser lebt . . .«) zu den meist interpretierten, meist zitierten, aber auch zu den umstrittensten und textlich schwierigsten Partien des gesamten Hiobbuches. Geht es um die Wiederherstellung des Lebens vor dem Tod oder um die Erwartung eines Lebens nach dem Tod? Ist der »Löser«, auf den Hiob setzt, der »Erlöser«, der »Anwalt«, der »Rächer«? Ist es derselbe Gott, der Hiobs Leiden verursacht, oder ist es ein anderer? Zeigen diese Sätze den tiefsten Glauben Hiobs an Gott oder den Auszug Hiobs aus dem Bereich dieses Gottes?

Das Kapitel aber endet nicht mit den gewichtigen Versen 25-27. Seinen Schluß bildet eine Drohung Hiobs an die Freunde (V. 28f.). Handelt es sich um ein wieder neues Motiv, oder steckt in der Abfolge der Themen und Aspekte hier und in Hi 19 im ganzen eine Logik? Folgen wir dem Kapitel im einzelnen.

2-5: Hiob erfährt die Reden der Freunde als Qual für seine Seele. (Das Wort *näfäš* steht hier im Sinne eines emphatischen Personalpronomens, wie ein intensives »Ich«.) Die Worte sind ihm Schläge, die ihn zermalmen, zerdrücken (wie eine Motte, vgl. 4,19), die auf ihn dreinhauen (wie Hiob vorgeblich auf die Arme der Waisen, vgl. 22,9), die ihn zerschlagen (wie Gott die Gewalttäter, vgl. 34,25, jeweils das Verb *dikkā*). Immer wieder, in einem fort (das ist der Sinn der Wendung »zum zehnten Mal«, hier wie u.a. in Gen 31,7; Num 14,22) beschämen sie Hiob, ohne sich selbst zu schämen.

Was aber bedeutet die Aussage von V. 4? Mehrere Möglichkeiten des Verstehens konkurrieren. Als sicher kann gelten, daß Hiob hier nicht von Sünden spricht, die ihn zum Frevler machten. Denn das an dieser Stelle gebrauchte Verb *šāgā* bezeichnet wie das von ihm abgeleitete Wort *mešuggā* (das jiddische *meschugge*) weniger Sünden im moralischen Sinne als Verfehlungen, Fehler, Irrtümer, die aus der menschlichen Fehlerhaftigkeit und Irrtumsfähigkeit resultieren. Wenn Hiob solche Irrtümer, solche Verfehlungen zugesteht, so setzt er damit nicht die Freunde ins Recht. Daß sie mit ihrem im zweiten Redegang recht unverstellt vorgebrachten Vorwurf, Hiob gehöre zu den Frevlern und erleide deshalb zu Recht, was er erleide, recht hätten, bedeutet Hiobs Hinweis auf seine Irrtümer und Fehler also nicht. Wie ist die Formulierung in V. 4 im Verhältnis der beiden Versteile zueinander zu

verstehen? Es könnte sich um einen Vorwurf handeln, die Freunde leg-
ten Hiob auf einmal begangene Fehler fest. Doch um welche Fehler
handelt es sich? Vor allem: Die Freunde hatten Hiob keine »Irrtümer«
vorgeworfen, sondern aus seinem Ergehen auf schwerste Frevel geschlossen. Wie soll man die Rede von den Irrtümern, die auf Hiob sit-
zenbleiben, also verstehen?

Eine in den Auslegungen vertretene Auffassung sieht hier eine Art
Nicht-Einmischungs-Forderung Hiobs. Seine Irrtümer seien seine Sache und gingen die Freunde nichts an. Aber entspricht eine solche Auffassung von einem »Privatbereich« den Dialogen des Hiobbuches?
Entspricht sie überhaupt dem antiken Denken?

So kommt eine andere Deutung in Betracht, nach der Hiobs Aussage in diesem Vers weniger Vorwurf als Trotz bezeichnet. Dann wäre
der Satz etwa so zu verstehen: Wenn ich irre, dann irre ich eben . . . Die
Fortsetzung in V. 5 paßte gut zu dieser Lesart. Die Freunde jedenfalls
(so wäre V. 6 zu verstehen) sollen sich nicht so aufspielen, als irrten, als
fehlten sie nie. Sie haben jedenfalls keinen Grund zur Überheblichkeit.

6:   Nicht um die Rollen Hiobs und der Freunde geht es, nicht auf dieser Ebene ist der Gegensatz zu suchen, der Hiobs Geschick erklärt. Es
geht vielmehr um Gott, um Gottes Feindschaft gegenüber Hiob. Darauf zielt die Aussage von V. 6, die in großer Schärfe formuliert und in
mehrfacher Hinsicht auf die vorausgehende Bildadrede zurückbezo-
gen ist. So ist bereits der einleitende Imperativ, $d^{e^c}\bar{u}$ (erkennt!, nehmt
zur Kenntnis!), gegen Bildads Redeschluß (18,21) gewendet. Überdies
ist 19,6 direkt im Gegensatz zu 8,3 formuliert. Hiob widerspricht also
nicht nur Bildads zweiter, sondern auch Bildads erster Rede. Hatte Bildad es für unmöglich erklärt, daß Gott das Recht beuge, krümme, so
behauptet Hiob in 19,6 eben dies (dasselbe Verb). Hatte Bildad
(18,21) den Niederträchtigen, den Frevler als den bestimmt, der von
Gott nichts weiß, ihn nicht (er)kennt (*jādá*), so fordert Hiob nun umgekehrt die Freunde auf, endlich zur Kenntnis zu nehmen, daß Gott
Hiob als Feind begegnet. Hatte Bildad (18,4) die Auffassung, daß
Hiob für sein Ergehen selbst verantwortlich sei, nicht nur vertreten,
sondern geradezu zur Voraussetzung jedes vernünftigen Redens erhoben, so bekräftigt Hiob in 19,6 ähnlich prinzipiell seine Gegenerfah-
rung.

Die Opposition zwischen der Bildadrede von Kap. 18 und 19,6 geht
noch weiter. Daß nämlich Hiobs Erfahrung mit Gott als seinem Feind
weder von Bildads Denkvoraussetzungen noch von Bildads Exempeln
und Bildern getroffen wird, zeigt in diesem Vers die Entgegnung Hiobs
seinerseits mit einem Bild.

Bildad hatte in 18,18ff. eine ganze Fülle von Jagdbildern aufgeboten, um Hiob als Urheber seines Ergehens darzustellen. Alle diese Jagdbilder zeigten den Jäger und Fallensteller, der sich in den von ihm selbst ausgelegten Fallen verfängt. Hiob fügt in 19,6 dieser Anhäufung von Bildern und metaphorischen Wendungen eine Bildrede hinzu, indem er vom Fangnetz (*māṣōd*) Gottes spricht, von dem er sich umschlossen sieht.

Das Fangnetz kam in Bildads Rede nicht vor, und zwar aus gutem Grund nicht. Denn dieses Jagd-, Fang- und Kriegsgerät kann kaum dem Jäger und Krieger zur selbstausgelegten Falle werden. Das Fangnetz gehört sowohl in ägyptischen als auch in altorientalischen Darstellungen zur Herrschersymbolik (dazu O. Keel, Die Welt der altorientalischen Bildsymbolik und das Alte Testament, [2]1977, 78ff.). Berühmt ist die »Geierstele« das Eannatum von Lagasch (ca. 2500 v.Chr., jetzt im Louvre in Paris), auf der der Herrscher oder der Stadtgott Ningirsu mit einem gewaltigen Netz dargestellt ist, in dem die hilflosen Feinde zappeln. Die Keule des übergroßen und übermächtigen Siegers schlägt in dieser Darstellung auf den Kopf eines der Gefangenen, der dem Netz zu entkommen sucht.

Solche Darstellungen dürften hinter dem Sprachbild von Hi 19,6 stehen. Im Bild sind die Dimensionen und Machtverhältnisse zwischen dem Opfer und seinem Jäger bzw. Feind mitgesetzt. Vor diesem Bild würde Bildads Metaphorik absurd. Hier sind die Rollen von Jäger und Gejagtem festgelegt: Dieser riesenhafte Jäger verfängt sich nicht in seinem Netz, und umgekehrt wäre einer der im Netz Zappelnden nicht einmal in der Lage, es auch nur auszuwerfen.

Abermals zeigt sich, daß Reden und Gegenreden aufeinander bezogen sind, wenn auch weniger in der Form einer modernen Diskussion als in der einer altorientalischen Stichwortassonanz. In den aneinander anknüpfenden und einander entgegengesetzten Leitworten (hier z.B. *jādá* [kennen, erkennen]) und Leitbildern (hier den Jagdbildern) zeigt sich, wie genau auf der sprachlichen Ebene Dialog und Scheitern des Dialogs Ausdruck finden.

7-12: In V. 6 benennt Hiob ein weiteres Mal Gott als Urheber seines Geschicks und als eigentlichen Adressaten seiner Reden. Die Fortsetzung (V. 7-12) entfaltet Gottes feindliches Handeln an Hiob wiederum in mehreren Bildern. Zunächst verweist Hiob darauf, daß er seine Stimme erhebe, um die an ihm verübte Gewalttat öffentlichzumachen (das juridisch-rituelle »Zetergeschrei«; vgl. Dtn 22,23f.; Jer 20,8; Hab 1,2 und zum Motiv des ungehört bleibenden Rufens Ps 22,3; Klgl 3,8). Statt zu hören und zu Hilfe zu kommen, vermauert Gott Hiobs Weg (V. 8; vgl. Klgl 3,7.9.11; in diesem Hiobkapitel ist die Nähe zu den Klageliedern, bes. zu Klgl 3 immer wieder zu beachten). Gehörte das sorg-

sam schützende Ummauern Hiobs und seines Besitzers in 1,10 zu dem
vom Satan attackierten Glück Hiobs, so erlebt Hiob nun Gottes Um-
mauerung als Gefängnis, als unübersteigbare Barriere.

Hiobs Anklage geht weiter: Gott habe (V. 9) Hiobs Ehre geschunden. Jemandem die Ehre (*kābōd*, in der ersten Bedeutung »das Gewicht«) zu nehmen bedeutet, ihn geringschätzig zu behandeln. Die Ehre, das Gewicht eines Menschen wird an dieser Stelle wie eine Hülle, eine Haut angesehen, die man jemandem abziehen und ihn somit buchstäblich schinden kann. Die Geringschätzung ist hier geradezu eine
Körperverletzung. Ein ähnlich entehrendes Tun ist im zweiten Teil von
V. 9 benannt. Auch das Abziehen der Krone (sei es eine Art Diadem
als Würdezeichen, seien es metaphorisch die Haare), wird als Verlust
der Würde angesehen (vgl. Klgl 5,16).

Mit V. 10 geht die Schilderung der Attacken Gottes auf Hiob in unmittelbar militärische Bilder über. Gott handelt wie ein anrückender
Feind, der die Mauern einer Stadt niederreißt, die für die Bewohner le-
benswichtigen Bäume ausreißt (man vergleiche dagegen 20,19f.), mit
seinen Truppen Belagerungswälle und Erstürmungsrampen aufschüt-
tet, das Ziel seiner Angriffe umzingelt und von allen Kontakten aus-
schließt. So leitet das Schlußbild der Passage in V. 12 über zum folgenden Abschnitt, der von Hiobs Isolationserfahrungen handelt.

13-20: Hiob sieht sich von Verwandten, Freunden, Schutzbefohlenen und Untergebenen verlassen. Er, der ein Herr gewesen war, wird
seinem eigenen Knecht gegenüber zum Bittsteller (V. 16). Die Verbit-
terung, die gerade aus diesem Satz spricht, zeigt Hiobs einstige Privile-
gierung deutlich. Die körperliche Schwäche wirkt sich auch als soziale
Deklassierung aus. Auch in späteren Klagen Hiobs wird dieser Aspekt
der Kränkung erkennbar. Hiob leidet nicht allein an seiner Krankheit,
sondern auch daran, daß sich in seinem Geschick die Zerrüttung der
(alten) Ordnung erweist.

So wird der gesamte Abschnitt V. 13ff. zu einem Blick in eine (aus
Hiobs Sicht) »verkehrte Welt«: Der Sklave wird Herr, der Vertraute
fremd, der Bruder zum Fernsten, die zentrale Gestalt zur Randfigur.
Der »Hausherr« wird zum geduldeten »Fremden« (in V. 15 stehen
verschiedene Bezeichnungen für den Fremden, wobei zwischen dem
im Ort lebenden Fremden und dem Ausländer unterschieden wird und
Hiob sich in beiden »Rollen« sieht). Der angesehene Alte wird zum
Objekt der Zurückweisung durch die Jungen (V. 18) – auch das ein Indiz verkehrter Verhältnisse. Diese Verwandlung, Verkehrung wird in
V. 19 mit dem Verb *hāpak* bezeichnet, das (s.o. zu 12,5) den Umsturz,
die »Katastrophe« beschreibt.

Soziale, gesellschaftliche, familiäre, emotionale und körperliche

Isolationserfahrungen bilden in V. 13ff. eine Einheit. Daß Hiob sich von Untergebenen und »Buben« nicht mehr respektiert sieht, kommt auf dieselbe Ebene wie der durch die Krankheit Hiobs ausgelöste Ekel, den die Freunde und Brüder empfinden.

Aber sind in V. 17b die Brüder gemeint? Die in der Übersetzung mit »Söhne des Leibes meiner Mutter« wiedergegebene hebräische Wendung ist nicht eindeutig. Die meisten Übersetzungen lassen Hiob hier von den »Söhnen meines Leibes«, d.h. seinen Söhnen sprechen. Nun bedeutet das hebr. Wort *bäṭän* in der überwiegenden Zahl der Belege, vor allem im Zusammenhang von Geburt und Abstammung »Mutterleib«. Allerdings kann auf Ps 132,11 und Mi 6,7 gewiesen werden, wo vom *bäṭän* eines Mannes die Rede ist, dem Nachkommen entstammen.

Spräche Hiob in 19,7 von seinen Söhnen, so stünde diese Aussage im Widerspruch zu Kap. 1, das den Tod der Kinder berichtet. Dieser Widerspruch kann auf zwei Ebenen »gelöst« werden. Einmal könnte man darin ein Indiz für die ursprüngliche Selbständigkeit der »(Rahmen-)Erzählung« gegenüber den »Dialogen« sehen. Aber wäre das nicht auch denen aufgefallen, die beide Textkomplexe zusammenfügten, bzw. war nicht für sie der Text in 19.17 »sinnvoll«?

Oder man sieht in 19,17 eine geprägte, sprichwortartige Wendung, die nicht auf den konkreten »Familienstand« des Redners bezogen werden muß. Dennoch spricht viel dafür, für das Wort *bäṭän* in 19,17 bei der geläufigen Bedeutung »Mutterleib« zu bleiben, zumal in 3,10 dieselbe Wendung *biṭnī* »mein Mutterleib« eindeutig den Leib seiner Mutter meint. Deshalb ist es gerechtfertigt, in 19,17 eine poetische Bezeichnung für die Brüder Hiobs zu erkennen, wodurch sich zu Kap. 1 kein (mühselig aufzulösender) Widerspruch ergibt.

Ungeachtet der nicht ganz eindeutig zu entscheidenden Frage nach der genauen Bedeutung in V. 17 ist der Duktus der gesamten Passage deutlich zu erkennen. Hiob erlebt auf vielfache Weise Isolation und Deklassierung und versteht sie als Folge des Feindhandelns Gottes, seiner Angriffe und Umzingelungen.

Betrachtet man den Text der Hebräischen Bibel in der (der wissenschaftlichen Textausgabe der »Biblia Hebraica« zugrundeliegenden) Fassung des »Codex Leningradensis«, so läßt sich im masoretischen Text selbst, wie Hartley, NICOT zu dieser Stelle anmerkt, diese »Unordnung« auf der Ebene der Textanordnung feststellen. Denn in den Versen 14 und 15 ist das Schriftbild »out of balance« (Hartley, 286, Anm. 3), indem die Zeilenanordnung nicht mit der Satzgliederung übereinstimmt. Folgte man den Zeilen und veränderte entsprechend die Satzzeichen, so wäre zu lesen:

(14)   »Es bleiben aus, die mir nah sind, und meine Bekannten;
       es vergessen mich die Schutzbefohlenen meines Hauses.
(15)   Und meine Mägde halten mich für einen Fremden . . .«
Am Ende der Verkehrungs- und Isolationserfahrungen benennt Hiob
seinen körperlichen Zustand. Er ist nur noch »Haut und Knochen«
(V. 20a); »er entrann mit der Haut seiner Zähne«. Die letzte Formulierung ist im Deutschen schwer zu verstehen. Doch im englischen
Sprachgebrauch ist sie zum geflügelten Wort geworden. »By/with the
skin of my teeth« bedeutet idiomatisch etwa: mit letzter Kraft / um
Haaresbreite / gerade noch. Thornton Wilders Stück »The Skin of Our
Teeth« (ein, wie es in der Einleitung zur 3. Auflage, hg. v. F. Thomp-
son, London 1961, VIII, heißt, »salute to the miracle of man's survi-
val«) heißt in der deutschen Ausgabe »Wir sind noch einmal davongekommen«, womit der englische Sprachgebrauch inhaltlich zutreffend
wiedergegeben ist.
   In welchem Sinne ist Hiob »entronnen«, »davon gekommen«? Was
bedeutet die Aussage, er sei »entronnen mit der Haut (s)einer Zähne«
an dieser Stelle des Kapitels und des Buches?
   Sowohl das Verb »entrinnen« wie das Wort »Haut« weisen zurück
auf den Anfang des Hiobbuches. Die Überbringer der »Hiobsbotschaften« hatten ihre Unglücksberichte stereotyp mit der Wendung
»ich allein bin entronnen, um dir davon zu erzählen« beendet. In Hi 1
ist das Verb *mālaṭ* in einer Aktionsart gebraucht, die stärker ein passi-
visches Geschehen betont, in 19,20 in einer grammatischen Form, die
reflexiv und passiv sein kann, also eine Beteiligung Hiobs stärker betont, als es bei den (in diesem Sinne als »Mittel« fungierenden) Boten
ist (Nifʿal in Kap. 1 gegenüber Hitpaʿel in Kap. 19).
   Zusammen mit dieser Differenz in den Rollen der Boten und Hiobs
selbst markiert die Aufnahme des Themas »Entrinnen« einen Zusammenhang, der fragen läßt, zu welchem Ziel Hiob »entronnen« ist. Anders formuliert: Was hat Hiob zu »erzählen«? Liest man 19,20 so,
dann wird deutlich, daß der Vers nicht nur Abschluß der Klage, sondern auch Auftakt der (nach einem Zwischenstück in den beiden folgenden Versen) in V. 23f. und V. 25ff. formulierten Erwartungen
Hiobs ist.
   Auf andere Weise ist dieser Zusammenhang durch ein zweites
»Schlüsselwort« in V. 20 gekennzeichnet, durch das Wort »Haut«
(hebr. ʿōr). Mit der Formel »Haut für Haut« hatte der Satan jene Ethik
gekennzeichnet, die den Regeln des Tausches folgt. Die »Haut der
Zähne«, mit der Hiob »entronnen« sei, ist jedoch etwas anderes als die
gerade noch ins Trockene gebrachte Minimalbilanz eines Tauschhänd-
lers. Und sie ist auch nicht das Symbol der Überlebensfähigkeit der
Menschengattung nach dem Sprachgebrauch Wilders. Sie ist vielmehr

Ausdruck des nahezu verlöschenden »Ich« Hiobs, Ausdruck der Lage eines Menschen, der nichts mehr zu »tauschen« hat, mit dem keiner »tauschen will«. Von dieser Lage her wird Hiob in V. 23f. und V. 25ff. seine Erwartungen, Hoffnungen, ja Forderungen formulieren, dabei auch die Gewißheit, er werde »nachdem meine Haut so geschunden ist, von meinem bloßen Fleisch her« Gott schauen (V. 26 mit Aufnahme der Worte »Haut« und »Fleisch« aus V. 20). Es ist auch dieser Zusammenhang, der es geraten sein läßt, das Verb *mālaṭ* in V. 20 als »entrinnen« aufzufassen und nicht (mit Fohrer, KAT) an ein sonst nicht belegtes *mālaṭ* II mit der Bedeutung »kahl werden« o.ä. zu denken.

Der Abschluß der Klage Hiobs in 19,20 ist also zugleich Überleitung zu den folgenden Erwartungen. Doch folgen sie nicht sogleich, vielmehr wechselt die Klage zunächst über in einen Hilfeschrei an die Freunde.

21f.: Hiob ruft sie (nur) an dieser Stelle ausdrücklich als »meine Freunde« (zum Wort *re'a* [Nächster, Freund] s.o. zu 2,11) an, und er ruft sie gegen Gott an. Dieser Anruf bekommt im hebr. Text durch die Wiederholung des Imperativs »erbarmt euch über mich!« und die ausdrückliche Hinzufügung des betonten Personalpronomens »ihr« besondere Eindrücklichkeit. Zugleich kommt der jähe Wechsel zu diesem direkten Anrufen der Freunde überraschend, war doch diese Hiobrede (wie die vorhergehende) durch eine Bewegung von den Freunden weg und zu Gott hin gekennzeichnet.

Beides zusammen gibt diesem »Zwischenschrei« einen beschwörenden Ton. Hiob redet – für einen kurzen Moment – so, als seien in seiner Lage, die durch Gottes unversöhnliche Feindschaft geschaffen ist, allein die Freunde möglicher Beistand. Wenigstens sie, so fleht Hiob, könnten sich doch anders verhalten als Gott, wenigstens sie könnten doch aufhören, ihn zu verfolgen, wie Gott es tut. Während sonst Gott gegen die Verfolger angerufen wird (z.B. Ps 27,1ff.), ist das Verhältnis in diesen Worten Hiobs dramatisch verkehrt (auch das ein Zeichen der »verkehrten Welt«, die Hiob wahrnimmt). Insofern kann man diese Verse geradezu als einen umgekehrten Klagepsalm hören. Auch in diesen Versen gibt es viele Berührungen zu den »Klageliedern Jeremias« (Threni), bes. Klgl 3 – auch dort begegnet zunächst die Klage über Gottes Feindhandeln, auch dort, wie in Hi 19,23ff., der Umschlag in neue Erwartung, die Erwartung in Gott sein wird.

Der Schrei um Erbarmen, der den Freunden gilt, endet so plötzlich wie er begann. Wie wenn auch diese Hoffnung sich zerschlüge, kaum daß sie ausgesprochen ist, wendet sich mit V. 23f. abermals die Perspektive, indem Hiob eine Hoffnung ausspricht, die sich weder an die Freunde noch an Gott direkt wendet.

23f.: Hiob wünscht, daß seine Worte, seine Klage und Anklage nicht
vergehen mögen. Der Wunsch hat die sprachliche Form einer hoffen-
den Frage: Wer gäbe es. . .?! An wen wendet sich diese fragende Aufforderung? Wie verhält sich dieser Wunsch (V. 23f.) zu der in V. 25ff.
ausgesprochenen Erwartung? Was bedeuten diese gegenläufigen Erwartungen – die Hoffnung, seine Worte möchten auf Dauer aufgeschrieben werden, und die Erwartung, er selbst werde vor seinem Tode
den »Löser« sehen – *zusammen?*

Wird die erste zugunsten der zweiten aufgegeben, oder behalten
beide einen Ort im Hiobbuch wie die beiden Erwartungen von 16,18
und 16,19? Für das Hiobbuch insgesamt hängt an der Beantwortung
dieser Fragen viel. Denn mit dem Verhältnis von 19,23f. und 19,25ff.
steht zur Debatte, wie sich das »Hiobproblem« und der »Fall Hiob«
zueinander verhalten.

Die Worte Hiobs in V. 23 haben bereits in der grammatischen und
syntaktischen Form etwas Stockendes. (Die oben gegebene Übersetzung versucht, den ungewöhnlichen hebr. Satzbau nachzuahmen.) Es
ist, wie wenn sich in den Worten Hiobs allmählich und in mehreren
Stufen ein Bild zusammensetzte. Dabei gibt es mehrere Steigerungen.
Zuerst wünscht sich Hiob seine Worte aufgeschrieben, dann stellt er
sich als Träger seiner Worte ein (im hebräischen Text *das*) Buch bzw.
die Schrift vor (das hebr. Wort *sefär* kann Buch, Schrift, Inschrift hei-
ßen – diskutiert werden auch noch weitere Bedeutungen; dazu und zur
Bedeutung dieser Verse im Hiobbuch im ganzen J. Ebach, Die
»Schrift« in Hi 19,23, in: ders., Hiobs Post, 32-54). Schließlich
wünscht er seine Worte mit hartem Material auf Dauer auf eine Fels-
wand gemeißelt.

Eine Steigerung findet sich auch in den Verben: Zuerst ist vom
Schreiben die Rede, dann vom Einprägen, schließlich vom Einritzen,
Einhauen. Am Ende der Passage steht als fertiges »Bild« die Vorstellung einer dauerhaften Felsinschrift, die Hiobs Worte über seinen Tod
hinaus festhält. Eine solche »Inschrift« der Worte Hiobs ist nicht erhalten; es hat sie nach allem, was wir wissen können, niemals gegeben.
Handelt es sich deshalb um einen unerfüllten Wunsch Hiobs, gar um
ein Zeugnis eines »trübsinnigen Spintisieren(s)« (so Maag, Hiob,
186), das Hiob sogleich aufgibt, um daraufhin die richtige Hoffnung,
die auf den »Löser« zu formulieren? So wird man urteilen, wenn man
den Wunsch in der Erwartung einer »Felsinschrift« aufgehen läßt.

Doch ist die Vorstellung einer solchen Inschrift nur der letzte Teil
des Wunsches. Blieb er auch unerfüllt, so gilt das nicht für Hiobs
Wunsch im ganzen. Denn seine Worte wurden aufgeschrieben »in der
Schrift«, »im Buch«, nämlich im Buch Hiob der »Schrift«, der Bibel.
Wir stoßen hier – wenigstens als eine Lektüremöglichkeit – auf die

Perspektive der LeserInnen als Dimension des Hiobbuches (s. auch c.
zu 18,20), denn die Frage, ob Hiobs Wunsch nach einem Ort seiner
Worte »in der Schrift« erfüllt wird oder unerfüllt bleibt, hängt davon
ab, ob sie in der Lektüre des Buches wiederholt, wiedergeholt werden.
Die Erinnerungsgemeinschaft derer, die in Synagoge und Kirche das
Buch Hiob lesen, ist damit Adressat dieses Hiobwunsches. Wiederholt, wiedergeholt werden in der Lektüre Hiobs Klagen. Sie müssen so
lange »wach« bleiben, solange es Menschen gibt, die leiden wie Hiob.
Das »Hiobproblem« muß offen bleiben, wie die Erde Hiobs Schreien
nicht bedecken soll (16,18). Ruft das »Hiobproblem« danach, offen zu
bleiben, so schreit der »Fall Hiob« nach seinem Ende. Deshalb wechselt in V. 25 abermals die Perspektive. Nun spricht Hiob nicht von seinen Worten, sondern von seiner Existenz, seinem Leben in der dürftig-
sten Form.

25-27: Der Abschnitt Hi 19,25-27 gehört zu den meist interpretierten Texten des Hiobbuches. Mehr noch als die Bedeutung dieser »Perspektive« im Hiobbuch selbst war es die christliche Lektüregeschichte,
die diese Verse geradezu zum Höhepunkt des gesamten Buches gemacht hat. Deshalb soll die Auslegung dieser Verse mit einem kurzen
Blick auf ihre Auslegungsgeschichte beginnen.
   Es waren zwei Gründe, die diesem Abschnitt in der christlichen
Lektüre des Hiobbuches ihr besonderes Gewicht gaben. Da ist einmal
die »Figur« des *go'el,* des »Lösers«, des »Erlösers«. Sie wurde »christ-
lich«, »christologisch« gedeutet, indem man in jenem »Erlöser« den
Messias, d.h. in dieser Auslegung Christus erkannte. Und da ist zum
anderen die Lesart der Verse, die in ihnen die Erwartung einer Auferstehung, jedenfalls einer »Erlösung« Hiobs *nach* seinem Tod formuliert sah. Diese Auffassung wurde vor allem durch die Übersetzung des
Hieronymus (Vulgata) befördert, aber auch durch Luther, der in wichtigen Punkten teils der Vulgata, teils der griechischen Fassung (Septuaginta) folgt und dabei vom hebräischen Text abweicht.
   Einige dieser Abweichungen seien genannt: In V. 25b sind nahezu
alle Worte des hebr. Textes mehrdeutig. Umstritten ist sowohl die Bedeutung der Zeitangabe (oder Ortsangabe?) *'ah^arōn* (zuletzt, als letzter o.ä.) als auch die des Wortes *'āfār* (Staub, Erde, Erdboden?). Nicht
sicher zu klären ist auch die hier gemeinte Nuance des Verbs *qūm* (in
der Grundbedeutung »aufstehen«). Eindeutig ist jedoch, daß die
Form *jāqūm* eine 3. Pers. Sing. mask. mit aktiver Bedeutung ist und in
dieser Form »er (nämlich der »Löser«) erhebt sich / wird sich erheben« meint. Die Übersetzungen der Vulgata (»resurrecturus sum«
[»ich werde auf(er)stehen«]) wie die Luthers (»er wird mich . . . aufwecken«) haben am hebr. Text ebensowenig Anhalt wie das lateini-

sche »de terra« bzw. Luthers »aus der Erden« (gegenüber einer hebr.
Präposition mit der Bedeutung »auf«).

Eine Eintragung aus christlicher Perspektive ist vollends die Zeitangabe »in novissimo die« der Vulgata (»am Jüngsten Tag«), die Hiobs
Erwartung in eine eschatologische Hoffnung, eben die Hoffnung auf
die Auferstehung der Toten am Jüngsten Tage, uminterpretiert.

In diese Richtung gehen auch mehrere Uminterpretationen in V. 26.
Im hebr. Text ist von Hiobs elendem Zustand die Rede; in der Vulgata
und bei Luther (beide Zeugen stehen hier für viele christliche Überset-
zer und Interpreten, so vor Hieronymus bereits Clemens von Rom und
Origenes; dagegen wandte sich Chrysostomos) ist Hiobs zukünftige
Wiederherstellung im Blick.

In dieser christlich-eschatologischen Interpretation wurde Hi
19,25-27 zu einem, ja zu dem alttestamentlichen Auferstehungszeug-
nis mit einem christologisch gedeuteten »Erlöser« im Zentrum. Als
besonders konsequentes und wirkungsvolles Zeugnis dieser Lektüre
sei auf das Kirchenlied »Jesus, meine Zuversicht« (Otto von Schwerin,
1644, EKG 330; mit allen Strophen jetzt im EG 526) verwiesen, das in
seinen einzelnen Strophen, bes. der 1. und 5. Strophe, geradezu als
christologisch-eschatologische Auslegung von Hi 19,25ff. gestaltet ist.

Hi 19,25ff. sind überhaupt die am häufigsten musikalisch bearbeite-
ten Hiobverse, u.a. O. di Lasso, Die Klagen des Hiob; H. Schütz, SWV
393; G.F. Händel, Messias; J. Brahms, op. 74,1; in der Neuen Musik
K. Huber, »Hiob 19«. Dabei zeigen sich in der »Verortung« der Musik
konfessionelle Nuancen innerhalb der christlichen Lektüre, wenn Hi
19,25ff. etwa bei di Lasso zur Totenmesse gehört, bei Schütz hingegen
zum (protestantischen) Ostergottesdienst.

Die christliche Um-Interpretation der Worte Hiobs ist so einschnei-
dend, daß man geneigt sein könnte, von einer Fälschung zu sprechen.
Nun wird man weder Hieronymus noch Luther unterstellen dürfen, sie
hätten dieser Stelle bewußt einen Sinn unterlegt, den die Worte nicht
haben. Man muß sich eher vorstellen, daß sie *das* im Text verdeutlichen
wollten, was sie als seine »latente« Bedeutung verstanden haben (nach
dem Leitsatz: Novum Testamentum in vetere latet, Vetus Testamentum in Novo patet«, etwa: Das Neue Testament ist im Alten verborgen,
das Alte ist im Neuen offenbar). Die Worte des Alten Testaments enthalten nach dieser Auffassung einen Sinn, der erst vom Neuen Testaments her, in christologischer Perspektive deutlich wird. Nicht um sub-
jektive Verfälschungen geht es, wohl aber objektiv um Enteignung.
Denn jene hermeneutische Regel unterstellt, daß der Sinn von Texten
der Hebräischen Bibel sich nicht in ihr selbst und nicht in weiterer *jüdischer* Perspektive voll erschließe, sondern erst in *christlicher, christologischer* Lektüre. Pointiert formuliert folgt daraus, daß Juden ihre eige-

ne Bibel nicht wirklich verstehen können. Gewalttätig gegenüber den Texten der Hebräischen Bibel (und in der Folge gegenüber ihren jüdischen LeserInnen) wird die christliche Perspektive in dem Moment, wo sie den alttestamentlichen Texten in ihrem Horizont (legitimerweise!) hinzukommenden Sinn als deren »eigentlichen«, gar einzig wahren Sinn unterlegt. Nicht dann, wenn Christen im Gesamtzusammenhang ihrer Bibel (im Kanon des Alten und Neuen Testaments) alttestamentliche Texte auch im Kontext des Neuen Testaments lesen, werden diese der jüdischen Gemeinde entrissen, sondern dann, wenn der jüdische Lektürezusammenhang als vordergründig und letztlich falsch denunziert wird.

Versuchen wir nach diesem kurzen Blick auf die christliche Auslegungsgeschichte den Text selbst zu erfassen: *wa`ᵃnī jādá'tī* (ich weiß, ich bin dessen inne), das sind seine ersten Worte. Wie verhält sich die mit diesen Worten beginnende Gewißheit zu dem, was (V. 6) Hiobs Freunde »zur Kenntnis nehmen« (ebenfalls *jādá'*) sollen? Gott hat ihn »gekrümmt« – das hatte Hiob gegen Bildad (8,3) als feststehende Tatsache konstatiert. Ist der, von dessen Aufstehen und Eintreten für Hiob der Leidende selbst überzeugt ist, derselbe, der ihm das Leiden zugefügt hat? Ruft Hiob Gott gegen Gott an? Wer ist der *go'el,* der »Löser« in V. 25?

Das Verb *gā'al,* von dem (als Nomen, auch als Partizip) das Wort *go'el* abgeleitet ist, bedeutet »loskaufen«, »auslösen«, »aus fremder Verfügungsgewalt befreien«. Es hat seinen Ort zunächst im ökonomischen bzw. rechtlichen Bereich im Rahmen der Familien- und Sippenstruktur bzw. der Familien- und Sippensolidarität. Wer in Verschuldung oder Schuldsklaverei geraten ist, hat Anspruch darauf, daß ihn ein (nächster) Angehöriger »auslöst«, d.h. seinen Bodenanteil oder ihn selbst aus fremder Verfügung loskauft. Ausgelöst werden kann ein Acker (ein Hauptmotiv des Buches Ruth; vgl. Ruth 2,20 und Kap. 4; ferner Jer 32,6ff. [dort eher im Sinne eines »Vorkaufsrechts«]), aber auch ein Mensch. Das Kapitel Lev 25 kann wie ein Kompendium solcher »Auslösungsfälle« gelesen werden. Dabei geht es jeweils um die durch die »Lösung« erfolgende »restitutio ad integrum«, d.h. die Wiederherstellung der ursprünglichen Besitz- und Verfügungsstrukturen. Ziel ist die Erhaltung bzw. Wiederherstellung der Balance, des Gleichgewichts zwischen den Familien und Sippen. Ein besonderer Fall des »Auslösens« liegt im Falle der Blutrache vor. Der *go'el haddām,* der Bluträcher, löst das durch den Mord gleichsam an den Täter und seine Familie »gefallene« Blut eines Angehörigen der eigenen Familie aus, indem er es durch die Blutrache »kompensiert«, d.h. das Gleichgewicht wiederherstellt. (Damit liegt der Blutrache eine ganz andere Logik zugrunde als der Strafe.)

Um eine Art »Herstellung der Balance« geht es auch in Hi 3,5.
Wenn Hiob geradezu fordert, der Tag seiner Geburt möge von Finster-
nis und Dunkel »ausgelöst«, d.h. eingefordert werden, so bringt er da-
mit zum Ausdruck, daß dieser Tag (im Lichte seiner Folgen!) bei den
Mächten der Finsternis seinen passenden, seinen rechten Ort hätte.
Fiele dieser Tag aus der Schöpfung ins Chaos zurück, so wäre in diesem
Punkt das Verhältnis – in negativer Stimmigkeit – »in Ordnung ge-
bracht«.

Indem es beim »Lösen« um die Wiederherstellung der Ordnung
geht, verbindet sich mit dem ökonomischen und dem rechtlichen
Aspekt ein ethischer. So soll der König die Armen aus der Bedrückung
»erlösen« (Ps 72,14 – parallel an dieser Stelle die Achtung des Blutes,
d.h. des »Lebenselixiers«). Die Bandbreite des Wortes bleibt auch da
erhalten, wo Gott Subjekt des »Erlösungshandelns« ist. Wenn Ernst
Bloch in seiner Interpretation von Hi 19,25 gegen den »christmilden
Sinn« polemisiert, den das Wort »Erlöser« bekommen habe (Atheismus im Christentum, in: ders., Gesamtausgabe, Bd. 14, 156), so attak-
kiert er mit Recht die religiöse (oder pseudoreligiöse) Sonderbedeu-
tung, die das Wort »Erlöser«, »erlösen« im gegenwärtigen deutschen
Sprachgebrauch bekommen hat. (Von »Erlösung« spricht man, wenn
man den Tod umschreiben will, aber auch Tabletten verheißen »Erlösung« von Schmerzen.) Doch ist auch im Deutschen von »erlösen«
nicht nur »Erlösung« abgeleitet, sondern auch »Erlös«, und das in der
Vulgata in Hi 19,25 gebrauchte »redemptor« bezeichnet zunächst den,
der »freikauft«.

Gottes »Erlösungshandeln« kann in der Bibel mit weiteren ökonomischen Begriffen verbunden werden. So hat er sein Volk »erlöst«, indem er es sich zum »Eigentum« »erworben« hat (Ps 74,2). Diese Aussage bezieht sich auf die Befreiung Israels aus Ägypten, wie die Rede
von Gott als »Löser«, »Erlöser« überhaupt im Exodus einen zentralen
Haftpunkt hat (Ex 6,6; 15,13; Jes 52,3 [an dieser Stelle begegnet auch
das für Hiob wichtige Stichwort *ḥinnām* (umsonst), s.o. zu Hi 1,9]; ferner Ps 77,16; 106,10 u.ö.). Besonders in Jes 40ff. (Deuterojesaja) wird
das für Israel grundlegende Ereignis der Befreiung aus Ägypten mit
dem erwarteten neuen »Exodus« aus dem babylonischen Exil durch die
Rede von Gottes »Erlösung« und von Gott als *go'el* verbunden. *go'el*
wird zum Epitheton, fast zu einem Namen Gottes (Jes 41,14; 49,7.26
u.ö. – von Gottes Erlösungshandeln 43,1; 44,22 [hier ist auch von einer
»Erlösung« der Natur die Rede!]; 48,20; 51,10; 52,9). Auch an dieser
Stelle ist – wie immer wieder bei diesem Kapitel des Hiobbuches – auf
Klgl 3 zu verweisen; dort findet sich in V. 58 nicht nur das Verb *gā'al*,
sondern unmittelbar danach wie in Hi 19,25 *ḥaj* (Leben) (Klgl 3,58b:
»du hast mein Leben erlöst« – Hi 19,25aβ: »mein Erlöser lebt«).

Wenn man die Verwendungsweise und die Bandbreite von *gāʾal* und *goʾel* in der Hebräischen Bibel im Hintergrund von Hi 19,25 mithört, läßt sich Hiobs Erwartung auf den, genauer: seinen »Löser« bzw. »Erlöser« etwa so beschreiben:

- der *goʾel* wird Hiob »auslösen«, d.h. ihn von seinem gegenwärtigen extrem »verkehrten« (ein Hauptthema in Hi 19) Zustand befreien und in seinen ursprünglichen Status zurückführen
- der *goʾel* wird Hiob aus Not und Bedrängnis »erlösen«
- der *goʾel* wird den Zustand des Rechts wiederherstellen
- der *goʾel* wird sich als »Verwandter« Hiobs erweisen, d.h. als ein ihm Naher, der für ihn eintritt.

Hiobs *goʾel* »lebt«, d.h. er ist und er macht lebendig. Wenn Gott als der »Lebendige« bekannt wird, ist sein aktives, Leben aufrichtendes Handeln im Blick (Jos 3,10; Klgl 3,58 [s.o.]).

Dieser lebendige und lebendig machende »Erlöser« wird sich »als letzter auf dem Staub erheben«. Auch die Worte dieser Formulierung sind in der Interpretation umstritten. Die Zeit- bzw. Ortsangabe »zuletzt« kann so verstanden werden, daß in einem gedachten (juristischen) Prozeß Hiobs *goʾel* als letzter das Wort ergreift. Der *goʾel* wäre dann eine Art »Anwalt«, dessen am Ende des Prozesses gehaltenes »Plädoyer« die entscheidende Wende bringt. Tatsächlich kann das Verb *qūm* (aufstehen, sich erheben) in einem solchen Sinne verwendet werden. Dasselbe Verb hat in V. 18 dieses Kapitels jedoch keine forensische Bedeutung, allenfalls kann man es im Sinne von »Sich-Gehörverschaffen-Wollen« in die Richtung des »Sich-Erhebens« eines »Anwalts« denken. Von einer eindeutig juristischen Terminologie kann im ganzen V. 25 jedoch nicht die Rede sein.

Wie ist die Formulierung *ʿal-ʿāfā* (»auf dem Staub / auf dem Erdboden«) zu verstehen? Der »Staub« ist nach Hi 2,8 der gegenwärtige Ort Hiobs (Hiobs sprichwörtlich gewordene »Asche«). Das Wort kann aber auch als Bezeichnung der Erde, der Erdsubstanz verwendet werden. Schließt die Erwartung, Hiobs (persönlicher) *goʾel* werde *sich* auf dem Staub erheben, ein, daß er *ihn* (Hiob) vom Staub erheben werde, so, wie »lebendig« das »Sein« und das »Machen« bedeutet? Aber ist im nächsten Vers überhaupt davon die Rede, daß Hiobs Zustand sich ändern werde? Oder geht es (nur) darum, daß Hiob in seinem elenden Zustand den »Erlöser« sieht?

Jede Interpretation von V. 26 läßt Fragen offen. Vielleicht soll man Hiobs Worte so lesen, daß sich mit der Gewißheit des »daß« und des »was« des Eingreifens des »Lösers« eine Ungewißheit des »wie« verbindet.

»Zuletzt« wird er eingreifen – das muß sich nicht auf ein »letztes« Plädoyer in einem geregelten Verfahren beziehen (wie m.E. überhaupt

eine auf ein juristisches Verfahren und eine juristische Terminologie
zielende Lektüre eine Verengung darstellt, allenfalls ist diese Dimension eingeschlossen). »Zuletzt« kann auch bedeuten: Das Eingreifen
des *goʾel* ist das, was Hiob »zuletzt« in seinem Leben noch erleben
wird.

Doch auch dieses Verständnis führt zu neuen Fragen. Wenn es allein
um die Gewißheit ginge, daß sich vor Hiobs Tod seine Unschuld her-
ausstelle, daß Hiob gleichsam »theoretisch« ins Recht gesetzt würde,
wie kann dann von der Erwartung des »Lösers« die Rede sein, geht es
doch beim »Erlösungshandeln« (*gāʾal*) in allen Aspekten des Wortes
(dem ökonomischen, dem rechtlichen, dem »rächenden«, dem ge-
schichtsmächtig befreienden) um eine »praktische«, eine »reale« Befreiung?

Für das »Hiobproblem« könnte die »Lösung« in einer Antwort auf
die Frage nach dem Leiden Hiobs bestehen; für den »Fall Hiob« kann
es nur eine »Lösung« geben, wenn Hiobs Leben eine neue Wendung
nimmt. Denn *eine* Verstehensmöglichkeit von »Erlösung« ist im alttestamentlichen Wortgebrauch nicht möglich. Es ist die, die im gegenwärtigen deutschen Wortgebrauch die häufigste ist. »Erlösung« gibt es
in der Hebräischen Bibel nicht als Erlösung durch den Tod. Nicht vom
Leben, sondern zum Leben wird man »erlöst« (das gilt, wenn auch auf
heute nur noch schwer zu verstehende Weise, noch beim »Bluträcher«). Wenn also die Rede vom *goʾel* in Hi 19,25 nicht gänzlich vom
Kontext der Hebräischen Bibel gelöst ist, so muß man sich unter dem
Handeln des »Lösers« nicht die »Lösung« eines Denkproblems vorstellen, sondern die »Erlösung« aus konkreter Bedrängnis.

Wer ist dieser *goʾel?* Alles spricht dafür, daß es nur Gott selbst sein
kann. Zwar hatte Hiob zuvor (9,33) nach einem »Schiedsmann« zwischen ihm und Gott verlangt, doch tat er es im Ton des Irrealis, denn
die kategoriale Differenz der in diesem Fall Streitenden (denn Gott ist
kein Mensch, 9,32) schließt eine »dritte Instanz« als Schlichter oder
Schiedsmann, gar als Richter aus.

Wenn etliche Ausleger gleichwohl in der Erwartung des *goʾel* in
19,25 die Hoffnung auf eine solche dritte Instanz erkennen wollen, so
deshalb, weil die Annahme, Gott selbst sei der *goʾel,* sosehr sie sich im
Kontext sowohl der Hiobreden als auch der Verwendung der Worte
gāʾal und *goʾel* und des zugefügten »lebendig« nahelegt, ein kaum
überbietbares theologisches Problem aufwirft. Denn wenn der *goʾel*
Gott selbst ist, dann ruft Hiob Gott gegen Gott – weder einen Gott gegen einen anderen Gott noch eine andere Instanz gegen diesen Gott –,
sondern den einen Gott gegen den einen Gott an. Kann man das denken? Wie kann man das glauben?

Polytheistische Religionen können, weil sie mit einer Vielzahl – in ihren Zuständigkeitsbereichen unterschiedenen, aber z.T. auch konkurrierenden – Gottheiten rechnen, mit dem Problem »Gott gegen Gott« leichter umgehen. Gegen Schädigungen, die man von einer Gottheit erfährt, können andere Götter aufgerufen werden. Vor allem der im Alten Orient verbreitete Glaube an einen persönlichen Schutzgott läßt zu, diesen gegen andere Gottheiten oder Dämonen zu Hilfe zu rufen. In der christlichen Frömmigkeit hat sich dieser Glaube in der Vorstellung von einem persönlichen »Schutzengel« und auf andere Weise in der Heiligenverehrung modifiziert erhalten. Auch in dieser Modifikation ist noch das Bedürfnis zu erkennen, in der himmlischen Welt einen persönlichen Ansprechpartner zu wissen, der sich dem einzelnen und seinen partiellen Nöten zuwendet, der seine fürsorgende Stimme auch vor dem Herrn der ganzen Welt erheben kann.

Wie aber kann der eine Gott, der als Gott der ganzen Wirklichkeit bekannt wird, für die eigenen Nöte und Bedürfnisse in Anspruch genommen werden, vor allem dann, wenn sich jene eigenen Bedürfnisse womöglich im Widerspruch zu anderen befinden? Welche »Instanz« kann gegen diesen einen Gott angerufen werden? Eine konsequent monotheistische Religion läßt nur die eine Möglichkeit zu: Gegen Gott kann nur Gott selbst angerufen werden! »Nemo contra Deum nisi Deus ipse« (»Niemand gegen Gott außer Gott selbst«, s.o. zu 16,18ff.).

Die »Formel« »Gott gegen Gott« ist kaum eine befriedigende *Lösung* des »Theodizeeproblems«; sie ist aber die angemessenste Form, die *Frage* richtig zu stellen, und zwar als Frage an Gott, nicht als Aussage über Gott.

Wer so fragt, erkennt Gott als den einen Herrn der einen Wirklichkeit an und traut Gott zugleich zu, die Wirklichkeit und sich selbst zu ändern. Wer so fragt, klagt und bittet angesichts der Not und des Leidens in der Hoffnung auf die Wendung von Leid und Not, statt Gott vor allem als die »Instanz« anzusehen, bei der die Stimmigkeit, der Sinn der vorfindlichen Realität verbürgt ist. Im »nemo contra Deum nisi Deus ipse« steckt aber auch die Weigerung, eine andere »Instanz« – sei es einen (oder den) Menschen, sei es die Geschichte, sei es den Fortschritt, seien es andere Götter, Mächte und Gewalten – als die anzuerkennen, der neben oder gegen Gott Mächtigkeit zukäme. In dieser Weigerung liegt die jenseits ihrer an die spezifischen Fragen und die spezifischen Engführungen der Philosophie der Aufklärung wichtig bleibende Bedeutung der Theodizeefrage. Es ginge dabei darum, an der Theodizee als Frage festzuhalten und keine philosophische oder theologische Antwort für Gott als dessen Rechtfertigung zu konstruieren. (Als Antwort könnte jede Theodizee nichts anderes sein als »Trug für Gott« [Hi 13,7].) Deshalb hängt viel an der Betonung: Theo*dizee* wäre ein Unternehmen, bei dem Gott zum Objekt gemacht würde; *Theo*dizee könnte die Antwort Gottes (als Subjekt) meinen, die Antwort Gottes auch auf Gott selbst. Sie zu erhoffen heißt, keiner anderen Instanz das Recht auf eine Antwort auf das Problem des Leidens, des Leidens Unschuldiger einzuräumen.

Hiob erwartet die »Antwort« allein von Gott. Diese Antwort ist ihm in 19,25ff. noch wichtiger als die Änderung seines Zustandes. Er will Gott in seinem gegenwärtigen elenden Zustand sehen, mit seiner Haut (s.o. zu V. 20), von seinem Fleisch, d.h. in seiner gegenwärtigen unendlichen Schwäche (vgl. auch 7,5). Das Gewicht liegt auf dem Sehen. Und es liegt darauf, daß er Gott als seinen Löser sehen wird, »meine Augen werden ihn sehen und kein Fremder«, wie V. 27aβ wörtlich zu übersetzen wäre, d.h. daß Hiob sich im Verhältnis zu seinem Löser als seinem wirklich helfenden Verwandten nicht als Fremder erleben wird, nicht so, wie er sich (V. 15) gegenüber den menschlichen Verwandten empfindet. Die Erwartung einer unverstellten Begegnung mit Gott wird in V. 27 durch das doppelt betonte »ich« (ich . . . für mich) bekräftigt.

Der letzte Teilsatz von V. 27 bringt noch einmal Hiobs gegenwärtige Lage zum Ausdruck. Die Nieren gelten als Sitz der tieferen Gemütsbewegungen. Was einem an die Nieren geht, hat besonders hart getroffen; der Angriff auf die Nieren ist tödliche Bedrohung (vgl. 16,13).

So endet der Abschnitt 19,25-27 mit dem Ausdruck der tiefsten Klage, einer Klage freilich, die keine Resignation bedeutet, sondern mit größter Erwartung verbunden ist. Die Erwartung zielt darauf, daß sich Gott selbst als Löser, d.h. als rettender Nächster erweisen wird, daß sein Auftreten die Isolations- und Entfremdungserfahrungen Hiobs »lösen« wird.

Das Kapitel schließt nicht mit den großen Worten der Erwartung. Es schließt mit einer Drohung an die Freunde. Noch einmal gibt es in Hi 19 also einen Aspekt- und Adressatenwechsel. Die Drohung gegenüber den Freunden hat das vorher Gesagte zur Basis. Es gibt einen Richter! Gegen die Freunde, die ihm zu Feinden geworden sind, wendet Hiob den Gedanken, mit dem sie ihn traktieren. Ihre Verdrehungen, Verdrängungen und Verblendungen werden auf sie selbst zurückschlagen. Gott wird sie auf sie selbst zurückwenden.

Hiob 20,1-29 **Zofars Rede**
»Der Himmel enthüllt seine Schuld,
und die Erde erhebt sich gegen ihn«

20

1   Da hub Zofar an, der Naamatiter, und sprach:
2   »Darum drängen mich meine Grübeleien,
     und deshalb ist meine Unruhe in mir.
3   Züchtigung mir zum Schimpf höre ich,
     doch Geist aus meiner Einsicht läßt mich antworten.
4   Das weißt du doch, was von jeher ist,
     seit man Menschen in die Welt setzt:
5   Ja, das Jubeln der Frevler ist nicht weit her,
     und die Freude des Heuchlers währt nur einen Augenblick.
6   Wenn auch zum Himmel aufsteigt seine Höhe
     und sein Haupt an die Wolke reicht,
7   seinem Kot gleich vergeht er doch für immer,
     die ihn sehen, sagen: ›Wo ist er?‹
8   Wie ein Traum verfliegt er, und man findet ihn nicht,
     er wird verscheucht wie ein Nachtgesicht.
9   Das Auge sah ihn und dann nicht wieder,
     und sein Ort schaut ihn nicht mehr.
10   Seine Söhne müssen die Armen anbetteln,
     (denn) seine Hände müssen sein Vermögen zurückerstatten.
11   Sein Knochengerüst ist voller Jugendkraft
     und muß sich doch mit ihm in den Staub legen.
12   Wenn süß in seinem Mund schmeckt das Böse,
     er es unter seiner Zunge zergehen läßt,
13   es schont und es nicht loslassen will,
     es zurückhält in seiner Gaumenmitte,
14   so wandelt sich seine Speise in seinem Bauch doch ganz um,
     Kobragift wird sie in seinem Leib.
15   Ein Vermögen hatte er geschluckt und speit es wieder aus,
     aus seinem Leib treibt Gott es aus.
16   Kobragift sog er ein,
     es tötet ihn die Zunge der Giftschlange.
17   Nicht wird er schauen auf Bäche,
     auf Flüsse, Ströme von Honig und Butter.
18   Er muß zurückerstatten den Gewinn und kann ihn nicht
     schlucken wie Gut seines Tausches, und er kann sich nicht daran freuen.

19   Ja, er knickte und ließ liegen die Armen,
      raubte das Haus und hatte es nicht gebaut.
20   Ja, er kennt nichts Ruhiges in seinem Bauch,
      und mit dem, was er an sich gebracht hat, entrinnt er nicht.
21   Es gibt keinen, der seinem Fressen entkommen wäre,
      deshalb hat sein Gut keinen Bestand.
22   In der Fülle seines Überflusses gerät er in die Enge,
      jede Hand eines Mühseligen kommt an ihn heran.
23   So kommt es dann: Um seinen Bauch zu füllen,
      schickt er ihm die Glut seines Wutschnaubens;
      er läßt auf ihn regnen in seine Eingeweide (?).
24   Er flieht vor dem Panzer aus Eisen;
      da durchbohrt ihn der Bogen aus Bronze.
25   Er zieht (den Pfeil) heraus, er kommt aus seinem Rücken
      und ein Blitz aus seiner Galle,
      es gehen über ihn hin Schrecken.
26   Die ganze Finsternis ist für seine verborgenen (Güter) vorge-
      sehen,
      doch ein Feuer, von niemandem entfacht, frißt ihn,
      es weidet ab noch den Entkommenen in seinem Zelt.
27   Der Himmel enthüllt seine Schuld,
      und die Erde erhebt sich gegen ihn.
28   Es geht dahin der Besitz seines Hauses,
      ein Wegfließen ist es am Tag des Wutschnaubens.
29   Das ist das Los des frevlerischen Menschen von der Gottheit
      her,
      und der Anteil, ihm zugesprochen von Gott.«

Diese zweite Rede Zofars ist eine einzige bildreiche und zuweilen gro-
be Darstellung des Geschicks der *Frevler*. Für Zofar *ist* Hiob ein solcher Frevler. Das wird zwar nicht ausdrücklich gesagt, ist aber Voraussetzung und »Botschaft« dieser Rede. Diese zweite Zofarrede verhält
sich zur ersten (Kap. 11) wie die beiden voraufgehenden Bildadreden
(Kap. 8; 18) zueinander. In den je zweiten Reden wird Hiobs zukünfti-
ges Geschick nicht mehr von dem des Frevlers abgehoben, vielmehr
ist Hiobs Geschick der Musterfall des Lebens eines bösen Menschen.
Damit verbunden ist eine Verschiebung der Zeitebenen. Ging es zuvor um Hiobs Gegenwart in Relation zu der für ihn erwartbaren Zukunft, so geht es nun darum, von Hiobs Gegenwart her seine Vergangenheit zu deuten. Zudem zeigt sich auch in dieser zweiten Zofarrede
die Verhärtung der Positionen im zweiten Redegang gegenüber dem
ersten.

2f.: Zofar beginnt mit dem Ausdruck seiner inneren Unruhe, die als Reaktion auf Hiobs voraufgehenden Worte zu verstehen ist. Doch zeigen Zofars sogleich folgende Worte, daß er nicht sosehr durch Hiobs *Lage* und Hiobs Worte als Ausdruck seiner verzweifelten Lage beunruhigt ist und auch nicht. weil er sich in die ebenso gewissen wie fragilen Hoffnungen Hiobs hineingenommen fühlt, sondern weil er Hiobs Worte nur als Angriff auf seine eigene Gewißheit wahrnimmt und als (unverdiente) schimpfliche Züchtigung empfindet. Dennoch oder deshalb beansprucht er für sich ruhige Einsicht, die objektive Qualität gesicherten Wissens. Der Verfasser legt es nahe, diese »Objektivität« als die andere Seite der »Nichtbetroffenheit« zu verstehen.

4: Um das, was man »wissen«, »zur Kenntnis nehmen« kann und soll, geht es Zofar. Solches »Wissen« hatten sich Hiob und die Freunde in den bisherigen Reden mehrfach gegenseitig vorgehalten (man lese nacheinander 5,27; 9,2; 11,8; 13,2.18; 15,9 und im unmittelbar voraus gehenden Kapitel 19,6.25.29). Für das Wissen, das Zofar für sich in Anspruch nimmt und dessen Anerkennung er von Hiob einfordert, beansprucht er Gültigkeit, seit es Menschen gibt. Es ist also ein nach Zofars Auffassung geradezu schöpfungsgegebenes Wissen, Bestandteil der Weisheit als Weltordnung. Daß im »Fall Hiob« *diese* Weltordnung gerade in eine Krise kommt, daß *das* das »Hiobproblem« ist, kann für Zofar nicht sein, weil es nicht sein darf.

5-9: Das Glück des Frevlers währt nur kurz, erweist sich als Trug, und wer hoch steigt, fällt um so tiefer! So etwa läßt sich Zofars unverbrüchliche Gewißheit zusammenfassen. Die Gegensätze zwischen dem kurzen Aufstieg des Bösen und seinem tiefen Fall bringt Zofar in drastischen Bildfolgen zum Ausdruck. Wer hochragt bis an den Himmel (in der Bibel mehrfach ein Bild der Hybris, z.B. Jes 14; Ez 28, aber auch in der Geschichte vom babylonischen Turm in Gen 11), vergeht am Ende wie sein eigener Kot, sein Mistfladen. Flüchtig ist nicht nur das Glück des Frevlers, flüchtig und rasch vergehend ist auch seine ganze Existenz. Die Formulierung in V. 7b ist geradezu ein Oxymoron (ein scharfsinniger Unsinn): Wer ihn sieht, fragt: Wo ist er? Man sieht ihn, und er ist ein »Nichts«. Seine Existenz gleicht einem flüchtigen Traumbild, einem Nachtgesicht. Wenn es hell und klar wird, ist es verschwunden – bald ist es, ist er ganz vergessen.

Wie beziehen sich diese Worte Zofars auf Hiob? Hiob *ist* tief gefallen, ist am Ende, lebt auf einem »Misthaufen«, erlebt sich isoliert, schon vergessen. All das kann man Hiobs eigenen Worten entnehmen. Das frühere Glück Hiobs ist nach jener Theorie also als das flüchtige Glück des Frevlers zu kategorisieren, denn sein gegenwärtiges Erge-

hen entspricht dem Ende des Frevlers. Eine *Zukunft* für Hiob ist nicht
mehr im Blick.

Für einen, der redet und deutet wie Zofar, ist der »Fall Hiob« erledigt. Mehr noch: Hiobs eigene Worte sprechen ihn schuldig, Hiobs
Klage wird auf diese Weise nicht als Anfrage an die Theorie wahrge-
nommen, sondern als ihr Beleg registriert. Kaum krasser kann Hiobs
Erwartungen (19,23f.25ff., aber auch 16,18.19) begegnet werden. Wer
sich als Frevler erweist, *hat* nichts mehr zu erwarten. Auch die folgende
Passage läßt Hiob wie einen Frevler kurz vor seinem oder bereits an
seinem Ende erscheinen.

10: Obwohl (kaum verdeckt) stets von Hiob die Rede ist, bietet Zofar Bildsequenzen einer Musterbiographie des Frevlers auf. So kann
nun auch von den Söhnen des Frevlers die Rede sein, obwohl das auf
den einzelnen »Fall Hiobs« nicht paßt. Es geht eben ums »Prinzipiel-
le«; Abweichungen in einzelnen Fällen können da vernachlässigt werden. Es handelt sich also nicht um eine gewisse Nachlässigkeit des Autors, der Sätze weisheitlichen Erfahrungsschatzes, geprägte Weisheits-
sprüche zitiert, ohne sie präzise auf Hiob hin zu modifizieren, vielmehr
läßt der Autor Zofar so prinzipiell und regelhaft reden. Damit wird besonders deutlich, daß es in den Wort- und Bildsequenzen der Musterbiographie des Frevlers um *Hiob* geht und zugleich *nicht* um (den un-
verwechselbar einen) Hiob. Statt den einzelnen Fall zur Anfrage an die
Gültigkeit der Regel werden zu lassen, verschwindet er im Prinzipiellen der Regel. Darin erweist sich Zofar als doktrinär, u.a. mit der Folge,
daß die »Rettung« Gottes von den Klagen und Anklagen Hiobs nur eine doktrinäre »Rechtfertigung« werden kann. Solches hatte Hiob
(13,7) als den Versuch bezeichnet, Trug für Gott vorzubringen.

Der »Musterfrevler« Zofars muß sein (unrechtmäßig erworbenes)
Gut zurückerstatten, und deshalb müssen seine Söhne die Armen anbetteln. Daß die Söhne des Reichen die Armen anbetteln müssen,
könnte in der Beispielsreihe von Hi 19 zur »verkehrten Welt« gehören.
Für Zofar ist es Ausweis der richtigen Welt, denn verkehrt – wenn auch
nur für einen kurzen trügerischen Moment – war, daß es Frevler überhaupt zu Wohlstand bringen konnten. Zur allgemeinen Regel gehört
auch, daß die Söhne die Verfehlungen der Väter tragen müssen. Diese
Auffassung von einem generationsübergreifenden Zusammenhang
zwischen dem Tun und dem Ergehen ist Kern der alten »Weisheit«.
Gerade sie war in der exilischen und nachexilischen Zeit in eine Krise
geraten. War sie zunächst eine Erklärungsmöglichkeit dafür, daß das
ganze Volk von der Katastrophe des Verlustes von Stadt, Königtum
und Tempel getroffen wurde, indem man sie als Folge der über Generationen aufgehäuften Schuld begreifen konnte, so geriet eben diese

Erklärung zum Ausdruck der Lähmung. Wie kann man angesichts dieser Schuldberge überhaupt noch handeln? Welche Chance bleibt einer neuen Generation auf der gewaltigen Last der früheren? Diese Lähmung ist der Grund, warum vor allem Ezechiel (bes. Kap. 18) dem Spruch »Die Väter haben saure Trauben gegessen, den Söhnen sind davon die Zähne stumpf geworden« widerspricht und gegen die Lehre vom *generationsübergreifenden* Zusammenhang zwischen den Taten und dem Geschick diesen Zusammenhang für den *einzelnen* Menschen behauptet.

Wie verhält sich Zofars Aussage in Hi 20,10 zu den beiden Formen der Lehre vom Tun-Ergehen-Zusammenhang? Auf den ersten Blick enthält er dessen alte (generationsübergreifende) Form: Die Söhne müssen die Schuld des Vaters tragen. Auf den zweiten Blick zeigt sich jedoch eine Verschiebung. Denn Adressat sind nicht die Söhne, deren böses Geschick mit den Untaten des Vaters erklärt werden soll; angeredet ist vielmehr der Frevler selbst (Hiob), d.h. – in der oben beschriebenen prinzipiellen Weise – der Vater selbst. Um ihn und die Folgen seines Tuns also geht es allein. Wäre es anders, so müßte Zofar immerhin auch in Betracht ziehen, Hiobs böses Geschick könne die Folge des bösen Tuns seiner Vorfahren sein. So argumentiert Zofar »individualistisch« und bedient sich dabei geprägten Weisheitsgutes. Es zeigt sich, daß die Auflösung des Generationszusammenhangs in der Lehre von der Übereinstimmung zwischen dem Handeln und dem Geschick im Leben *eines* Menschen, wie sie vor allem in Ez 18 vorliegt (und wie sie besonders in protestantisch-bürgerlicher Theologie als Überwindung kollektivistischer und Etablierung individualistischer Religion gefeiert wird), zwar als Beitrag zu größerer Gerechtigkeit (im Sinne persönlicher Verantwortlichkeit) verstanden werden kann, aber zugleich zum Einfallstor neuer Gewalt werden kann, wenn (wie es bei Zofar und den anderen Freunden geschieht) nunmehr aus dem Ergehen eines Menschen auf das Tun dieses einen geschlossen wird. (Angemerkt sei, daß gerade diese individuelle Zuspitzung kollektive Gewaltverhältnisse verschleiert – als ob die heute in vielen Ländern der Welt leidenden, hungernden und ausgebeuteten Menschen sich die Verantwortung für dieses Geschick selbst, gar individuell zuzuschreiben hätten.)

11:   Wie das Glück des Frevlers nur von kurzer Dauer ist, so ist auch seine Gesundheit und Kraft nur eine kurze Scheinblüte. Seine kräftigen Knochen sinken bald mit ihm »in den Staub«. Als »Antwort« auf Hiobs Erwartung, der Löser werde sich für ihn »auf dem Staub« erheben, klingt dieser Satz besonders aggressiv. Gegen Hiobs Hoffnung setzt Bildad buchstäblich »tödliche« Nüchternheit: Der Staub ist und wird erst recht Hiobs Ort. Hiobs Ende – sonst nichts.

12-16:   Was dem Frevler süß scheint, wird in seinem Leib zu Gift. In
ausmalender Bildsprache wird in V. 12ff. dieser Gedanke illustriert.
Die Umwandlung der süßen Speise in tödliches Gift wird in V. 14 mit
dem Verb *hpk* bezeichnet, man kann geradezu übersetzen: Es wird zur
Katastrophe werden (s.o. zu 12,15). Zum »Erbrechen« gereicht dem
Übeltäter auch sein aufgehäuftes Vermögen; Gott selbst wird ihn – so
das drastische Bild – »zum Kotzen bringen«. So bringt Gott an den
Tag, was die Folgen des bösen Tuns sind. Es ist der Frevler, der sich sein
Geschick selbst zuzuschreiben hat. Es war ja (V. 16) Schlangengift, das
er eingesogen hat, wie und weil er alles schlucken will – im wörtlichen
und im übertragenen ökonomischen Sinn. So wird ihn die Zunge der
Schlange töten (offenbar galt die vorschnellende Zunge der Schlange
als Organ des »Giftspritzens«).

17-19:   So kann der Böse, der doch alles haben will, keinen Anteil
bekommen an wirklicher Lebensqualität. Für solche Lebensqualität
stehen die hier genannten (Natur-)Produkte Honig und Butter. Das
Überfließen des Landes von (Milch und) Honig gehört seit alters zu
seiner gerühmten Qualität (Ex 3,8 u.ö.); ähnliche Bedeutung hat auch
die Gabe der Butter (vgl. Gen 18,8; Dtn 32,13f.; 2Sam 17,29; Jes
7,15.22). Es sind Gaben eines gleichsam »bescheidenen überflusses«;
im Blick ist bei diesen Produkten der Nutzwert mehr als der Tausch-
wert.
      Der Gewinn des Frevlers bringt ihm nichts ein, er kann seinen Er-
trag nicht genießen. V. 19 nennt den Grund, warum sein Gut nicht gedeiht. Es ist unrecht erworbenes Gut, zusammengebracht durch Schädigung der Armen. Sich ein Haus anzueignen, das man nicht gebaut
hat, ist Ausdruck solcher Ausbeutung (ein Thema der Sozialkritik der
Propheten, z.B. Jes 5,8; Mi 2,1f.). Aber *hat* Hiob die Armen ausgebeu-
tet, *war* sein einstiger Wohlstand der Profit seiner sozialen Verfehlungen? Kein Wort in der Exposition der Hiobgeschichte weist in diese
Richtung. Zofar hat es nicht beobachtet, sondern erschlossen. Ein
Ausbeuter muß gewesen sein, wer seinen Wohlstand *verloren* hat. Also
kann kein Frevler sein, wer seinen Wohlstand bis ans Lebensende be-
hält? Wie verhält sich das von Zofar beanspruchte »Wissen« zur Erfahrung? Stimmen seine prinzipiellen Aussagen auch nur »im Prinzip«? Von solchen Gegenfragen, solchem Gegen-Wissen wird Hiobs
folgende Rede (Kap. 21) bestimmt sein.

20-26:   Zur äußeren Seite der »Frevlerbiographie« gehört die innere. Zofar thematisiert, wie wir heute sagen würden, die psychologischen Folgen der Unersättlichkeit. Wer rastlos Güter häufen will, kann
keine innere Ruhe finden. In seinem Bauch »kribbelt« es ständig. Wer

nicht genug kriegen kann, wird nie genug haben – das ist die »Weisheit« hinter Zofars Sätzen. Er trifft gewiß Richtiges, die Frage ist nur,
ob er den Richtigen trifft. Denn wiederum wird von den Folgen (Hiobs
Elend) auf die Ursache (Hiobs frevlerisches Tun) geschlossen.
    Gleichwohl ist das Bild, das Zofar von einem unersättlichen Fresser
entwirft, eindrucksvoll. Wer jeden »frißt«, wird sich überfressen
(V. 21). Wer sich alles aneignen will, wird in die Enge geraten; die vielen von seinen Übergriffen Getroffenen wird er nicht los.
    Nicht leicht zu verstehen ist V. 23. Wer ist das Subjekt des Satzes
(wer ist »er«), wer ist das Objekt (»seinen Bauch«, »ihm«)? Wie verhält sich der erste Teilsatz des Verses zu den folgenden? Ist der Vers
Auftakt der anschließenden Passage (V. 24-26), die von dem Verderben handelt, dem der Übeltäter als Folge des eigenen Tuns nicht entrinnen kann? Oder schließt V. 23 an V. 22 an und bezieht sich noch
darauf, wie der Ausbeuter die Armen traktiert? Keine dieser Fragen
kann man mit letzter Sicherheit beantworten. Dazu kommt, daß zumindest das in der Übersetzung (nach der einzigen weiteren Belegstel-
le des Wortes Zef 1,17) mit »in seine Eingeweide« wiedergegebene
Wort »*bilḥūmō*« nicht sicher zu deuten ist. (Es könnte mit der Wurzel
lḥm [essen, fressen] zusammenhängen, aber auch mit der gleichlauten-
den Wurzel mit der Bedeutung »kämpfen, Krieg führen«.)
    Eine Möglichkeit, den Vers zu verstehen, ist, in ihm (wie in den fol-
genden Versen) das Verderben geschildert zu sehen, das Gott (der
dann in dem »er« zu sehen wäre) über den bringt, der andere ins Verderben gebracht hat. Der Gedanke wäre dann, ähnlich drastisch formuliert, wie es Zofar in seinen Bildern tut; etwa so: Wer den Bauch
nicht voll kriegt, kriegt voll eins in den Bauch!
    Wenn diese Verstehensmöglichkeit im Kern richtig ist, läßt sich die
folgende Passage als unmittelbare Fortsetzung lesen. Da kommt einer
ins Bild, der versucht, einem übermächtigen Gegner zu entkommen.
Es wäre wiederum eine sarkastisch antwortende Anknüpfung an die
vorausgehende Hiobrede, hier besonders an 19,6ff. Das Kriegsbild
läßt sich etwa so paraphrasieren: Da will einer dem Nahkampf mit einem überlegenen, weil eisengepanzerten Gegner entfliehen, doch die
Distanz führt ihn in Reichweite des Bogenschützen. Den Pfeil heraus-
zuziehen ist vergeblich; er hat ihn schon ganz durchbohrt. Der Blitz
(entweder die blitzende Pfeilspitze oder der durch sie verursachte ste-
chende Schmerz) hat die Galle getroffen – die Wunde ist tödlich. Will
er sich in einem dunklen Versteck bergen, das er für seine Schätze angelegt hatte, so verzehrt ihn ein Feuer, das wie eine selbständig agierende Macht wütet.
    Das Bild eines Menschen, der gerade noch einer Gefahr entrinnt,
um dann der nächsten zum Opfer zu fallen, begegnet schon im Amos-

buch (5,19). Als Antwort auf Hi 19 (bes. V. 20) haben Zofars Worte eine spezifische Härte, hatte sich doch Hiob als jemanden bezeichnet, der gerade noch, mit letzter Kraft (»mit der Haut seiner Zähne«) entronnen war. Nein, so Zofar in seinen »prinzipiellen« Worten: Vor dem rächenden und die Gerechtigkeit aufrichtenden Gott gibt es kein Entrinnen.

27-29:   Himmel und Erde bringen die Schuld des Bösen an den Tag. Wie zuvor das Feuer, so treten auch Himmel und Erde wie eigene Mächte, wie personale Größen auf. Sie fungieren als die beiden Zeugen, dessen es im Gerichtsverfahren bedarf (Dtn 19,15; zur »Personalität« von Himmel und Erde vgl. Dtn 32,1). Diese Zeugen sehen alles; so ist das Geschick des Frevlers besiegelt, sein zusammengeraffter Besitz geht dahin. Dieses Geschick ist sein »Anteil«, sein »Los«.

Die hier verwendeten Worte *ḥeläq* und *naḥᵃlā* bezeichnen ursprünglich den (durch das Los) den einzelnen Familien und Sippen zugeteilten bzw. zugemessenen Anteil an Boden. Da dieser Anteil, dieses Los in der bäuerlichen Gesellschaft die Lebensgrundlage ist, werden die Begriffe der Landverteilung im Hebräischen zu Begriffen der Lebenschancenverteilung in dem Sinne, in dem man auch heute noch sprichwörtlich vom »Los« eines Menschen spricht.

Im Griechischen ist ein ähnlicher Vorgang zu beobachten; hier sind es Begriffe der »Fleischverteilung«, d.h. der Vergabe der Fleischanteile von größeren Tieren je nach der gesellschaftlichen Rolle, die zu »Schicksalsbegriffen« werden. So ist » *moira*« ursprünglich der Anteil am Fleisch, dann »das Geschick«, » *daimon*« ursprünglich der »Zerteiler«, und die Schicksalsgöttin »Heimarmene« ist zunächst die, »die über die zugemessenen Portionen wacht«.

Der Bodenanteil (*naḥᵃlā*, oft auch »Erbanteil« übersetzt) ist der einzelnen Familie und Sippe im Erbgang zugekommen, sie hat das Nutzungs-, nicht aber das unbeschränkte Verfügungsrecht über die *naḥᵃlā*. Er ist (in moderner Unterscheidung) ihr »Besitzer«, jedoch nicht ihr »Eigentümer«. Einiges davon dürfte auch da mitgehört worden sein, wo man im übertragenen Sinne vom »Los« und »Anteil« des Menschen sprach. Was da zugemessen ist, kann ererbt und vererbt, aber nicht getauscht oder veräußert werden. Der geschickteste Tauschhändler wie Zofars »Musterfrevler« kann sein »Los« nicht tauschen. (Man kann hier, wenn man moderne Kategorien an diese Worte heranträgt, ebenso die Grenz- wie die Verbindungslinie zwischen Ökonomie und Psychologie beobachten.)

Das »Los« des Frevlers ist in Zofars Augen das »Los« Hiobs. So wird für ihn Hiobs böses Ergehen nicht zur *Frage* (zur Frage an sein eigenes Deutungssystem, zur Frage an die Gerechtigkeit in der Welt, zur

Frage an und vor Gott), sondern ist untrügerisches Indiz der richtigen
Antwort. Der »Fall Hiob« ist damit »prinzipiell« abgeschlossen, das
»Hiobproblem« prinzipiell gelöst, denn Hiob ist ein solcher Frevler.
Wieder wird vom Resultat auf die Ursache geschlossen, wieder wird
die Erfahrung von der Lehre, die Empirie von der Theorie her bestimmt. Der einzelne »Fall Hiob« ist damit nicht »gelöst«, jedoch wir-
kungsvoll »aufgelöst« im unterstellten Allgemeinen und damit zum
Verschwinden gebracht.
    Wie kann Hiob auf diese »Beweisführung« reagieren? Würde er
weiterhin nur sein Leiden als Klage und Anklage vorbringen, so würde
ihm all das nach Zofars Regeln zur Anklage gegen sich selbst – und zur
Überführung und Verurteilung dazu. Deshalb zieht (der Verfasser
durch) Hiobs folgende Rede das »Prinzip« selbst in Zweifel, indem es
»empirisch« befragt wird. Wie verhält sich die *Lehre* zur *Erfahrung*,
die *Theorie* zur *Realität?* Diese Frage wird zum Thema der folgenden
Rede Hiobs.

Bei Fragen zur Produktsicherheit wenden Sie sich bitte an:
If you have any questions regarding product safety, please contact:

Brill Deutschland GmbH
Robert-Bosch-Breite 10
37079 Göttingen
info@v-r.de